고려시대
사회경제사

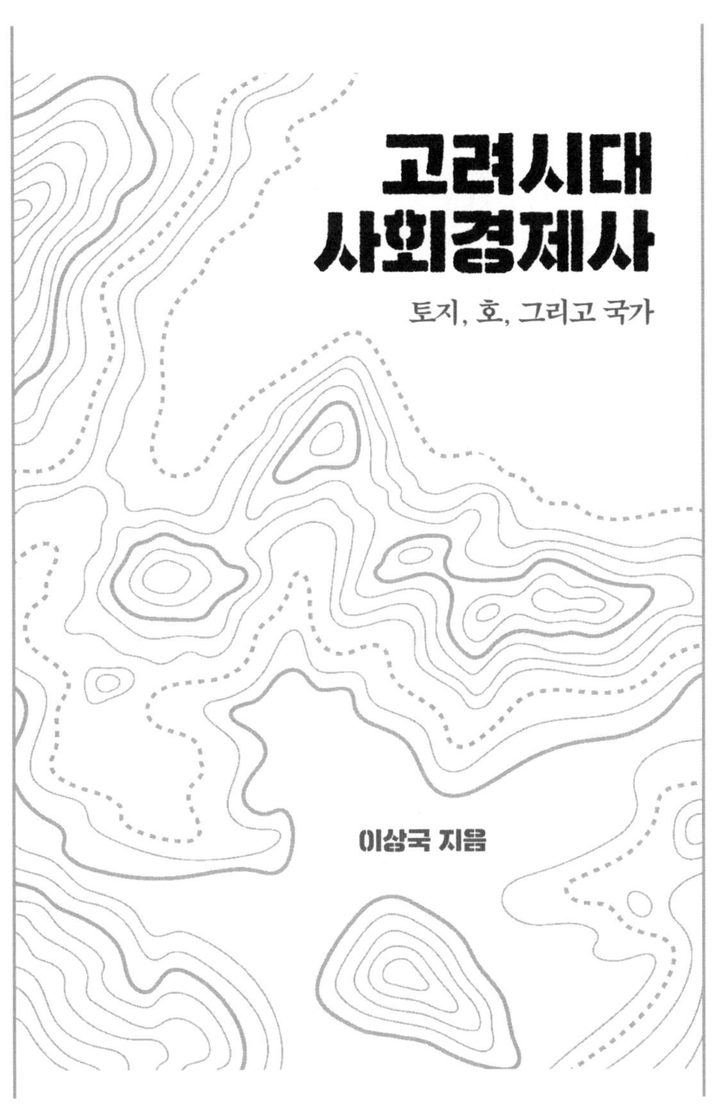

고려시대 사회경제사

토지, 호, 그리고 국가

이상국 지음

푸른역사

책머리에

지난 20여 년 동안 필자는 박사학위 논문을 한 권의 책으로 정리해야한다는 마음의 짐을 안고 지냈다. 4년 6개월에 걸쳐 완성했던 논문은작은 성취감을 주었으나, 동시에 장기적으로 해결해야 할 무거운 과제도 남겼다. 그 기저에는 '고려시대 농민은 어떤 존재로 파악될 수 있는가'라는 근본적인 물음이 자리하고 있었다. 고려의 대표적 토지제도인전시과 체제하에서 농민은 어떤 형태로 존재했으며, 국가는 그들을 어떻게 파악했는가? 5인 가족 기준의 재생산 구조가 성립되었다는 것이통설임에도, 정작《고려사》에서 그 흔적을 뚜렷이 찾기란 어렵다. 필자는 박사논문에서 이 난제를 '입호충역立戶充役'이라는 원리로 설명하고자 했다. 즉, 국가는 '호戶'를 기본 단위로 부세와 국역을 부과했고 농민은 이 호에 편제된 존재였다는 논지였다. 그러나 더 정교한 논증이 필요하다는 학계의 조언, 그리고 논지를 보완해야 한다는 내면의 고민은오랫동안 필자를 떠나지 않았다.

호에 대한 관심이 본격적으로 확장된 계기는 성균관대학교 대동문화연구원의 《단성호적대장》 전산화 사업에 참여하면서였다. 호적대장의 기재 내용을 하나하나 데이터베이스화하는 과정에서, 필자는 지배층뿐만 아니라 다양한 직역을 담당했던 피지배층의 실체를 구체적으로 마주할 수 있었다. 고려시대 사료에서는 파편적으로만 보이던 농민의 실체가 조선시대 자료에서는 선명하게 드러났다. 이에 자료가 풍부한 조선시대를 고려시대 이해의 단초로 삼아야겠다는 생각에 이르렀다. 확실한 기록이 존재하는 시점을 기점으로 삼아, 불분명한 시대로 거슬러 올라가는 분석 방식을 택하게 된 것이다.

연구의 범위는 자연스럽게 역사인구학으로 확장되었다. 호적대장에 기록된 호와 개인 정보를 바탕으로 출생·사망·혼인·이주 등 역사인구학의 주요 주제에 천착했고, 이를 중국·일본·서구의 연구 성과와 비교 분석했다. 더 나아가 《안동권씨성화보》, 《문화유씨가정보》 등 족보 자료를 활용하여 혈연과 혼인 네트워크가 가계를 어떻게 지속시키는지를 살폈다. 이를 통해 전근대의 개인과 호는 국가의 직역·호구 정책을 통해 파악되는 동시에, 가계나 가문의 맥락 속에서만 온전히 이해될 수 있는 존재임을 재확인했다.

방법론적으로도 유의미한 진전이 있었다. 사료의 행간을 읽어내어 그 이면의 사실을 탐색하는 전통적인 질적 분석의 가치는 여전히 크다. 그러나 분석 대상 데이터가 방대해질수록 디지털과 인공지능 도구를 활용하는 양적 분석의 필요성은 더욱 커진다. 이제 '역사학 빅데이터'

　고려시대 사회경제사

라 부를 수 있을 만큼 축적된 디지털 자료 앞에서, 질적 분석의 장점을 유지한 채 양적 방법론을 접목하는 '디지털 역사학'은 선택이 아닌 필수가 되었다. 필자가 디지털 역사학을 연구의 주요 축으로 삼게 된 것은 바로 이러한 문제의식 때문이었다.

이 책은 주제와 방법론을 확장하는 과정에서 얻은 통찰을 다시 고려시대 토지 문제에 적용한 결과물이다. 우선 고려시대 토지와 인구의 존재 양상을 체계적으로 정리하여 책의 근간을 세웠다. 이어 국가가 토지와 인구를 어떤 방식으로 이념화했는지 검토하고, 전시과제도의 정비 과정, 양반전과 군인전의 성격, 그리고 제도의 운영 원리를 분석했다. 나아가 고려 후기 농장을 지배층의 권력이 재생산되는 경제적 기반이라는 관점에서 재해석했다.

이 책은 필자의 지난 연구 여정을 갈무리하는 동시에 새로운 연구의 출발점이기도 하다. 박사학위 논문에서 제기했던 문제를 더 정교하게 다듬어 학계의 이해를 구하는 장場이자, 디지털 역사학적 방법론을 토대로 지배층의 사회이동성과 권력 구조를 탐구하는 새로운 시작이다. 이제 박사논문에 대한 오랜 부채감을 내려놓고, 보다 체계적이고 확장된 시각에서 한국 중세 사회경제사 연구를 새롭게 진전시켜 나가고자 한다.

2026년 2월

저자

감사의 말

한 사람의 연구자가 탄생하기까지는 긴 세월이 필요하고, 그 과정에는 수도 없이 많은 이들의 도움이 있기 마련이다. 필자가 연구자의 길로 들어선 이후 맺은 크고 작은 인연들은 이 책을 완성하는 원동력이 되었다.

우선, 어려운 환경에서도 올곧게 좋은 책을 펴내는 푸른역사의 박혜숙 대표와 편집부원들께 감사를 표한다. 석·박사 과정과 학위 논문을 지도해주신 조동원 은사님을 위시한 여러 선생님께도 깊은 존경과 감사를 드린다. 성균관대학교와 한국역사연구회 선후배들의 격려와 도움 또한 큰 활력이었다. 준비 없이 무작정 미국 펜실베이니아대학교 동아시아학과 방문학자로 유학을 떠나기로 결정했을 때, 십시일반 정성을 모아 후배의 등을 토닥여주던 선배들의 마음을 잊지 못한다. 펜실베이니아대학교에서 강의와 연구를 진행하며, 또 여러 학술대회에서 만난 학자분들께도 고마움을 전한다. 그들 덕분에 한국사를 객관적인 시선으로 다시 바라보고, 비교사적 관점 또한 한층 확장할 수 있었다.

홍콩과학기술대학의 제임스 리James Z. Lee 교수는 제2의 지도교수와 같은 존재로서 학문적으로 큰 힘이 되어주었다. 그곳에서 강의와 연구를 병행한 시간은 필자가 국제 학계에 발을 내딛는 밑거름이 되었다. 네덜란드 라드바우트대학교 교수이자 가족사와 역사인구학 분야의 세계적 권위지인 *History of the Family*의 편집인, 얀 콕Jan Kok 교수에게도 특별한 감사를 전한다. 2008년 미주 역사사회학회Social Science History Association 정기 학술대회에서 처음 발표하던 날, 소수의 청중 속에서도 한국학에 관심을 보여주었고 이후 필자를 저널 편집위원으로 위촉해 귀한 인연을 이어오고 있다.

현재 재직 중인 아주대학교의 융합적 연구 환경은 연구의 지평을 넓히는 데 큰 도움이 되고 있다. 역사학에도 불어닥친 디지털과 인공지능 열풍에 능동적으로 대응하여 디지털 역사학을 개척할 수 있었던 것은 이러한 환경 덕분이었다. 인문사회과학뿐 아니라 데이터 과학, 컴퓨터 공학 분야 연구자들과의 공동연구는 필자를 더욱 성장시켜주었다. 무엇보다 아주대 사학과 동료 교수들의 전폭적인 지지는 디지털 역사학을 학부와 대학원 교육 과정에 과감히 도입하는 결단으로 이어졌다. 이런 행운을 누리게 된 것에 항상 감사하고 있다.

행운은 태어날 때부터 이어졌다. 세상에서 가장 행복한 아들로 키워주신 아버지(만 자 우 자)와 어머니(동래 정씨 광 자 숙 자)를 만났기 때문이다. 성장하는 내내 부모님은 큰 울타리가 되어주셨고, 연구자의 길에 들어선 후에는 든든한 후원자가 되어주셨다. 박사 학위를 받았을 때 집

안에 글 읽는 소리가 끊기지 않게 되었다며 기뻐하시던 부모님의 표정은, 연구자의 책무를 잊지 말라는 당부로 가슴에 오래 남아 있다. 나에게는 세 누나(미숙, 상진, 상은)와 형(상원)이 있다. 막내로서 부족함 없이 자유를 누리고, 하고 싶은 일을 마음껏 할 수 있도록 늘 응원해주는 형제들에게 지면을 빌려 한없는 감사를 전한다.

마지막으로 사랑하는 아내 이선희, 아들 건희, 딸 정민에게 고마움을 전한다. 연구자는 주변의 끝없는 희생으로 자란다는 사실을 새삼 절실히 깨닫는다. 아내의 유쾌함과 현명함은 필자의 연구 여정에 가장 든든한 디딤돌이다. 스스로 해야 할 일을 또래보다 일찍 깨닫고 의젓하게 자라준 두 아이에게도 사랑을 전한다. 이 책이 아빠의 연구가 무엇인지 늘 궁금해하던 아이들에게 부끄럽지 않은 결과물이기를 바랄 뿐이다. 끝으로 이 모든 행운을 예비하신 하나님께 감사드린다. Soli Deo Gloria.

1 · 서론

고려 왕조는 918년에 건국되어 1392년까지 474년간 이어졌다. 일반적으로 고려는 후삼국의 혼란을 수습하고 새로운 통치 질서를 확립하여 조선의 토대를 마련한 시기로 평가되었다. 이런 인식은 고려를 독립적인 시대라기보다는, 앞선 시대의 유산을 정리하고 다음 시대로의 전환을 준비하는 '과도기' 또는 '중간 단계'로 단순화하는 결과를 낳았다. 이는 역사를 직선적 발전 과정으로 이해하는 관점에서 비롯된 것으로, 고려의 역사적 위상을 충분히 주목하지 않고 축소하는 한계가 있다.

고려는 단순히 이전 시대의 혼란을 정리하거나 다음 시대를 준비하는 과도기적 사회가 아니었다. 오히려 독자적이고 견고한 정치 구조와 사회경제적 질서를 형성한 역사 공간이었다. 즉, 고려 초기에 지방에서 세력을 키운 호족은 중앙 관리가 된 이후에도 여전히 지역 기반을 유지하며 그 권위를 지속했다. 국가는 이들의 지역 기반을 일정 부분 인정하는 한편, 전시과제도를 직역職役 체계와 연계하여 운영하고, 수조권收租權이라는 간접적 통제 장치를 통해 그 권한을 조정했다. 이는 단순히 중앙집권과 지방분권의 대립이라는 이분법적 시각으로는 설명할 수 없는 매우 복합적이고 역동적인 사회 구조였음을 의미한다. 또한, 고려의 정치 질서는 왕과 지배층이 권력을 함께 만들어가는 독특한 방식으로 작동했다. 왕실과 지배층은 결혼을 통해 서로 연결되었으며, 이를 바탕으로 사회적 지위를 세습하고 안정화했다. 고려의 지배층은 국가가 제공한 권력을 소비하는 데 머물지 않고 스스로 권력을 생산하는 주체였다. 이처럼 고려는 관료제도, 토지제도, 가족제도가 복합적으로 얽힌 독창적이고 유연한 사회적 구조를 이루었다는 점에서 특유의 다층성과 유연성을 보여준다.

고려에 관한 초기 연구는 대체로 일제강점기 식민사관의 논리를 반박하는 데 집중되었다. 식민사관은 한국사가 자생적인 발전 동력을 지니지 못하고 외부의 자극 없이는 변화할 수 없다는 '정체성론停滯性論'과, 서유럽식 봉건제를 기준으로 삼아 한국에는 그에 상응하는 봉건제가 존재하지 않았다는 '봉건제 결여론'을 주장함으로써, 고려를 완숙하지 못한 전근대 사회로 규정했다. 이러한 역사관은 한국사의 독자성과 정당성을 부정하고, 타율성과 종속성을 강조하는 이론적 토대를 제공했다. 이에 대응하여 한국인 연구자는 고려가 봉건적 관계를 바탕으로 성립된 전형적인 중세 사회였음을 강조하고,[1] 사적 토지 소유의 존재를 실증했다.[2] 이는 식민사관의 이론적 전제를 해체하려는 학문적 대응으로서, 한국 역사학의 소중한 성과로 평가할 수 있다.

그러나 문제는, 그러한 대응의 방향이 고려 사회의 복합성과 변화의 흐름을 깊이 있게 파고들기보다는, 사적 소유권의 존재 여부 자체를 둘러싼 이분법에 머물렀다는 점이다. 토지제도가 실제로 어떤 방식으로 사회 내부에서 기능했는지, 그 운용 과정에서 어떠한 조정과 재구성이 이루어졌는지에 대한 논의는 상대적으로 소홀히 다뤄졌으며, 사회 내부의 복잡한 구조와 권력 조정 양상, 제도의 재편은 분석의 시야에서 밀려났다. 이제는 식민사관에 대한 반론을 넘어, 고려 사회 내부의 동학을 중심에 두고 국가와 구성원 간의 사회경제적 관계 속에서 토지제도가 어떻게 운용되고 조정되었는지를 실증적으로 추적하는 새로운 시각이 요청된다.

　이 책은 이러한 문제의식을 구체화하기 위해 여섯 장의 본론으로 구성되어 있다. 그 가운데 제2장은 전체 논의를 떠받치는 기초가 된다. 이 장에서는 고려 사회경제 구조의 기반이 되었던 두 축, 즉 토지와 인구를 고찰한다. 고려의 질서는 단순히 법령에 의해 구축된 것이 아니라, 국가가 통치한 공간인 토지와 그 위에서 살아간 사람들의 삶이 맞물린 상호작용 속에서 구체화되었다. 토지는 단순한 생산수단을 넘어, 지배와 분배, 통제의 장으로 기능했으며, 인구 또한 독립된 개인이 아닌 호戶 단위로 조직되어 국가 체제에 편입되었다. 토지생산성과 인구 파악 방식은 국가 정책의 방향과 권력 배분 방식에 지속해서 영향을 미쳤다. 따라서 제2장은 ‘주어진 공간, 익숙한 땅’이 고려 사회를 빚어낸 토대였다는 점을 본격적으로 살핀다. ‘주어진 공간, 익숙한 땅’의 인간 집단은 수세대에 걸쳐 자신들에게 주어진 환경에 ‘매여’ 살며 경험과 기억을 축적한다.[3] 공간에 대한 집단적 경험은 곧 토지 소유 방식과 인구 분포를 규정하고, 그 위에 고려만의 다층적 사회 질서를 구축했다. 제2장은 바로 이 지점에 중심을 둔다. 토지와 인구가 어떤 과정을 통해 권력·생산·분배의 기초가 되는지를 살피고, 이를 통해 뒤이어 논의할 토지 소유관계, 제도, 운영 원리를 이해할 실마리를 마련하고자 한다.

　제3장에서는 고려 사회에서 ‘주어진 공간’으로서의 토지가 어떻게 소유되고, 지배되며, 활용되었는지를 구체적으로 고찰한다. 기존 연구는 고려의 토지 소유관계를 세계사적 발전단계론의 관점에서 근대적 사유권의 형성 과정으로 해석하거나, 공公과 사私의 대립적 이분법 속에서 이해하려는 경향을 보여왔다. 그러나 고려의 토지 질서는 그러한 도식적 구도로 쉽게 환원되지 않는다. 국가, 지배층, 그리고 농민은 서

로 다른 논리와 기준 위에서 토지에 대한 권리를 주장했으며, 이들은 단순히 충돌하기보다는 상호 조응하거나 절충하며 제도에 포괄되었다. 왕토사상이 토지의 궁극적 귀속 주체로 국가를 상정했음에도, 사적 매매와 세습이 제도 안팎에서 광범위하게 용인되었다. 더불어 관직에 따라 분급되는 전지田地·시지柴地에 대한 권리가 관직자 간에 전이되었으며, 실제 경작은 타인에 의해 이뤄지는 경우가 많았고, 국유지로 분류되던 땅이 세습되기도 했다. 이는 공과 사의 경계가, 고정된 이원 대립이 아니라 유동적이고 상대적인 개념 체계로 작동했음을 시사한다. 이러한 공·사 개념의 상대성은 단순히 소유의 범주를 확장하는 데 그치지 않고, 전시과제도와 국가 수취 체제의 운영 원리를 이해하는 데 핵심적 단서를 제공한다. 이 장에서는 이처럼 고려의 토지제도가 공적 권한이라는 규정력 속에서 사적 이익이 교차하는 지점에서 형성되었음을 고찰한다.

제4장에서는 고려의 대표적 토지제도인 전시과田柴科를 중심으로, 이 제도가 중앙집권화의 진전에 따라 어떻게 형성·운영되었으며, 지방 세력의 통제를 위한 수단으로 어떠한 기능을 수행했는지를 살펴본다. 태조와 광종 대의 군현제 정비 및 양전 정책은 기존의 녹읍·전장 체제를 폐지하고, 국가가 토지와 백성에 대한 직접적인 권한을 확보하는 전환점을 마련하였다. 이는 지방 호족의 자율성을 점진적으로 제약하는 한편, 중앙정부가 전국 단위의 통합적 수취와 분급 구조를 제도적으로 구축하는 데 결정적인 기반이 되었다. 시정·개정·경정 전시과로 이어지는 일련의 제도 개편은, 단지 토지 분급 방식의 변화에 그치지 않고, 관직 체계와 수조권의 연계를 통해 지배 질서 전반을 재편하려는 시도였다. 이 장에서는 각 전시과의 도입과 변화를 통해 국가가 토지와 권

한을 조정하는 방식, 그리고 이 과정에서 형성된 국가와 지배층 간의 권력관계와 실태를 조망한다.

제5장은 전시과제도의 핵심 운영 원리를 구체적으로 조명하기 위해, 그 대표적인 지목인 양반전과 군인전을 중심으로 분석한다. 전시과는 관직과 국역, 즉 직역職役의 유무와 성격에 따라 토지를 차등 분급하는 제도였으며, 그 실질적 운용은 양반전과 군인전에서 가장 뚜렷하게 드러난다. 양반전兩班田은 과거·음서를 통해 관료를 배출한 양반호兩班戶에 지급된 토지였다. 과거·음서 제도는 관료제가 개인 능력 경쟁이 아니라 지배층 단위의 혈연 재생산과 긴밀히 결합해 있었음을 보여준다. 관직자를 꾸준히 배출한 지배층은 양반전을 기반으로 정치사회적 지위를 강화 및 유지하고, 그렇지 못한 지배층은 그 지위를 유지하지 못했다. 양반전은 곧 '관직＝토지'라는 메커니즘으로 고려 관료제의 폐쇄성과 내적 불안정을 동시에 드러내는 지표였다. 한편, 군인전은 호를 세워 역에 충당한다는 '입호충역立戶充役'이라는 원칙하에 군호軍戶를 기본 단위로 분급되었다. 군역의 부과는 군호의 토지 보유 규모, 군정 편성 방식, 그리고 2군6위 체제 내에서의 위상 등과 밀접하게 연결되어 있었다. 이 장은 양반전과 군인전이라는 전시과의 대표적 두 지목을 통해, 전시과가 단순한 토지 분급 장치가 아니라, 관료와 군역, 그리고 사회조직 전반을 아우르는 통치 질서의 핵심 구성요소로 작동했음을 입증한다.

제6장에서는 전시과제도의 대표적 지목이었던 양반전과 군인전의 구체적 운영 사례를 바탕으로, 제도의 실제 운영 원리를 체계적으로 살펴본다. 특히 고려 국가가 전국의 토지를 도전정都田丁이라는 통일적 기준 아래 관리하면서, 군현별 직역 규모와 호 단위 인구를 기준으로

차등적인 수취와 분급을 어떻게 실행했는지를 밝힌다. 또한 전시과제
도의 기본 원리가 단순히 토지를 분급하는 것이 아니라, 한정된 자원을
직역 체계에 따라 '배분하고 조정하는', 즉 '입호충역'의 토지 분급의
원리였음을 고찰한다. 이러한 분석은 전시과제도가 단순한 법적 규범
이나 이념적 산물이 아니라, 실제 사회경제적 조건에 대응하며 유연하
게 조율된 제도였음을 보여준다.

제7장은 본론의 마지막 장으로서, 고려 후기 전시과의 제도적 허점
을 틈타 확산한 농장을 중심으로 지배 엘리트가 어떻게 권력과 경제 기
반을 재편하고 재생산했는지를 살핀다. 이 시기 지배층은 관직 진출,
전략적 혼인, 농장 경영을 결합하여 지속적인 자원 확보와 사회적 지위
의 세습을 도모했고, 이는 조선 초까지 일정한 연속성을 유지했다. 오
랜 기간 축적된 고려 사회의 모순은 기존의 전시과 체제만으로는 대응
이 어려운 상황을 초래했고, 이에 따라 점차 '탈점형奪占型' 농장과 '개
간형開墾型' 농장이 발달하게 되었다. 이 농장은 국가 통제의 경계를 넘
나들며 지배층의 경제적 부의 축적 수단으로 기능하였다. 특히 지역 기
반을 가진 세력이 왕실과의 혼인을 통해 중앙 권력으로 진입하고, 지배
층 간 혼인망을 구성해 권력을 유지하며, 이를 토대로 농장이라는 사적
경제 기반을 강화해나간 과정은 고려 후기의 정치·사회 구조를 재편하
는 결정적 요인이 되었다. 이 장은 고려 후기의 구조적 변화가 단지 기
존 질서의 해체가 아니라, 이후 조선 사회로 이어지는 체제 전환의 계
기를 마련한 중요한 전환점이었다는 점에 주목한다. 이를 통해 고려 후
기 사회의 내적 역동성과 제도의 적응력을 복합적으로 분석하고, 그것
이 다음 시대로 이어지는 양상 속에서 어떠한 단절과 연속이 교차했는
지를 살피고자 한다.

　　결론적으로, 이 책은 고려의 토지와 인구가 빚어낸 사회경제적 구조 속에서 토지제도의 운영 방식을 심층 분석함으로써, 고려를 삼국과 조선을 잇는 단순한 연결 고리가 아니라 고유한 질서와 동학을 지닌 온전한 역사 공간으로서 새롭게 조명한다.

2.

재원

:: 토지와 인구

[1]

토지

고려의 사회·경제 구조를 이해하려면 무엇보다 그 기반이 된 '주어진 공간, 익숙한 땅'부터 이해해야 한다. 이 공간은 단순한 산과 들, 강과 바다의 집합이 아니라, 사람들이 세대를 이어가며 일구고 나누고 지배해온 삶·생산·권력이 얽힌 사회적 무대다. 다시 말해, 물리적 장소와 인간 활동이 맞물려 빚어낸 구조적 환경이 바로 고려 사회의 이해를 위한 출발점이다. 바로 이 지점에서 토지제도가 모습을 드러낸다. 토지제도는 단순히 경제 자원을 나누는 수단이 아니라, 누가 지배하고 어떻게 권력을 행사할지를 조정하는 구체적 메커니즘으로 기능했다. 실제로 토지제도는 땅을 일구며 살아간 사람들의 관계망과 생산·분배 조건 속에서 구체화되었고, 국가가 설정한 통치 원리와도 긴밀히 맞물려 있었다. 결국 '주어진 공간'에 대한 집단적 경험이 토지제도를 통해 제도화되면서, 고려 특유의 사회경제 질서가 형성되고 유지되었다. 이러한 장기적 축적과 구조적 환경이라는 점에서, 고려의 공간과 토지는 브로델이 말한 '장기 지속'이 역사적으로 어떻게 구현되는지를 보여준다.

고려의 토지제도는, 비교사적 관점에서 보면, 중국 제도를 단순 모방한 결과가 아니라 자체적 조정의 산물이었다. 당송 변혁기 이후 중국이 점차 국가의 강제적 규제를 완화하고 신분 유동성이 큰 사회로 이행한 데 비해,[1] 고려는 공적 질서를 강화하며 국가 주도의 토지 정책을 지속하려 했다. 사회경제적 모순이 심화할 때마다 고려는 중국 고대의 이상적 토지 구상인 공전제나 균전론을 참조했는데,[2] 이를 생산력·인구 구성·지방 세력 구조에 맞추어 재구성했다.[3] 그 결과 고려의 토지제도는 중국과 일정한 공통점을 지니면서도, 현실 조건에 따라 변형·적용된 독자적 구조로 자리매김했다. 이는 고려가 처한 '주어진 공간'이 중국과 달랐기 때문이다. 고려의 제도는 상층부의 추상적 설계만으로 작동한 것이 아니라, 생산과 분배의 조건과 얽히며 구체화되었다. 토지는 생산 기반이자 통치 무대였고, 공동체와 국가 권력이 충돌하거나 조율되는 공간이었다.

당대인이 인식한 고려의 공간에 대해서는 다음의 사료를 참고할 수 있다. 먼저,《고려사》지리지 서문에는 "우리 해동海東은 삼면이 바다에 막혀 있고, 한 모퉁이가 육지에 이어져 있으며, 그 폭과 둘레가 거의 1만 리에 달한다"[4] 라고 했다. 여기서 '폭과 둘레'는 가로와 세로를 따로 더한 값이 아니라 국토 전체가 대략 이만큼 된다는 정도로 이해할 수 있다. 조선 세종 대 사용되던 주척(약 20.8센티미터)을 곱해 보면 3,743킬로미터쯤 되지만, 당시 사람들은 이 수치를 실제 거리로 인식하기보다 바다로 둘러싸인 나라라는 정체성을 선언하려는 뜻에서 사용했다고 보인다. 그로부터 200년 후, 공민왕 5년(1356)의 기록에는 "우리 강역은 4,000여 리"라는 표현이 등장한다.[5] 이것도 사방을 통틀어 그 정도라는 상징적 숫자로 보인다. 1리를 조선 세종 대 사용되던 주척 약 20.8센티미터로 계산하면 1,496킬로미터 남짓이니 역시 현실 한반도 길이와는 맞지 않기 때문이다. 그 시대 외교문서나 칙령에서 흔히 쓰이던 수사적 단위로 보인다.

반면, 송나라 사신 서긍은 인종 원년(1123)에 남긴 《선화봉사고려도경》에 "옛 영토는 동서 2,000여 리, 남북 1,500여 리였고 신라·백제를 병합하면서 동북이 약간 넓어졌다"[6]라고 기술했다. 이 수치는 서긍이 고려를 방문할 당시 들은 비교적 현실적인 거리 개념으로, 《고려사》의 '1만 리'나 '4,000리' 같은 상징적 숫자와 대조된다. 서긍은 12세기 초 고려와 인접한 나라들에 대해서도 언급했다. 그에 따르면, 고려는 남쪽으로 요해, 서쪽으로 요수, 북쪽으로는 옛 거란 지역, 동쪽으로는 금과 접해 있었다. 또한 일본, 유구, 담라聃羅, 흑수黑水, 모인毛人 등 여러 나라와 국경을 접하고 있었다.[7] 12세기 초 고려가 처한 대외 환경의 엄정함이 느껴진다. 그는 압록강이나 개성 등 일부 지역에 관해서도 서술하고 있다. 압록강은 고려 초기 이래 고려의 북쪽 경계로 인식되었고, 덕종 2년(1033)에 고려장성[천리장성]의 구축을 계기로 서북면과 동북면의 경계가 마련되었다. 여기에 그가 머물렀던 개성에 대해서는 음양설에 근거해 상대적으로 자세하게 설명했다.[8] 그럼에도 고려의 공간에 대한 서긍의 서술은 매우 제한적이다. 아무래도 1개월 정도의 짧은 체류 기간은 고려 전역을 파악하는 데 충분하지 않았을 것이다.

고려의 자연 지형에 대한 인식을 보여주는 사례는 고려 말에서 조선 초에 이르는 시기에 활동한 이첨李詹의 〈삼국도후서三國圖後序〉에서 확인할 수 있다.

우리나라의 군현은 지도와 호적[圖籍]에 나타난 것이 대략만 있고 자세하지 않아 상고할 수 없었다. (후삼국) 통일 이후에 비로소 고려도高麗圖가 생겼으나 누가 만든 것인지는 알 수 없다. 그 산맥을 살펴보면, 백두산으로부터 구불구불 내려오다가 철령에 이르러 별안간 솟아올라 풍악산이 되었고, 거기서 겹겹이 이어져 태백산·소백산·죽령·계립·삼하령이 되었다. 양산으로 내달려 중대산이 되었고, 운봉으로 뻗쳐 지리산이 되었는데, 지축이 여기에 다다르면 다시는 바다를 지나 남쪽으로 내려가지 않는다. 맑고 깨끗한 기운이 서려 뭉쳐서 산이 지극히 높고 험준하니, 다른 산 중에 이만큼 큰 것이 없다. 그 등마루 서쪽으로 흐르는 물줄기는 살수, 패강, 벽란, 임진, 한강, 웅진인데 모두 서해로 흘러 들어간다. 그 등마루 동쪽으로는 가야진만 남쪽으로 흘러갈 뿐이다. 원기元氣가 조화롭게 뭉쳐졌기 때문에 산줄기가 끝나는 곳을 강물이 둘러싼다. 그 풍기風氣가 나뉘는 영역과 군현의 경계는 지도를 펼치면 볼 수 있다.[9]

이첨은 후삼국 통일 이후 제작된 고려도를 바탕으로 한반도의 지형을 체계적으로 서술하였다. 그의 기술은 고려가 자연 지형을 단순한 배경이 아닌 통치와 제도의 기반으로 인식했음을 보여준다. 산맥과 수계는 행정 구획의 경계를 구성하며, 이는 지도라는 시각적 도구를 통해 파악·통제되어야 할 대상으로 제시된다. 특히 그는 산과 강을 '원기元氣'가 응집된 존재로 바라보았으며, 이는 지역적 위계와 행정 질서를 정당화하는 사유 체계로 기능했다. 이처럼 그의 지형 인식은 산천을 생명의 존재로 보는 관념과 지도에 의한 공간 통제의 사유 체계가 합쳐진 것으로, 고려의 공간 인식을 집약적으로 보여준다.

　　고려의 공간을 좀 더 입체적으로 조망하기 위해서 육상 교통로를 참고할 필요가 있다. 사실 도로망 건설은 역사를 통틀어 모든 중앙집권 국가가 우선시한 정책이었다. 페르시아의 다리우스 1세는 약 2,400킬로미터에 달하는 '왕의 길'을, 로마는 약 8만 5,000킬로미터에 달하는 '황제의 도로'를,[10] 그리고 중국의 진시황제는 중앙집권 체제를 강화하기 위해 군현제를 도입하고 전국에 걸쳐 도로망을 건설했다.[11] 육상 교통로는 중앙집권 체제를 강화하는 시금석이었고, 군사적으로 주요한 지역과 지역 세력의 근거지를 중앙과 연결하는 통로였다.

　　후삼국 통일 후, 고려는 주어진 공간을 지배 질서로 체계화하기 위해 수도인 개경을 중심으로 전국적인 역로망驛路網을 구축해나갔다. 성종 말년에서 현종 초년 사이, 거란의 침입에 대응하여 대·중·소 역 및 6과 체제를 포함한 역로망이 재정비되었고, 이 과정에서 개성 이북의 양계는 군사적 기능을, 개성 이남의 지역은 지방 지배를 위한 통치 기능을 중심으로 공간이 재구성되었다. 고려의 역로망은 현종 10년(1019)부터 덕종 원년(1032)까지의 정비를 통해 22역도 525역으로 확장되었고, 이는 단순한 교통 경로를 넘어 고려의 정치적·군사적·사회적 권력 관계를 반영하고 재현하는 구조적 토대로 기능하였다.[12] 이처럼 고려의 공간은 역로망을 통해 구성되고 구획되면서, 권력 질서를 조직하는 기반으로 자리 잡았다. 이제 고려의 역로망을 따라가보자.

　　〈그림 1〉은 고려시대 22역도驛道의 분포를 나타내며, 'X' 자 형태의 역로망에서 개성[개경]이 중심점으로 나타난다. 흥화도는 평안북도 박천에서 선천, 의주를 거쳐 삭주까지 이어지며, 29개의 역참이 있다. 흥교도는 평안남도 영변에서 박천, 순안, 평양을 지나 용강까지 이어지고, 12개 역참이 있다. 해주에서 개경까지 이어지는 산예도에는 10개

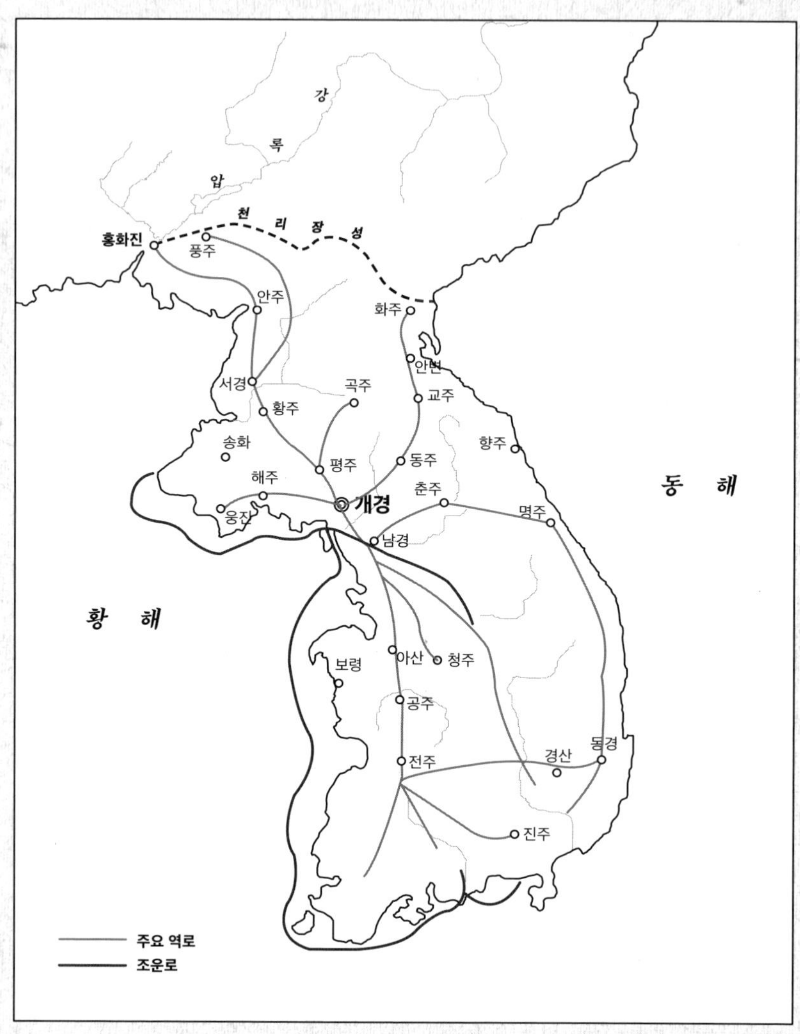

〈그림 1〉고려시대 22역도의 분포[13]

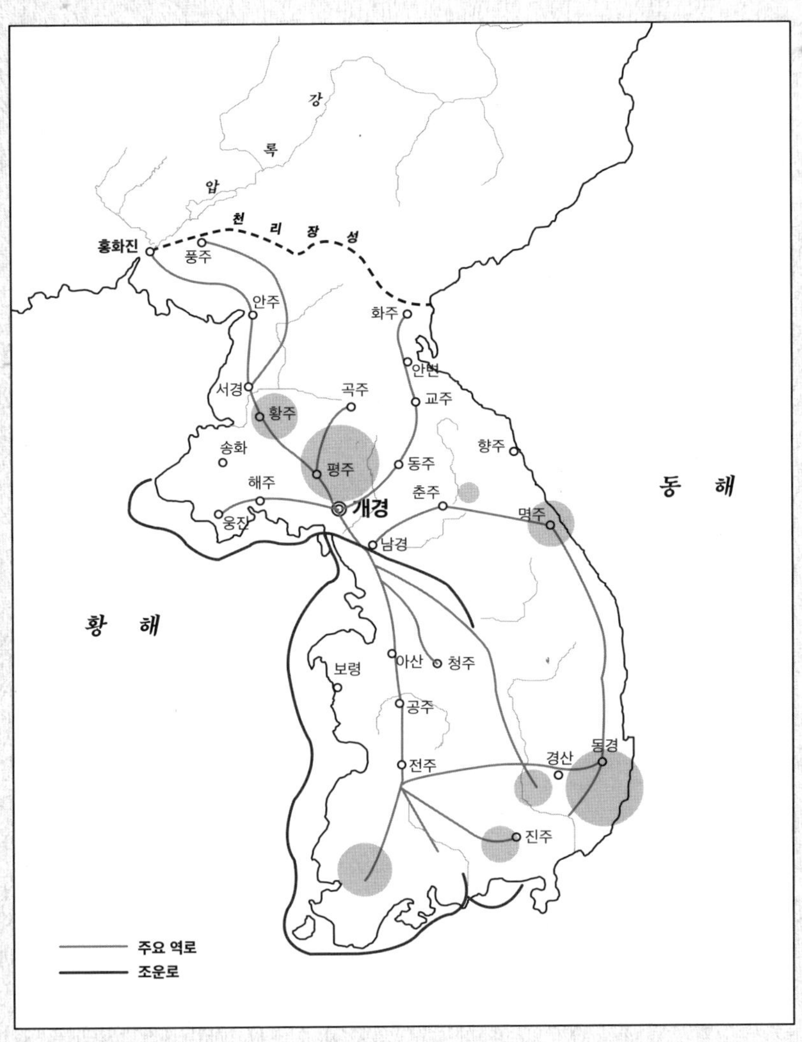

〈그림 2〉 고려 태조~현종 대 왕실 혼인가문의 지역적 기반[14]

의 역참이 있다. 운중도는 평양에서 동북부 순천, 개천, 운산, 창성을 거쳐 동해안의 원산까지 이어지며, 43개의 역참이 있다. 삭방도는 함경 남도 영흥에서 원산, 안변, 강원도 고성까지 42개 역참이 있다. 절영도 는 평양에서 황주, 중화를 거쳐 개성에 이르고, 11개 역참이 있다. 금교 도는 황해북도 곡산에서 개성까지 16개 역참이 있다. 도원도는 강원도 회양군, 평강군, 철원군에서 개성을 연결하며, 21개 역참이 있다.

'X' 자 아래쪽의 첫 번째인 청교도에는 15개 역참이 있었다. 이 역 은 개경에서 경기도 장단, 파주, 고양, 서울[남경]을 거쳐 인천까지 이어 져 있었다. 서울에서 양주, 포천, 가평을 지나 춘천, 홍천, 횡성까지 이 르는 춘주도는 24개의 역참을 가지고 있다. 강원도 양양에서 출발하여 동해안을 따라 강릉, 삼척, 울진에 이르는 명주도는 28개 역참이 있다. 다시 서울에서 여주, 원주, 충주, 제천, 영월까지 이어지는 평구도는 30 개 역참이 있다. 또한 서울에서 과천, 이천, 장호원, 연풍까지 연결되 는 광주도는 15개의 역참이 있다. 수원에서 충청도로 이어지는 충청주 도는 34개 역참을 가지고 있다. 이 도로는 수원에서 출발하여 전의, 공 주, 부여까지 이어지는 도로, 수원에서 죽산, 진천, 청주, 문의로 이어 지는 도로, 그리고 수원에서 아산, 예산, 홍천, 해미까지 이어지는 도로 로 이뤄져 있다. 공주에서 전북 전주까지 이어지는 전공주도는 21개 역 참을 가지고 있고, 전주에서 진안을 거쳐 경남의 거창, 합천, 진주까지 이어지는 산남도에는 28개 역참이 있다. 남원도는 전북 임실에서 출발 하여 남원, 전남 구례, 곡성, 순천을 연결하는 도로로 12개의 역참이 있 다. 전남 지역을 연결하는 도로는 나주를 중심으로 이어지는 승라주도 였고, 30개의 역참이 있다. 25개 역참을 가지고 있었던 경산부도는 경 북과 충북을 연결하는 도로로, 경북 김천을 중심으로 충북 영동, 옥천,

보은, 그리고 경북 성주, 상주를 연결하고 있다. 경북 문경에서 출발하여 예천, 상주, 선산까지 이어지는 상주도에는 25개 역참이 있다. 경주도는 경주에서 출발하여 영천, 대구를 연결하는 도로와 경주에서 동해안을 따라 영덕, 평해까지 연결하는 도로를 포함하고 있으며, 23개의 역참이 있다. 마지막으로 금주도는 경북 청도에서 출발하여 경남 밀양, 김해, 부산, 언양까지 이어지는 도로로, 31개 역참을 가지고 있다.[15] 이렇게 'X' 자 위로는 8개의 역도가, 아래로는 14개의 역도가 연결되어 있었다.

고려 전기의 역로망은 단순한 교통 체계를 넘어, 왕실과 지방 세력 간의 정치적 결속이 공간적으로 조직된 결과물이라 할 수 있다. 특히 태조에서 현종에 이르기까지 형성된 왕비 가문의 분포와 현종 대에 정비된 22역도의 구성은 이러한 점을 잘 보여준다. 왕비의 출신지를 개경과 연결한 고려 왕실의 혼인 네트워크를 살펴보면(〈그림 2〉),[16] 그 분포가 후대의 역로망과 구조적으로 유사함을 확인할 수 있다. 이는 혼인이 단지 왕실의 사적 결합이 아닌, 고려 초기의 권력 구조와 지역 통합 전략에서 핵심적인 수단으로 활용되었음을 시사한다.

왕실과 혼인한 왕비의 출신지는 개경을 중심으로 하여 북부의 황주, 신주, 평주, 동주, 정주에서부터 남부의 광주, 명주, 충주, 전주, 진주, 경주에 이르기까지 넓은 지역에 분포하고 있다. 이들 지역은 공통적으로 역로가 교차하거나 주요 간선이 통과하는 교통의 요충지였다. 반면, 압록강 이남과 동북부의 일부 양계 지역 및 전라도 내륙, 경상도의 일부 지역은 혼인 네트워크에서 소외되었는데, 이들 지역은 국방상의 필요에 따라 역로망이 우선으로 구축된 곳이었다.

주목할 점은 태조와 현종 시기 왕비의 출신지가 대부분 겹치지 않는

다는 사실이다. 이는 왕실이 혼인 전략을 통해 특정 시점의 정치적 필요
에 따라 새로운 지역 세력과 연대했으며, 결과적으로 고려의 지배 권역
을 넓히고 안정화하는 데 중요한 역할을 했음을 보여준다. 고려 태조에
서 현종 대까지 왕실 혼인 네트워크와 역로망 분포의 유사성은 중앙 권
력과 지방 세력 간의 관계를 이해하는 데 중요한 단서를 제공한다. 고려
건국 이후, 지방의 유력 세력들은 자신들의 근거지에 대한 지배력을 유
지하기 위해 왕실과의 혼인을 통한 정치적 후견 확보 및 중앙 관료로의
진출을 추진하였다. 이 과정에서 관료로 진출한 지방 세력 중 상당수는
전시과의 전시를 받았으며, 이러한 전시는 주로 해당 세력의 본거지 지
역에 우선으로 지급되었을 가능성이 크다.[17] 이는 국가가 공식적으로 인
정한 공적 권한을 통해 지방 세력의 지배력을 강화하는 계기가 되었다.

고려는 조선과 달리 모든 지역에 지방관을 일률적으로 파견하지 않
았기 때문에, 관료가 파견되지 않은 일부 지역에서는 지방 세력이 독자
적으로 지배력을 행사할 수 있는 여지가 있었다.[18] 따라서 지방 세력은
관직과 전시라는 국가의 공적 승인을 통해, 본래 근거지에서 누려오던
권력을 제도적으로 보존·강화할 수 있었다. 이러한 맥락에서 역로망은
단순한 물리적 연결 이상으로 중앙과 지방 간 정치적·경제적 교섭의
주요 통로가 되었으며, 지방 세력은 역로망을 적극 활용하여 중앙과의
관계를 유지하고 자신들의 지배를 제도적으로 승인받는 동시에 독자적
인 영향력도 지속할 수 있었다. 결과적으로 고려의 공간 질서는 중앙의
공적 권한과 지방의 독자적 권한이 상호작용하며 복합적이고 다층적으
로 형성된 것이다.

한편, 중앙과 지방의 공통 관심사인 토지가 어느 정도의 생산성을
담보해주었는가에 대한 실마리는 이제현의 다음과 같은 언급에서 찾을

수 있다.

> 삼한의 땅은 사방에서 배와 수레가 모여드는 곳이 아니므로, 물산
> 의 풍족함이나 식화殖貨의 이익이 없으니, 민생이 쳐다보는 바는 다
> 만 땅의 힘에 있을 뿐이다. 그러나 압록강 이남은 대저 모두가 산이
> 므로 해마다 경작할 수 있는 기름진 토지[不易之田]가 절대적으로 부
> 족하다. 그러므로 경계를 정함이 만약 소홀하다면 그 이해利害는 중
> 국에 비하여 그 차이가 만 배는 될 것이다.[19]

이제현에 의하면, 고려의 토지는 단순히 "사방에서 수레가 모여"들거나 "물산의 풍족"과 "식화의 이익"을 누릴 만한 풍요로운 곳이 아니었다. 실제로 고려에서 민생이 유일하게 의지하는 것은, 오직 토지였다. 이러한 현실을 고려해 고려 정부는 이용 가능한 토지와 인구를 바탕으로 국가의 경제 생산성, 총생산 대비 국방 및 행정 비용, 그리고 조직적·경제적·군사적 기술 수준을 고려한 제반 제도와 정책을 마련할 수밖에 없었다.[20] 특히, 고려의 땅은 대부분 산악 지형으로 이루어져 있어 매년 경작이 가능한 기름진 토지가 극히 부족했으므로, 토지 경계를 정확히 설정하는 것은 국가 운영의 결정적 과제가 되었다. 토지의 경계는 "개간한 토지의 수를 총괄하고, 비옥함과 척박함을 분별"하는 것으로,[21] 경계가 명확히 설정되지 않으면 조세와 공부를 거두는 데 일정한 법도가 없게 된다.[22] 토지 경계의 불안정성은 국가 재정의 위기와 직결되는 문제였으며, 이는 후삼국 멸망의 주요 원인으로 지적되었다. 따라서 고려도 이를 방치하면 국가 체제 위기에 처할 수밖에 없었다. 토지 운영의 안정성은 단순한 행정의 문제가 아니라, 체제 유지의 기반

이었던 셈이다.

　토지 총규모에 대한 정보는 고려 시기 문헌에 명확히 남아 있지 않다. 그로 인해 고려의 가용 토지 규모는 단편적으로 남아 있는 사료를 통해 간접적으로 추정할 수밖에 없다. 가장 주목할 자료는 고려 멸망 1년 전 공양왕 3년(1391)의 기록,[23] 그리고 그 3년 전 창왕 즉위년(1388)에 실시한 기사양전己巳量田 결과를 인용한 조선 태종 2년(1402)의 기록인데,[24] 이에 따르면 전국의 전답 총수는 80만 결 정도로 나타난다. 80만 결이라는 수치에 대한 학계의 해석은 서로 엇갈린다. 우선, 고려 초기 숨겨진 결수인 은결隱結 없는 전국 총 전결수를 약 100만 결 내외로 추산한 견해가 있다. 고려 후기 80만 결에는 상당수의 은결이 포함되지 않았기 때문에, 실제 규모는 이를 크게 상회할 것이라는 것이다.[25] 반면, 실제 총 전결수는 80만 결보다 훨씬 적었다는 견해도 있다. 여기서는 80만 결을 기사양전 이후 사전 개혁의 영향으로 토지대장이 확장된 결과로 보고 있다.[26] 또 다른 조선 초기 세종 대 기록에는 전국 결총이 160만 결로 나타나는데, 이를 그대로 고려에 적용할 수 없다. 고려는 5도 양계 지역을 중심으로 한 행정 체계를 가지고 있었고, 함경도와 평안도의 상당 부분은 행정권이 미치지 못했기 때문이다. 이에 따라 조선 초기 160만 결 중 고려가 실질적으로 통치했을 토지 규모를 약 120만 결 정도로 추산하고 있다.[27] 이러한 점을 감안했을 때, 고려의 토지 총규모는 80만~120만 결 정도로 추정할 수 있다.

　여기에 1결이 구체적으로 어느 정도 면적을 의미하는가에 대해서도 의견이 분분하다. 최소 1,200평,[28] 1,494.85평[29]에서 최대 1만 7,081평[30]까지 연구자에 따라 큰 차이가 난다. 이에 따라 고려의 국토 가운데 실제 경작 가능 면적을 산정하는 일도 여전히 가설적 수준에 머물러 있다. 토지의 규모는 전시의 지급 규모를 통해서도 간접적으로 가늠할 수 있다. 전시과에서 대표적인 지급 항목인 양반전과 군인전만 해도 그 수치가 방대하다. 문종 대 경정전시과 기준으로 양반전 지급 규모를 추정하면 약 9만 4,661결로 추산되며,[31] 군인전의 지급 규모는 약 40만 결로 추정된다.[32] 두 항목만 합쳐도 약 50만 결에 달하는 셈이다. 여기에 중앙과 지방 관청 운영, 사원 등의 토지 수요까지 고려하면, 국가가 운용할 수 있는 토지 여력은 극히 제한적이었다.

제한된 토지의 안정적 운용은 국가 존립의 핵심 과제였다. 고려 후기 이제현과 《고려사》 식화지 서문에서 토지의 부족과 중요성을 강조한 인식은 결코 수사적 표현에 그치지 않는다. 토지는 단순한 경제 자원을 넘어 국가 재정, 사회 질서, 그리고 정치 권력이 교차하는 구조적 기반이었다. 이러한 토지의 중요성은 양전量田제도를 통해 구체적으로 관리·평가되었다.

양전은 국가가 토지의 면적과 생산력을 재측정하여 조세 기반을 재정비하려는 시도로, 토지 이용 가능성과 경작 여부를 판단했다. 《고려사》에 기록된 양전 실시의 초기 사례는 문종 18년(1064)에 보이는데, 여기서 호부는 자연재해로 인한 농작물 피해를 이유로 양전의 일시 정지를 요청하고 있다.[33] 그 이전 양전 시행에 대한 사례는 《삼국유사》〈가락국기〉에서 보이는데, 여기서는 성종 10년(991)에 옛 관례[舊貫]에 따라 양전이 시행되었음을 기록하고 있다. 해당 기록에 언급된 옛 관례를 통해 양전이 991년 이전에 이미 시행되었음을 알 수 있는데, 실제로 891년에 기록된 〈개선사석등기開仙寺石燈記〉에는 양전 시행이 기록되어 있다.[34] 《삼국유사》〈가락국기〉에서 확인한 성종 10년보다 약 100년 전이다. 양전은 〈정도사조탑형지기淨兜寺造塔形止記〉(1031)에도 기록됨으로

써, 이 제도가 오랜 시간 동안 지역별로 점진적으로 시행되었음을 보여
준다.[35]

조선의 법전인《경국대전》은 20년마다 한 번씩 양전을 실시할 것을
명시하면서 토지 등급을 정교하게 구분하여 제시하고 있다. 이에 따르
면, 토지는 정전正田, 속전續田, 강등전降等田, 강속전降續田, 가경전加耕
田, 화전火田 등 총 6등급으로 분류되었다. 정전은 정기적으로 경작하는
토지를, 속전·강등전·강속전은 진전이 되기 쉬워 휴한농법의 대상이
된 토지를, 가경전은 개간지를, 그리고 화전은 경작지에 포함하지 않는
토지이다. 이처럼 토지의 비옥도, 경작 가능 여부, 개간 상태에 따라 등
급을 달리한 점은, 조선 초기에도 일률적인 양전을 시행하기 어려웠음
을 보여준다. 조선 초기의 양전 상황을 고려할 때, 휴한과 개간이 빈번
했던 그 이전 시대에는 정기적이고 전국적인 양전이 제도적으로나 현
실적으로 더욱 어려웠을 가능성이 크다. 그러므로 고려시대의 양전 사
례는 상대적으로 제한적인 관점에서 이해해야 한다.

양전이 전면적으로 시행된 것이 아니라면, 당시 토지를 어떤 방식으
로 파악했는가. 그런 점에서 태조 3년(1394) 기록이 주목된다. 조선 건
국 후 불과 2년이 지난 시점으로, 해당 사료는 고려시대의 토지 파악과
수조 방식을 반영한다.

> 도평의사사에서 "동북면은 일찍이 대·중·소호로 수조收租했으나,
> 바라건대 서북면의 예에 의하여 일경답험日耕踏驗하여 수조하게 하
> 소서"라고 아뢰니, 왕이 그대로 따랐다.[36]

이 사료는 대·중·소 3개 호와 일경日耕을 기반으로 한 수조 방식을

기술하고 있으며, 고려와 조선 초기 토지 관리 방식 사이의 연속성과 변화를 보여준다. 동북면과 서북면은 고려의 양계 지역으로, 이곳에서는 오래전부터 두 가지 주요한 수조 방식이 존재했다. 첫 번째 일경 방식으로, 이는 비옥도[肥瘠]가 고르지 않은 토지에서 하루에 갈 수 있는 땅의 면적을 산정하고, 이를 바탕으로 조세를 부과하는 것이다. 특히 양계 지역에서는 정식으로 토지를 측량하지 않았기 때문에, 실제 경작 노동력을 기준으로 파악했다. 일경의 단위로는 삭朔·일日·조朝·반조 半朝 등이 있었다. 삭은 한 사람이 한 달간 갈 수 있는 땅의 넓이를, 일은 하루 동안 갈 수 있는 땅의 넓이를, 조는 반나절 동안 갈 수 있는 땅의 넓이를, 그리고 반조는 반나절의 절반 동안 갈 수 있는 땅의 면적을 각각 의미했다. 일경은 토지의 한 형태로 인식되기도 했고,[37] 양전하지 않은 경작지를 일컫기도 했다.[38] 이 방식은 정밀한 양전이 어려운 지역에서 노동력을 기준으로 땅의 면적을 측정하고 수조를 관대하게 하여 양전을 통한 수조보다 농민에게 더 유리한 조건을 제공했다.[39] 이는 그 이전 고려에서도 일경 방식으로 토지 면적을 파악했음을 시사한다.

두 번째는 토지를 대호, 중호, 소호로 분류하여 수조하는 방법이다. 세 개의 호로 분류하는 기준은 조선 태조 1년(1392)의 사료[40]를 참고할 수 있다. 해당 사료에서는 요역 부과 원칙이 제시되는데, 요역은 16세에서 60세 사이의 민정 수를 기준으로 책정되었다. 구체적으로 10정 이상은 대호, 5정에서 9정은 중호, 4정 이하는 소호로 분류되었다. 위의 태조 3년에 도입된 수조 방식 역시 유사한 민정 수 규모를 기준으로 경작 토지를 대호, 중호, 소호로 구분하였을 것이다. 이는 토지 규모와 민정 수를 기준으로 수조가 이루어졌으며,[41] 양전이 단순히 토지만을 대상으로 시행되지 않았음을 의미한다. 이러한 방식의 토지 파악과 수조 방식은 그 이전 고려에서도 시행되었다고 할 수 있다.

토지 규모와 민정의 수를 기준으로 한 수조 방식은 토지이용도와 밀접한 관련이 있다. 문종 8년(1054)에 기록된 고려의 토지이용도에 관한 다음의 사료는 당시 토지의 생산성과 이용 패턴을 파악하는 데 중요한 정보를 제공한다.

> 무릇 전품田品은 매년 쉬지 않고 경작하는 땅[不易之地]을 상上으로 하고, 한 해는 경작하고 다음 해는 경작하지 않는 땅[一易之地]을 중中으로 하고, 한 해는 경작하고 다음 두 해는 경작하지 않는 땅[再易之地]을 하下로 하며, 그 매년 경작하는 산전[不易山田] 1결은 평전平田 1결에 해당하게 하고, 한 해는 경작하고 다음 해는 경작하지 않는 땅[一易田] 2결은 평전 1결에 해당하게 하고, 한 해는 경작하고 다음 두 해는 경작하지 않는 땅[再易田] 3결은 평전 1결에 해당하게 한다.[42]

위의 사료에 따르면, 전품은 토지이용도에 따라 평전을 기준으로 매년 경작하는[不易之地] 상등전, 1년 휴경하는[一易之地] 중등전, 2년 휴경하는[二易之地] 하등전으로 나뉜다. 당시 산전이 개발됨에 따라 전품의 기준을 정립할 필요성이 대두되었고, 평전의 전품을 산전에 적용하는 방식을 채택하였다.[43] 3개의 전품 중 일반적인 고려의 토지는 매년 경작하는 상등전은 아니었던 것으로 보인다. 우왕 14년(1388)에 《고려사》는 매년 경작하는 비옥한 토지가 대체로 해안가에 국한되어 있음을 전하고 있기 때문이다.[44] 그러므로 고려의 토지는 일반적으로 중등전과 하등전이었고, 위의 사료에서의 한 해 두 해 거르면서 경작하는 세역歲

易은 아무래도 휴한농법을 의미하는 것으로 보아야 한다.[45]

성종 14년(995)의 수조율 기사는 고려 토지가 휴한농법을 전제로 운영되었음을 잘 보여준다. 이 기사에서는 수전과 한전을 상등전, 중등전, 하등전으로 구분하고 등급별로 서로 다른 수조율을 규정했는데, 일부 오기, 착오, 결락이 있다고 알려져 있다. 다음은 이를 바로 잡아 수정한 기사이다.

> 공전公田의 조租는 4분의 1을 거둔다. 수전水田 상등上等 1결結의 조는 3石 11두斗 2승升 5홉슴이며, 중등中等 1결의 조는 2석 11두 2승 5홉, 하등下等 1결의 조는 1석 11두 2승 5홉이다. 한전旱田 상등 1결의 조는 1석 13두 1승 2홉 5작, 중등 1결의 조는 1석 5두 6승 2홉 5작, 하등 1결 13두 1승 2홉 5작이다.[46]

수조율 수치는 당시 조세제도의 정합성을 파악하는 데 중요한 실마리를 제공한다. 상·중·하등전을 동일한 면적(가령 33보×33보)으로 상정하고, 3년간의 총 수확량 중 3분의 1이 조로 부과된다고 가정할 경우, 상등전은 연간 15석, 중등전은 11석, 하등전은 7석의 수확량이 산출된다. 이를 바탕으로 3년간 누적 생산량을 비교하면 각각 45석, 33석, 21석이 되며, 하등전 세 필지를 번갈아 경작하며 휴한 주기를 유지할 경우 연간 수확량은 63석(21×3)에 이르게 된다. 이는 오히려 상등전 한 필지를 매년 경작한 경우의 수확량(45석)을 초과하는 결과로, 논리적으로 수전의 등급이 낮을수록 생산성이 감소한다는 기본 전제와 충돌한다. 이러한 모순은 등급 간 면적 차이를 전제함으로써 해소될 수 있다. 만약 상등전 1결에 대해 중등전은 4분의 3결, 하등전은 2분의 1

결 정도의 상대 면적 비율이 설정되어 있었다면, 하등전 세 필지를 순차적으로 경작하더라도 총 경작 면적은 상등전 한 필지와 비슷하거나 오히려 적어지게 되어 수확 역전 현상은 발생하지 않는다.[47] 이는 고려의 토지제도가 조세율, 경작 면적, 휴한 주기라는 세 요소를 고려해 제도적 정합성을 확보하고자 했음을 시사한다.

이러한 제도의 배경에는 고려 농업이 지닌 구조적 한계가 자리하고 있었다. 고려 후기 이제현이 "매년 경작되는 토지는 흔치 않았다"라고 회고한 것처럼, 당시 농업은 토양의 지력 회복을 위해 일정한 휴한 주기를 전제로 하는 경작 방식을 필수적으로 요구했다. 휴한은 개별 필지의 생산성을 유지하는 데 효과적이었으나, 전체 경작 면적의 변동성과 노동력의 재배치, 개간의 불확실성을 초래하여 연간 총 생산량과 조세 수입을 불안정하게 만들었다. 특히 휴경 기간이 길어질수록 잡초와 관목의 번식으로 재개간에 필요한 노동력이 증가하고, 반대로 휴경이 짧을 경우 지력 회복이 미흡하여 수확량이 감소하는 등 농민들은 해마다 변동하는 경작 조건에 대응해야 했다. 표면적으로는 순환농법이라는 체계를 갖춘 듯 보였지만, 실제로는 경작 면적, 노동 투입, 수확량 측면에서 상당한 불확실성을 내포하고 있었다.

정치적 공간으로서의 토지는 이러한 제도적 조건 위에서 작동하였다. 국가는 등급·면적·세율을 조합하여 조세 수입의 변동성을 관리하고자 하였으며, 지방 지배 세력은 복수의 필지를 확보하고 이를 시차를 두고 경작함으로써 휴한 주기를 조절하고 경작 효율을 극대화하여 권력 기반을 유지했다. 반면 일반 농민은 매년 변화하는 경작 조건과 조세 부담 속에서 생존 전략을 끊임없이 조정해야 했다. 고려의 토지는 이처럼 경제적 기반이자 권력 분포의 장이며, 동시에 민의 생존을 결정짓는 터전이었다.

토지를 둘러싼 세 주체 간의 구조적 긴장은 고려라는 정치체가 형성되고 작동해온 가장 현실적인 기반이었다. 농업 환경, 행정 기술, 사회 권력 구조가 교차하는 공간으로서의 토지는 단순한 자연 환경이 아니라, 국가 운영의 핵심이자 정치 질서를 구체적으로 구현하는 장이었다. 고려 사회에서 토지는 곧 정치 질서의 물리적 토대이자, 고려라는 정치체의 모태였다.

[2]

인구

고려시대 인구에 관한 연구는 출발부터 난항을 겪게 된다. 고려의 인구도 토지와 마찬가지로 드물게 찾아지는 자료의 파편을 통해 유추해볼 수밖에 없기 때문이다. 우선 1130년《송사》고려전의 기록을 토대로, 고려시대 인구를 280만 명이나, 270만 명 또는 294만 명으로 추정하고 있다.[48] 또한 조선 세조 7년(1462) 기록을 통해 전국의 호수를 70만~100만 호, 인구수를 533만~570만 명으로 추정하기도 했다.[49] 단순히 계산하면 1130년에서 1462년까지 280만 명에서 550만 명 정도로 270만 명이 증가했다. 이는 332년 동안 연평균 8,132.5명 정도 증가한 것이다.

전체 인구가 아닌 공간 대비 인구수의 비율, 즉 인구 밀도를 추정할 수도 있다. 앞에서 이제현은 고려에서 활용할 수 있는 토지가 극히 제한되어 있음을 밝히고 있는데, 가용할 수 있는 토지 당 인구의 밀도가 높았음을 간접적으로 기술한 것으로 이해할 수 있다. 송의 사신으로 고려를 방문했던 서긍도 "고려는 땅은 넓지 않으나 인민은 많다"[50]고 했다. 고려의 인구 밀도가 높았다는 추정이 가능한 첫 번째 실마리이다. 이 실마리를 근거로 상대적으로 풍부한 인구 기록이 있는 당대 중국과 일본과의 비교를 통해 고려의 인구 밀도를 추정해보자.

중국과 일본의 인구 밀도는 우선, 제곱킬로미터(㎢)당 인구 밀도를 전 세계의 비교를 통해 추정한 연구를[51] 통해 알 수 있다. 이 연구에서는 전 세계 인구를 1~10그룹으로 나누어 비교했는데, 각 그룹 간에는 2배의 인구 밀도가 차이 나는 것으로 규정했다. 예를 들면, 인구 밀도 1그룹은 제곱킬로미터당 0~1명, 2그룹은 1그룹의 2배인 제곱킬로미터당 1~2명, 3그룹은 2그룹의 2배인 제곱킬로미터당 2~4명, 4그룹은 3그룹의 2배인 제곱킬로미터당 4~8명, 5그룹은 4그룹의 2배인 제곱킬로미터당 8~16명, 6그룹은 5그룹의 2배인 제곱킬로미터당 16~32명 등이다.

인구와 인구 밀도는 전쟁·기근·질병, 그리고 기후 변화에 영향을 받는다. 전쟁·기근·질병은 정도의 차이는 있지만 전 세계 모든 사회가 경험하는 보편적 현상이며, 기후 역시 예외가 아니다. 1000년에서 1200년 사이에 전 지구적 온난기가, 1500년에서 1700년 사이에 소빙기라 불리는 한랭기가 존재했다는 사실이 식생 자료와 역사 기록에서 확인된다.[52] 동아시아 지역에서도 유사한 기후 현상이 확인되는데, 중국은 당에서 송 전기까지 상대적 온난기, 원에서 청 전기에는 한랭기, 청 말 이후에는 온난기로 전환되는 패턴을 보인다.[53] 조선의 경우에는 《조선왕조실록》에서 1501년에서 1750년 사이 소빙기 현상으로 20개 항목 2만 5,000여 건이 기록되었다.[54] 따라서 인구와 인구 밀도에 영향을 미치는 외부 요인들이 일정한 시기 동안 동아시아 전역에서 유사하게 작용했음을 고려할 때, 연구 대상 지역 간 비교는 동일 조건에서 이루어질 수 있다.

우선, 1000년에서 1500년 사이에 중국의 인구는 거의 두 배가 늘어나면서, 해당 시기 인구 밀도는 4그룹에서 5그룹으로 높아진다. 이후 중국의 인구는 1500년에서 1750년 사이에 거의 두 배가 늘어나는데, 해당 시기 인구 밀도는 5그룹에서 6그룹으로 높아진다. 인구가 두 배 늘어나는 데 걸린 기간이 500년에서 250년으로 절반으로 단축되었다. 이에 비해 같은 시기 일본은 중국보다 더 높은 인구 밀도를 보이고 있었다. 일본의 경우 1000년에서 1500년 사이 인구는 3배 이상 늘어나는데, 해당 시기 인구 밀도는 5~6그룹에서 7그룹으로 높아졌다. 이후 250년 뒤인 1750년에는 약 1.5배 정도의 인구가 늘어나고, 인구 밀도는 7그룹에서 8그룹으로 높아졌다. 우리의 관심사인 1000년에서 1500년 사이 일본의 인구 밀도를 중국의 인구 밀도와 비교해보면 2그룹 정도 높은 것으로 나타난다. 일본은 비교 대상 전 세계 국가 중 가장 높은 인구 밀도를 나타냈다고 한다.

고려의 인구 밀도는 같은 시기 중국보다 높은 인구 밀도를 유지했을 것으로 추정할 수 있다. 고려 귀족층의 기대여명은 약 34.8~39.7세로,[55] 중국 상층 집단의 높은 사망률과 상대적으로 낮은 기대여명과 대비된다.[56] 영국 귀족층 남성의 기대여명이 약 31세 수준이었음을 감안할 때도[57] 고려의 기대여명은 당시 상당히 높은 편이었다. 기대여명은 단순히 개인의 수명만을 의미하는 지표가 아니라, 그 사회의 보건·위생 수준, 식량 공급의 안정성, 외부 충격에 대한 대응력 등 다양한 요소를 반영하는 종합적 지표다. 이러한 조건이 일정 기간 지속되었다면, 인구의 자연 증가나 감소 가능성도 그만큼 컸다고 볼 수 있다. 특히

영·유아 및 청년기 사망률이 상대적으로 낮았을 경우, 출생 인구의 상당수가 성인기로 신입하여 인구 재생산 구조를 안정화하는 효과를 낳는다. 결국 고려의 귀족층이 중국 상층보다 더 높은 기대여명을 유지했다는 사실은, 고려 사회가 상대적으로 높은 인구 부양력을 갖추고 있었음을 의미하며, 이는 같은 시기 중국보다 인구 밀도가 높았을 가능성을 뒷받침하는 간접적 근거가 된다.

고려의 인구 밀도는 일본과 비교할 때 비슷하거나 약간 낮았을 것으로 추정된다. 일본과 마찬가지로 고려도 국토 대부분이 산지로 구성되어 실제 경작 가능 토지가 매우 제한적이었다. 이러한 추정의 근거가 된 앞의 인구 밀도 분류는 토지 전체의 절대 면적을 기준으로 인구 밀도를 산출한 것이다. 즉, 실제 가용 토지의 비율, 지형적 특성, 산지의 비중과 같은 요소는 고려하지 않은 채, 전체 국토 면적 대비 인구수를 기준으로 인구 밀도 등급을 설정한 것이다. 그러므로 산지를 제외한 가용 토지 대비 인구 밀도는 명목상 분류보다 훨씬 더 높았을 가능성이 크다. 이는 고려 사회가 불안정한 농업생산성에도 불구하고 높은 인구 밀도를 유지할 수 있었던 이유를 설명해준다. 또한 고려가 왜 사적 영역을 제한하고 공적 영역을 강조한 정책을 펼쳤으며, 토지와 인민을 어떻게 파악했는지에 대한 이해의 출발점이다. 이상의 서술을 염두에 두고, 이제 고려의 토지와 인민의 실상을 유추하기 위해 신라장적을 살펴보자.

신라장적은 당현 사해점촌[A촌]과 당현 살하지촌[B촌]이라는 이름을 가진 두 개 마을과 연구자들에게 C촌과 D촌으로 불리는 이름을 알 수 없는 두 개 촌, 총 네 개 촌의 인구와 토지, 그리고 과실나무 수, 가축 수 등을 기록하고 있다. 신라장적에 관한 기존 연구의 이해를 종합하면 다음과 같다.

남정 수에 따라 하하연[1정]에서 상상연[9정]까지 9개 등급으로 나뉜 공연孔烟, 남정 수를 중상연 6정으로 나눈 몫과 나머지로 구성된 계연計烟을 기록하고, 인구의 남녀와 노소에 따른 구분, 그리고 3년간 자연적 증감과 이주로 인한 인구 변화 등도 상세히 기록하였다. 이들이 경작한 전답도 연수유답, 촌관모답, 내시령답의 명목으로 그 결수가 기록되어 있다. 신라장적의 남정 수, 공연 등급과 수, 계연 수, 전답 결부 수 사이에는 기본적인 상관관계가 있다.[58] 가장 중요한 점은 공연의 등급과 수인데, 이를 알면 남정 수와 전답 결부를 알 수 있다.[59]

신라장적에서 토지와 인민의 실상과 관련해 주목되는 것은 다음과 같다. 우선, 공연의 등급과 수에 의해 신라장적의 결부 수가 결정된다는 점이다. 공연 등급은 단순한 호수戶數만이 아니라 토지 면적·비옥도·노동력 자원(우마·노비 보유량) 등을 종합해 산출된 기본 계수에 따라 부여되며, 이 계수와 해당 등급의 공연 수를 곱하여 결부 수[計烟], 즉 과세 단위가 결정된다. 한국사에서 인정[공연]과 토지[결수]가 분명하게 연동되었음이 확인되는 첫 번째 사례이다.

두 번째는 공연의 등급과 수를 결정짓는 남정 수는 여러 규모의 자연가에서 편제한 결과라는 점이다. 여기서 자연가는 부엌을 공유하는 취사 단위이며 주거를 함께하는 집단을 의미한다. 불완전한 자료로 평가받는 C촌을 제외하면, 당현 사해점촌[A촌]은 공연 11[중하연 4, 하상연 2, 하하연 5]에 합인 147, 당현 살하지촌[B촌]은 공연 15[중하연 1, 하상연 2, 하중연 5, 하하연 6]에 합인 125, D촌은 공연 10[하중연 1, 하하연 9]에 합인 118로 나타난다. 공연 당 합인의 수를 단순 계산하면, 당현 사해점촌[A촌]은 13.7, 당현 살하지촌[B촌]은 8.3, D촌은 11.8이다.

하지만 이 수치는, 몇 명의 합인이 하하연에서 상상연에 이르는 각 공연을 구성했는지를 알려주지 않는다. 더욱이 당현 사해점촌[A촌]과 당현 살하지촌[B촌]에는 다양한 공연이 섞여 있어 복잡한 수식이 필요하다. 이에 비해 D촌은 공연 10중에 하중연 1과 하하연 9로 나타나 대략적인 각 공연 당 합인 수를 살펴보기에 유리하다. D촌의 합인 수가 118인데 하중연 1을 제외한 나머지는 하하연으로 편제했으므로, 대략 10의 합인이 하하연 1을 구성했다고 할 수 있다. 여기서 하하연 1을 구성한 합인 10인은 신라장적 작성 당시 현실에 존재하던 주민 수를 반영한 수치이다.

물론 현실의 자연가 소속 모든 인민이 합인으로 파악되었던 것은 아니었다. 조선시대에서도 모든 자연가의 인민을 파악하고 있지 못하기 때문이다.[60] 그렇다면 자연가의 규모는 어느 정도이며, 몇 개의 자연가가 합인 10을 구성하였는가. 현재로선 자연가의 규모를 알 수 있는 자료는 많지 않다. 다만 고고학계의 발굴 성과로 그 대략을 추정할 수 있을 뿐이다. 다음 〈그림 3〉을 살펴보자.

잘 알려진 대로 한국사에서 일반 민의 자연가는 선사시대 이래 조선시대에 이르기까지 주로 수혈식 움집이었다. 〈그림 3〉은 경기도 화성 지역에서 신석기시대에서 조선시대까지 수혈주거가 확인된 유적을 정리한 것이다. 이 자료는 신석기시대에서 조선시대에 이르기까지 단일 지역의 수혈주거지를 통시대적으로 살펴볼 기회를 제공한다. 경기도 화성 지역의 사례를 한반도 전역의 상황으로 일반화해서 이해하기 어렵다는 한계는 있지만, 동일 지역의 장기적인 수혈주거지의 추이를 살피는 데는 부족함이 없다.

수혈주거지에서는 취사, 난방, 조명을 위한 노爐 등이 확인되는데, 고려 이후 난방을 담당하는 구들과 부엌 공간이 분리되는 특성을 보인다. 우리의 관심사인 수혈주거지의 면적은 시대가 내려올수록 작아진다. 신석기, 청동기, 원삼국, 백제의 수혈주거지가 신라, 신라 하대[통일신라], 고려, 조선의 그것보다 훨씬 크다. 발굴된 신라 관련 수혈주거지의 면적은 다양한데, 7.1~14제곱미터, 8.6~17.9제곱미터, 23.1~25.8제곱미터, 그리고 가장 큰 것은 34.6제곱미터이다. 고려의 경우는 발굴된 수혈주거지가 많지 않은데 대략 9.38제곱미터이며, 조선의 경우는 17세기 그것이 10제곱미터 내외이다.[61]

수혈주거지 제곱미터당 거주할 수 있는 사람 수를 파악할 수가 있다면, 자연가의 규모를 추정할 수 있다. 초기 연구에서는 청동기 유적을 기반으로 5제곱미터당 1인을 주장하였다.[62] 이에 대해 다양한 문제 제기가 있었는데, 모든 주거지에 획일적으로 적용하기 어려우며 특히 신라나 고려 이후에도 5제곱미터당 1인을 적용하기 어렵다는 주장이다. 최근에는 5제곱미터당 1인 이외에 3제곱미터당 1인도 함께 고려해야 한다는 견해도 제기되었다.[63] 최소치인 3제곱미터당 1인으로 추산하면, 신라의 경우 각각 대략 2.4~4.7인, 2.9~5.9인, 7.7~8.6인, 11.5인, 고려의 경우, 약 3.13인 정도이다. 조선의 경우, 17세기 수혈주거지의 면적은 대부분 10제곱미터 내외로 약 3.1인 정도이다.

수혈주거지의 면적당 거주 가능 인원[최소 3㎡당 1인, 최대 5㎡당 1인]을 기준으로 자연가의 규모를 추정할 수 있지만, 이는 개별 자연가의 모든 구성원을 온전히 반영하기 어려운 한계가 있다. 특히 D촌의 하하연 1에 편제된 합인 10명은, 이러한 추정치를 기준으로 할 때 일반적인 자연가 규모를 상당히 상회하는 수치이다. 더구나 신라장적이 한 자연가의 모든 인원을 누락 없이 기재한 문서가 아니었다는 점을 고려하면, 해당 합인 10은 단일 자연가가 아니라 다수의 자연가로부터 인구를 집

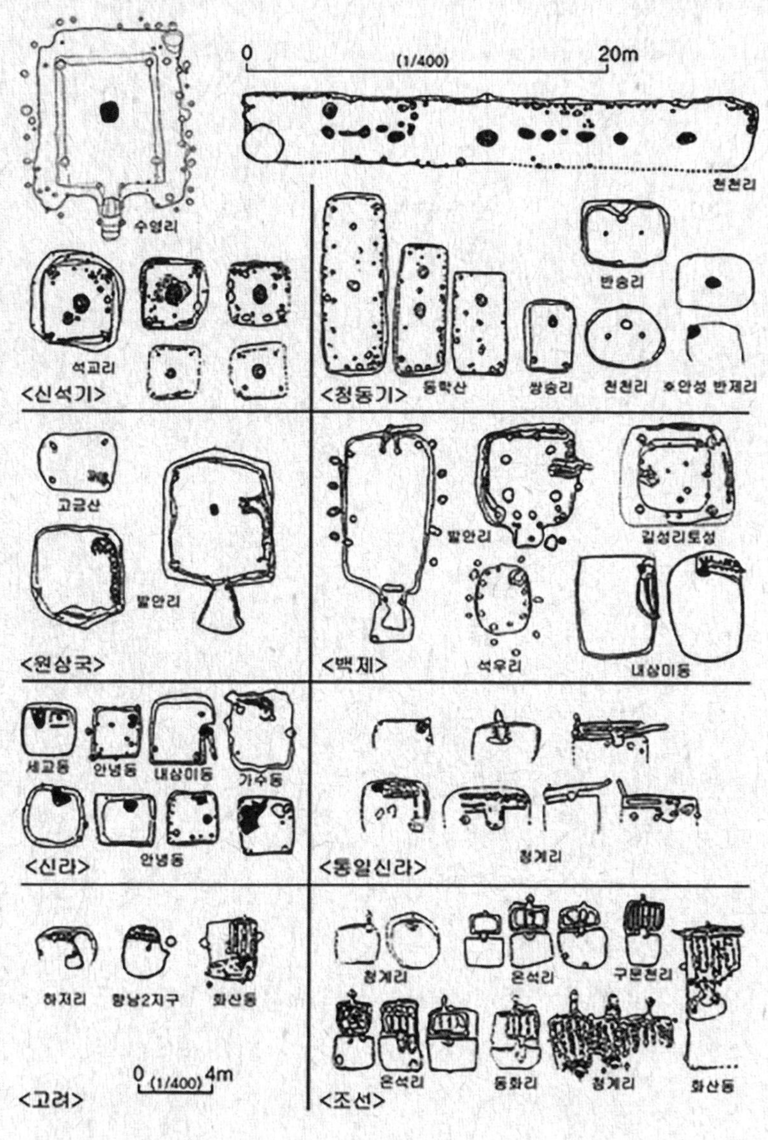

〈그림 3〉화성 지역 신석기~조선시대 수혈주거(1/400)[64]

49

계, 편제한 결과로 해석하는 것이 타당하다.

신라장적에서 주목되는 세 번째는 여러 자연가로 구성된 공연이 다시 계연으로 묶인다는 점이다. 당현 사해점촌[A촌]은 계연 4.3, 당현 살하지촌[B촌]은 계연 4.2, D촌은 계연 1.5이다. 각 촌의 공연이 각각 11, 15, 10이므로, 계연 당 공연 수는 각각 2.6, 3.6, 6.7이다.

이상 신라장적에서 주목할 점은, 개별 농민이 직접 토지를 경작하거나 과세 대상이 된 것이 아니라는 사실이다. 농민들은 먼저 여러 자연가 단위로 묶여 공연이라는 과세 단위로 편제되었고, 다시 이 공연들이 일정한 수치 기준에 따라 계연으로 합산되었다. 즉, 개별 농민은 공연을 통해 1차적으로, 계연을 통해 2차적으로 국가에 파악되는 구조 속에 존재했다. 이러한 구조 속에서, 공연의 등급과 수는 단순한 인구 통계가 아니라 토지 과세량[결부 수]을 결정하는 핵심 기준이 되었다. 실제로 공연마다 주어진 등급은 해당 집단의 노동력이나 경제적 능력을 반영한 것이며, 공연 수가 많을수록 계연 수가 커지고, 결과적으로 과세 대상 토지[결부]도 많아진다. 따라서 신라장적에 나타나는 인구수는 단순히 독립된 개인을 의미하지 않는다. 각각의 농민은 특정 자연가에 속했고, 이들이 다시 공연과 계연 단위로 편제됨으로써 국가로부터 과세와 통제의 대상으로 간주되었다.

이제 신라장적을 염두에 두고 고려의 경우를 살펴본다. 고려는, 신라장적과 마찬가지로, 인정의 다과에 따라 9등급의 호를 편제하였다.[65] 고려의 농민은 원칙적으로 나이 16에 정丁이 되어 국역에 복무하였다가 60에 노老로서 면역되었고, 주군은 이들을 군역이나 부역[徵兵調役]의 기본으로 삼았다.[66] 인정의 다과는 부역을 정하는 호등戶等 편제의 기준이었다. 또한 역참을 담당하는 정호丁戶의 과등科等을 정하는 기준이었으며,[67] 여러 주의 기인其人[68]과 사심관의 수,[69] 그리고 지방의 향리 수[70]를 결정지었다.

여기서 호당 인정의 수는, 인구를 세어 국가 장부에 등록된 인민[計口籍民]의 호 단계에서 책임자로 나타나는 가장이 부과된 역을 면할 목적으로 구口수를 탈루했을 때, 가장에게 처하는 형벌 관련 기사로 추정해볼 수 있다. 1구口 탈루에 도徒 1년을 처했고, 이어 홀수 단위인 3구, 5구, 7구, 9구 탈루함에 따라 각각 1년 반, 2년, 2년 반, 3년간 도에 처했다.[71] 여기서 탈루 구수와 도 기간에 일정한 규칙이 나타나는데, 탈루가 2구 늘어남에 따라 도 반년이 늘어나는 방식이다. 가장에게는 1구에서 9구 그리고 그 이상에 이르기까지 다양한 구수의 '계구적민'의 책임이 부과되었다. 가장은 각 구수를 있는 그대로 신고해야 하는 의무를 졌지만, 이는 사실 원칙에 불과한 것이다. 신라장적과 조선시대와 마찬가지로 모든 가족 구성원이 파악되는 것은 아니었으며, 이런 상황을 역설적으로 보여주는 사료라고 할 수 있다.

고려시대 가족은 '가속家屬'으로 표현되기도 했는데 다음의 사례를 통해 그 구성원을 살펴볼 수 있다. 원종 12년(1271) 원과의 전쟁 후 수습하는 과정에서, 고려는 원에 붙잡혀간 고려인의 '가속'들을 모두 반환해달라고 요구했다. 이때, 원은 붙잡혀간 고려인 중 부모와 처자식을 제외한 조부와 손자, 장인과 사위, 숙부와 조카, 형제와 자매 등을 반환하지 않았다. 원은 부모와 처자식만을 가속으로 여겼기 때문이다.[72] 이에 반해 고려는 부모와 처자식 이외에 직계와 방계, 그리고 처족까지도 가속으로 인식하고 있었기 때문에 이들 모두가 반환되어야 한다는 점을 거듭 요구했다.[73] 여기서 고려시대 가족의 범주를 확인할 수 있는데, 그것은 부모와 처자식, 조부와 손자, 장인과 사위, 숙부와 조카, 형제와 자매 등이었다.[74) 그렇다면 이들 가족은 어떠한 형태로 존재하고 있었을까. 다음의 사료는 이 점과 관련해 중요한 실마리를 제공한다.

> 삼한벽상공신三韓壁上功臣·삼한후대벽상공신三韓後代壁上功臣·배향
> 공신配享功臣·전쟁에서 사망한 공신의 자손 등으로 비천한 기술로
> 써 공·상·장·악工商匠樂에 떨어진 자, 그리고 무릇 공로와 은혜로
> 이미 양반에 속하고 부모도 흠집이 없는 자 등은 마땅히 추적하여
> 밝혀 관직에 나가는 것을 허락[許通]할 것이다. 그 공신전을 만일 자
> 손이 있는데 다른 사람이 차지한 것은 연한을 따지지 않고 자손에
> 게 돌려줄 것이며, 동종同宗 중 공신전을 만약 한 호가 모두 차지[合
> 執]했다면 그 족정足丁과 반족정[半丁]을 구별하여 균등하게 나누어
> 줄 것이며, 공신의 자손으로 남반南班에 속한 자는 동반東班으로 고
> 쳐줄 것이다.[75)

이 사료는 충선왕 즉위년(1298)에 내려진 교서로, 고려 초기 호족에 뿌리를 둔 지배 관료들의 자손들이 300여 년이라는 긴 시간 동안 다양한 사회적 계층으로 분화되었음을 보여준다. 그 과정에서 공인·상인·장인·악공 등으로 신분이 낮아진 자들도 있었고, 여전히 양반으로 인정받으면서도 부모의 신분이 명확한 이들도 있었다. 심지어 오랜 세월이 지나 공신전마저도 타인에게 빼앗길 정도로 사회적·경제적 기반이 약화된 자손도 있었다. 그러나 이렇게 다양한 신분과 지위를 가진 사람들도 여전히 '동종同宗'으로 인식되고 있었으며, 이러한 동종은 족정足丁과 반족정[半丁]의 여러 호로 편제되었다.

족정과 반족정은 고려시대에 토지 측량과 조세 징수, 토지 분급의

행정적 편의를 위해 토지와 인구를 일정 단위로 묶어 관리한 경제적 단위인 전정田丁과 직접적인 관련이 있다. 구체적으로, 전정의 크기가 17결이면 1족정, 7~8결이면 반족정으로 정해졌다.[76] 이는 고려 사회에서 동종이 단순히 혈연적으로만 구성된 것이 아니라, 직계와 방계 및 처족을 포함한 다양한 가족 구성원을 하나의 경제적 단위로 묶어놓은 것과 유사한 형태였음을 시사한다. 실제로 사료에서 동종이라는 하나의 혈연 집단 내부에서도 다양한 족정과 반족정 단위로 나뉘어 공신전을 분급받고 있었다는 사실은, 국가가 혈연을 넘어 경제적 기능과 행정적 편의를 중심으로 인구와 토지를 재편했음을 명확히 보여준다.

족정과 반족정의 단위 자체는 토지 분급의 기준(결수)을 정하는 척도로 작동했다. 이는 고려의 인구 관리 방식이 단순히 독립된 개인을 기준으로 이루어진 것이 아니라, 일정한 인구와 토지가 묶여 있는 조세 및 군역 부담의 단위로 인식되었음을 나타낸다. 다시 말해 고려의 인구는 개별적 '사람 수'가 아니라, 토지를 경작하고 조세를 부담하는 기능적 단위로 파악되었다. 이러한 인구 편제 방식은 현종 14년(1023)의 상평의창 사료에서도 다시 한번 확인된다.

> 현종 14년(1023) 윤9월에 판判하기를, "무릇 여러 주현의 의창의 법은 도전정수都田丁數를 사용하여 거두어들이는데, 1과공전一科公田은 1결에 조租 3두, 2과 및 궁원전宮院田·사원전寺院田·양반전兩班田은 조 2두, 3과三科 및 군인호정軍人戶丁과 기인호정其人戶丁은 조 1두로 이미 정해진 규정이 있다.[77]

의창의 조곡 징수 기준으로 제시된 '도전정'은 개별 농민의 호적이나 인구수를 기준으로 삼은 것이 아니라, 일정 규모의 토지와 인구가 결합한 단위였다. 의창조는 개별 인민이 아니라 도전정 단위로 부과되었고, 이는 곧 고려의 행정이 토지의 생산과 분배, 그리고 인구의 동원과 과세를 하나의 연계된 체계로 파악했음을 방증한다.

결국 충선왕 즉위년 교서와 현종 대의 상평의창 관련 사료는 고려시대 인구가 단순한 인구 통계나 개별 인물의 기록에 그치지 않고, 토지의 경작과 조세 징수를 위한 구체적인 경제적 단위로서 파악되었음을 보여준다. 이는 신라장적에서 나타나는 공연-계연의 구조와 깊은 유사성을 보이며, 고려시대 국가 운영의 근본적인 원리 가운데 하나가 개별 인구가 아니라 경작과 조세를 담당하는 집단 단위로서 인구를 관리하는 것에 있었음을 강력히 시사한다.

고려의 인구가 신라와 마찬가지로 토지 경작 등의 단위로 파악된 것은 당대의 생산력 발전단계인 휴한농법과 밀접한 관련이 있다. 휴한농법은 일반적으로 '연작상경'보다 토지생산성이 불안정하였다. 불안정한 토지생산성하에서 인정은 어떻게 존재했을까? 이 점과 관련해 에릭 울프의 비교사적 연구는 시사하는 바 크다.[78] 그는 경제·사회·이념적 측면에서 농민들의 존재 양상을 살폈는데, 그에 의하면 소가족은 역사적으로 대가족보다 경제적 위험에 쉽게 노출되었다고 한다. 소가족은 장비를 제대로 갖추고 충분히 수확할 수 있을 정도로 높은 집약 농경의 조건에서 사회적 분업이 이루어지는 단계에서 나타난다. 그렇지 않으면 대체로 대가족이 일반적이었다. 물론 일시적으로 젊은 부부들이 소가족으로 독립하기는 하지만 곧 자원과 노동력을 집중시킬 수 있는 대가족으로 환원되기도 했다. 이 점을 받아들인다면, 토지생산성이 불안정한 조건에서 고려의 인구는 개별 소가족보다는 소가족보다 큰 단위에 포함되어 존재했다고 할 수 있다.

소가족보다 큰 단위의 구체적인 양상은 조선 초기 연구를 통해서 유추할 수 있다. 이에 따르면 9정이 1호를 구성하였으며, 《세종실록지리지》의 호당 결수는 8결로 나타난다.[79] 이러한 조선 초기 호의 구성과 호당 결수는 고려의 역사적 과정을 거친 결과물이다. 고려의 인정은 앞의 1298년 충선왕 교서에서 보듯이 동종이 분화한 반족정의 형태로 호를 구성하여 토지와 결합한 존재라고 할 수 있다. 결국 고려의 인구는 휴한농법 아래 불안정한 토지생산성하에서, 부와 모, 3자녀를 포함한 5인의 소가족이 독립적인 재생산 기능이 가능한 존재가 아니라, 직계와 방계, 그리고 처족 등 다양한 가족 구성원의 자연가가 일정 단위인 호를 구성하는 존재였다.

신라장적에서 조선 초 《세종실록지리지》에 이르기까지 일관되게 확인되는 것은 인구가 독립적인 개개인이 아닌 일정 단위인 호[공연, 정호[반족정]]로 파악되었다는 점이다. 호 단위에 따라 토지 결수가 결정되었고, 이들 호는 다양한 규모의 가족을 대상으로 편제가 이루어지며 이들이 생산과 부세를 담당하였다.

이제 우리는 고려시대 인구의 기본적 개념을 갖게 되었다. 즉, 고려의 인구는 개별 농민 개인이 아니라 토지의 경작과 조세 징수를 위해 설정된 경제적 단위로 역사에 등장하고 있다.

3 · 이념
:: 소유관계, 공과 사, 그리고 왕토사상

[1]

소유관계

토지는 민생과 국가 재정의 기본적인 토대였다. 고려 태조는 토지 문제
의 중요성을 좌시하지 않았다. 그는 통일전쟁이 막바지로 치닫고 있었
던 태조 17년(934) 신라 이래 누적된 토지 문제를 다음과 같이 지적하
고 있다.

> (태조가) 예산진에 나아가 조를 내렸다. "왕의 친족이나 권세가들
> 가운데 방자하고 횡포하여 약한 자를 억눌러서 나의 백성[編民]을
> 괴롭게 함이 어찌 없다 하겠는가. 내 한몸으로 어찌 능히 집집마다
> 가서 눈으로 볼 수 있겠는가. 이 때문에 백성들은 호소할 방도가 없
> 었으니 저 하늘에 울부짖는 것이다. 마땅히 너희들 공경장상으로
> 국록을 먹는 자들은 내가 백성을 아들같이 사랑하는 뜻을 잘 알아
> 서 너희들 녹읍의 백성들을 불쌍히 여겨야 할 것이다. 만약에 가신

의 무지한 무리를 녹읍에 보내면 오직 함부로 거두는 데[聚斂] 힘쓰고 마음대로 빼앗아간들 너희들이 어떻게 알 것이며 비록 안다고 하더라도 막지 못할 것이다. 백성 중에 문제 삼고 고소하는 자가 있는데도 관리가 정에 이끌려 가리고 보호하므로, 원망하는 소리가 일어나고 바로 다투는 것도 이로 말미암은 것이다. 내가 일찍이 가르쳐서 이를 아는 자는 더욱 힘쓰고 알지 못하는 자는 경계하게 하고자 했다. 그 명령을 어긴 자는 따로 문건에 기록했다[染卷]. 그런데도 오히려 남의 허물을 숨겨주는 것을 어질다고 여겨서 오히려 아뢰지 않으니 선하고 악한지의 진실을 어떻게 들어 알 수 있겠는가? 이와 같은데 어찌 절개를 지켜 잘못을 고치는 자가 있겠는가? 너희는 내가 가르친 말을 따르고 내가 내리는 상벌을 받도록 하라. 죄 있는 자는 귀천을 논하지 않고 벌이 자손까지 미칠 것이며, 공이 많고 죄가 적다면 헤아려 상벌을 내릴 것이다. 만약에 잘못을 고치지 않으면, 그 녹봉을 추징하고, 1년, 2~3년, 혹은 5~6년부터 죽을 때까지 관직에 오르지 못하게 할 것이다[不齒]. 만약에 뜻이 공직에 종사하는 데 있고[奉公] 한결같이 허물이 없으면, 살아서는 오래도록 녹봉[榮祿]을 누리고, 죽은 후에는 명문가[名家]라 일컫게 될 것이며, 자손에게 이르기까지 우대하여 상을 더할 것이다. 이는 다만 오늘뿐 아니라 영원히[萬世] 전하게 하는 규범으로 삼게 하리라. 백성이 고소를 한 사람이 불러도 오지 않으면 반드시 명령으로 재차 소환하고, 먼저 장杖 열 대를 쳐서 명령을 어긴 죄를 다스린 후에 범한 바를 논하라. 관리가 고의로 멈춰 나가지 않으면 그 날짜를 헤아려 벌하고 꾸짖을 것이며, 또 권력을 믿고 건드리지 못하게 하는 자는 그 이름을 보고하라”고 하였다.[1]

태조가 내린 예산진 조서의 핵심은 권세가의 가렴주구를 금하겠다는 것이다. 가시적인 대책이 언급되기는 했지만, 백성의 생존뿐 아니라 국가의 존망과도 직결된 문제에 대한 해결책이 매우 의례적이라는 생각을 떨칠 수 없다. 해결책의 방향이 가렴주구를 유발한 권세가가 아닌 관리에게 향해 있기 때문이다. 권세가에게는 "내가 백성을 아들같이 사랑하는 뜻을 잘 알아서 너희들 녹읍의 백성들을 불쌍히 여겨야" 한다고 호소하는 데 그치고 있다. 반면, 관리에게는 그 책임을 물어 "녹봉을 추징하고 혹 1년이나 2~3년, 5~6년에서 죽을 때까지 관직에 오르지 못하게" 한다고 으름장을 놓고 있다.

예산진 조서에는 토지 소유를 둘러싼 제 세력의 이해관계가 고스란히 드러난다. 첫 번째 주요 세력은 권세가인 공경장상公卿將相이다. 이들은 녹봉을 통해 토지에 대한 소유권을 주장했으며, 이 녹봉은 관직을 통해 주어졌다. 이는 관직이 토지 소유에 실질적인 연결 고리 역할을 했다는 것을 의미한다. 왕의 친족을 포함한 권세가들은 관직을 활용해 합법적 권력을 행사하며, 비합법적인 토지 착취도 자행했다.

두 번째 주요 세력은 백성이다. "백성 중에 문제 삼고 고소하는 자가 있다"라는 기록이 보여주듯, 이들은 권세가에 의해 자행된 부당한 토지 착취에 맞서 문제를 제기하고 국가에 호소할 수 있는 권리를 갖고 있었다. 이처럼 백성은 토지 분쟁의 수동적 피해자에 머무르지 않고, 자신들의 권익을 지키기 위해 법적 절차를 활용하며 적극적으로 갈등의 장에 뛰어들었다. 실제로 "관리가 정에 이끌려 가리고 보호하므로, 원망하는 소리가 일어나고 바로 다투는 것도 이로 말미암은 것이다"라는 후속 기록은, 백성의 이러한 움직임이 사회적 긴장과 갈등의 형성에 일정한 영향을 미쳤음을 시사한다. 이처럼 토지를 둘러싼 갈등은 단지 상층 권력자 간 이해관계 충돌에 그치지 않고, 백성이라는 주체의 문제 제기와 대응을 통해 더욱 복합적인 사회적 양상으로 전개되었다.

마지막 주요 세력은 국가이다. 여기서 국가는 태조 왕건의 조서와 이를 집행하는 관료 체계를 포함한다. 예산진에서 반포된 조서에서 태조는 "왕의 친족이나 권세가들 가운데 방자하고 횡포하여 약한 자를 억눌러서 나의 백성을 괴롭게 함이 어찌 없다 하겠는가"라며, 권세가의 전횡에 대한 분명한 문제의식을 드러냈다. 하지만 조서의 주요한 조치들은 토지 소유의 불균형 자체를 근본적으로 바로잡기보다는, 백성이 제기하는 고소를 수용하고 절차적 정당성을 확보하는 데 초점이 맞추어져 있다. 그 결과 국가는 이상적인 '균형자'라기보다는, 갈등을 조율하며 질서 유지를 도모한 한계적 '조정자'로 작동하였다. 이에 따라 토지 소유의 불균형과 권세가의 착취 문제는 구조적으로 해소되지 못한 채, 이후에도 반복적으로 재현될 수밖에 없는 조건을 남겼다.

토지 소유관계는 국가, 관리, 그리고 백성 간의 상호작용에 밀접하게 연관되어 있다. 토지 소유관계에 대한 이해는 명징하지 않고 소략한 관련 사료에 절대적으로 의지할 수밖에 없다. 그런데 관련 사료는 토지 소유관계에 대한 다양한 해석을 초래했다. 특히 일제의 식민지 지배를 정당화하기 위한 논리의 하나인 식민사관은 '정체성론'과 '봉건제 결여론'을 기반으로 고려를 완숙하지 못한 사회로 규정했다. 그 연장선에서 식민사관은 '목적 의식적'이며 '이론적·도식적'인 고려시대 토지 소유관계론을 정립했다. 이러한 식민사관은 그 대척점에 설 수밖에 없었던 한국인 연구자에게 극복해야 할 시대적 과제로 인식되었고, 그들은 고려시대를 바탕으로 식민사관을 반박하는 대응 논리를 개발했다. 그것은 고려시대가 중세 사회의 전형이 형성되는 시기이며, 전근대에서 근대로의 주체적 이행 과정을 추동하는 시기로 일제강점기 백남운 이래 여러 연구자에게 각인되었기 때문이라 생각된다. 토지 소유 문제는 그 핵심적인 연구 주제로 주목받아 다양한 측면에서 검토되기에 이르렀다. 그 과정에서 식민사관은 더 이상 설 자리를 잃게 되었고, 관련 연구는 역사학에 부여된 시대적 요구에 부응한 주요한 성과로 인정받기에 부족함이 없다.

그런데, 현재 토지 소유관계에 대한 이해는 식민사학의 극복과 전근대 한국 사회의 주체적 발전상을 설명하는 거대 담론으로 도식화되어 역사 인식의 협소화를 초래한 것은 아닌가, 이에 따라 고려시대의 토지 지배 실상이 아닌 또 하나의 '목적 의식적'인 토지 소유론이 나타난 것은 아니냐는 비판에 직면해 있다.[2]

이러한 비판에도 불구하고, 사적 토지 소유를 주체적 근대화의 내적 기반으로 파악하고, 이를 통해 유럽의 전형적인 지방분권적 봉건제와는 구별되는, 전근대 한국 특유의 중앙집권적 봉건제를 규명하고자 했던 기존 이론 틀은 여전히 유효하다. 그럼에도 이제는 식민사관 극복이라는 과제에 집중되었던 기존 연구의 한계를 넘어서, 사료 그 자체를 다양한 각도에서 새롭게 읽어낼 필요가 있다. 특히 제한된 사료일지라도, 이를 여러 층위의 시각에서 해석함으로써 기존 논의를 더욱 풍부하고 입체적으로 재구성할 수 있을 것이다. 이러한 시도는 확대된 사적 토지 소유관계에 대한 새로운 해석을 가능하게 하며, 나아가 고려시대 토지 문제와 사회 구조를 둘러싼 논의를 다각도로 전개할 수 있는 분석의 출발점이 될 것이다. 이제, 토지 소유 문제에 대한 기존 연구사를 검토하고, 이를 토대로 사료를 새로운 관점에서 읽어낼 수 있는 분석의 틀을 마련하고자 한다.

일제강점기 와다 이치로和田一郎의 《조선 토지·지세제도 조사보고
서》는 길지 않은 보고서의 형식을 띤 연구였지만, 이후 전근대 특히 고
려시대 토지제도사 연구에 미친 영향력은 절대 작지 않았다. 전근대 한
국의 모든 토지를 공전=국가 수조지=토지 국유지로 설정하여 일반 민
의 토지 사유를 부정하는 것을 주 내용으로 하는 그의 토지국유론은,
일제의 조선 강점을 위한 역사적 정당성을 찾고자 한 식민사학자에게
는 더 없이 유용한 이론적 도구가 되었다. 이는 조선의 토지를 본래 국
가 소유로 규정함으로써, 조선 민중은 단지 국가의 토지를 임시로 경작
하던 존재에 불과하며, 따라서 이를 일본제국이 접수하여 재편하는 것
도 정당하다는 식민 논리를 뒷받침했기 때문이다.

반면, 민족적 관점에 설 수밖에 없었던 한국인 연구자들에게 토지국
유론은 반드시 극복해야 할 대상이었다. 조선 민중의 역사적 권리와 사
적 토지 소유의 존재를 부정하고, 식민지배의 정당성을 제공하는 이 이
론은, 한국 사회의 자생적 발전 가능성과 주체적 역사인식을 가리는 이
데올로기적 장치로 작동했기 때문이다. 백남운이 고려의 토지제도를 토
지국유제와 농노경제로 유형화하여 고려를 '아시아적 봉건제' 국가로
규정하였지만, 토지국유제의 문제는 여전히 미해결인 상태로 남았다.

해방 후에도 토지국유론의 극복이라는 명제는 한국인 연구자들에게
숙명으로 다가왔다. 그렇지만 그것의 극복은 그리 쉬운 일이 아니었다.
식민사학자들이 토지 국유를 긍정하고 토지 사유를 부정한 그 이면에
는 전근대 동양 사회의 기본적 이념인 왕토사상이 근저에 있었기 때문
이다. 주지하듯이 왕토사상은 "넓은 하늘 아래에 왕토 아닌 것이 없고,
그 땅 내의 (사람들은) 왕신 아님이 없다溥天之下 莫非王土 率土之濱 莫非王
臣"고 한 《시경》에서 유래한 것으로 이해되고 있다. 왕토사상의 이념을

실현한 국가는 생산수단인 토지를 '왕토'로 간주하고, '왕신'에게 왕토에서 수조할 권리를 지급함으로써 분배를 실현할 수 있었다는 논리가 성립될 수 있다. 따라서 토지 사유의 존재를 확인하더라도 그것의 규정력으로 작용하는 왕토사상을 어떻게 이해할 것인가가 토지국유론을 극복하는 관건이 될 수밖에 없었다.

왕토사상의 새로운 이해를 통해 토지국유론 극복의 물꼬를 튼 연구자는 이우성이었다. 이우성은 〈대숭복사비大崇福寺碑〉와 〈봉암사지증비鳳巖寺智證碑〉의 분석을 통해 왕토사상이 수취를 위한 관념적인 것이었으며, 영업전이라는 사유지가 광범위하게 존재했다는 연구 결과를 연속해서 내놓았다.[3] 그의 연구는 동시대에 '집권적 사유'라는 개념을 동원하여 토지국유론을 부정한 연구[4]보다 진일보한 것이었으며, 또한 구체적 사료를 통해 토지 사유를 실증해낸 귀중한 성과였다.

토지제도사 연구는, 왕토사상을 실재가 아닌 관념적인 것으로 파악한 이후 전환점을 맞게 되었다. 토지사유론 전개의 장애물이 제거되면서 토지 사유의 구체적인 내용에 관한 연구가 이루어질 수 있었다. 특히 강진철은 사유지의 구체적 지목을 민전에서 찾고, 전시과제도에 대한 본격적인 검토를 수행하는 등 고려시대 토지제도 전반에 관한 체계적 연구를 진행했다.[5]

사적 토지 소유의 실체를 규명하려는 일련의 연구는, 식민사관 극복이라는 문제의식과 더불어 1960년대 이후 국가 주도의 경제 개발 정책이 이끈 사회적 분위기와도 맞물려 전개되었다. 급속한 산업화와 근대화 과정 속에서 역사 발전은 필연적인 경로로 인식되었고, 이러한 인식 아래 전근대 한국의 토지제도사 속에서 '주체적 근대화'의 내적 기반을 모색하려는 역사학적 흐름이 형성되었다.

한국 역사학계에서 토지사유론에 관한 고무적인 연구가 진행된 배경에는 일본 역사학계의 영향도 있었다. 일본 역사학계에는 1945년 패전 이후 일본사·중국사·유럽사 등을 일국사의 시각이 아닌 세계사 공통의 입장에서 이해하려는 인식이 싹텄다. 그들의 관심은 아시아의 근대화 문제에 집중되었고, 그 연장선에서 전근대 중국의 정체성론에 대한 비판이 대두되었다. 그 이론적 근거는 사적 유물론의 발전단계설이었다.[6] 이러한 일본 역사학계의 조류는 전근대 한국의 토지제도사 연구를 촉발했고, 그것이 한국학계에 소개되어 많은 영향을 끼쳤다. 그중 하타다 다카시旗田巍는 와다의 공전=국가 수조지=토지 국유지라는 도식을 강하게 비판하면서 공전의 실체를 추구하였다. 즉, 공전을 1과, 2과, 3과 공전 등 3유형으로 구분하고, 이중 3과 공전은 국유지가 아니라 단순한 과세지로서 사적 토지 소유가 관철되는 민전이라고 하였다.[7]

이제 매매, 상속, 증여가 가능한 토지의 존재는 사유의 구체적 증거로서 연구사적 상식이 되었으며, 그러한 토지를 개별 민이 소유한다는 것에 더 이상 의문부호를 달지 않게 되었다. 또한 토지국유론에서 상위의 권리로 주장한 국가의 관리·처분권은[8] 개별 민의 소유 토지에서 수조할 수 있는 권리 그 이상도 이하도 아닌 것이 되었다.

고려시대 토지제도사 연구에서 확인한 광범위한 사적 소유지의 존재는 해당 토지의 소유관계에 대한 이론을 적용할 수 있게 했다. 이른바 사적 토지 소유관계로서 지주와 전호 사이의 소작관계인 지주제가 그것이다. 이는 한국 역사 발전을 설명하는 중요한 축을 담당했다. 김용섭의 연구가 대표적이다. 신라 하대 이후 발전한 사적인 토지에서의 지주제는 고려시대에 확대되며, 조선시대 특히 조선 후기에 이르러 자본주의의 싹을 틔우는 밑거름이 되었다고 설명할 수 있게 된 것이다.[9]

이렇게 고려시대 지주제를 근간으로 하는 토지사유론은 조선 후기 자본주의 맹아론과 유기적 관계를 유지하면서 전근대 토지 소유관계를 설명하는 이론적 토대로 작용하게 되었다. 그 과정에서 '사유'의 '사'는 '국유'·'공유'의 '공'과 대립하는 개념으로 인식되었다.

그런데 왕토사상을 관념적인 것으로 이해하여 사적인 토지의 존재를 광범위하게 인정한다고 하더라도 고려시대에 엄연히 존재한 국가적 토지분급제도를 어떻게 이해할 것인가 하는 점이 문제로 남게 된다. 사실 토지국유론을 주장하는 연구들이 주요하게 내세운 근거도 국가적 토지분급제도였다. 물론 사유지에 대한 광범위한 확인으로 국가적 토지분급제의 내용은 직역자의 공무 수행에 대한 반대급부로서 토지 자체의 분급이 아닌 수조권의 지급이었다는 것이 분명해졌지만, 이 경우 수조지로 설정된 토지의 소유권자와 수조의 권리를 갖는 수조권자 사이의 토지 소유관계는 해명이 필요한 부분이었다. 이에 따라 수조권자를 전주로, 소유권자를 전객으로 설정한 전주전객제가 성립되었다.[10] 전주전객제는 국가와 토지 소유자와의 관계가 국가가 수조권을 부여한 전주와 해당 토지의 소유자인 전객과의 관계로 전환된 것을 의미한다고 할 수 있다. 여기서 전객의 '사'는 국가라는 '공'에 의해 제약받는 개념으로 쓰였음을 알 수 있다.

이제 고려시대 토지 소유관계는 사유지에서의 소유권과 국가 분급지에서의 수조권이라는 이중의 틀로 설명되기에 이른다. 이 논리로 보면 토지를 소유한 자는 소유권의 입장에서 지주가 되며, 그의 토지가 수조지로 지정되면 그는 전객이 되기도 한다. 토지 소유권자의 성격이 지주이면서 동시에 전객인, 토지사유론과 토지국유론의 절묘한 동거가 이루어진 것이다. 이러한 이해에 따라 고려시대 공전, 사전, 민전의 개념에 관한 다양한 연구들이 제출되었다. 그렇지만 이들 토지 지목의 개념에 대한 적지 않은 연구들은 소유권과 수조권의 기준을 통일적으로 적용하지 못하고 혼동하여 사용하였다. 이 점을 연구사 검토를 통해 확인한 이성무는 소유권과 수조권에 따라 각각 구분되는 공전과 사전의 개념을 제시하였다. 같은 논리로 민전은 소유권을 기준으로 볼 때는 국유지에 대립하는 사유지이고, 수조권을 기준으로 볼 때는 조를 국가에 내면 공전이 되고, 조를 사적 개인에게 내면 사전이 된다고 했다.

또한 그는 각 토지 지목의 수조율에 대해서도 의견을 제시했는데, 공전[국유지]의 조율은 4분의 1, 사전[사유지]의 조율은 2분의 1, 그리고 민전[민유지]의 조율은 10분의 1이라고 했다.[11] 여기서 공전 조 4분의 1에 대한 인식의 전환을 이루었다는 점이 주목된다. 공전 조 4분의 1을 지세로, 사전 조 2분의 1을 지대로, 민전 조 10분의 1을 허구로 보았던 이전 연구는[12] 국가의 세율이 4분의 1로 매우 높다는 점에 대해 적절한 해답을 찾지 못했다. 이성무는 공전 조 4분의 1을 지세율이 아니라 국유지에 대한 지대율로 이해했으며, 기존에 허구로 보았던 10분의 1을 민전의 지세율로 보았다. 이렇게 이성무는 차율수조의 문제를 10분의 1 동율수조로 해결하였다.

소유권과 수조권을 기준으로 토지 지목을 구분하고, 해당 토지의 조율을 합리적으로 해석한 이성무의 설은 이후 연구에 커다란 영향력을 발휘했다. 이후의 연구는 기존의 이론 틀을 보완·강화하는 측면에서 수행되었다. 그것은 우선 공전과 사전의 개념에 대한 새로운 해석을 중심으로 이루어졌다. 사전이 사유지를 뜻하기도 하고 수조지를 뜻하는 것은 사전의 개념에 이 양자를 내포하기 때문이라는 연구,[13] 국가적 토지 분급제 시행 과정에서 분급된 조의 귀속처 명칭에 따라 사전은 양반전,

궁원전, 사원전, 군인전 등 다양한 이름으로 쓰였다는 연구,[14] 공전과 사전의 구분 기준을 토지로부터의 수익이 귀속되는 방향에서 찾은 연구,[15] 고려 전 시기에 걸쳐 사전은 국유지에서의 수조권이 개인이나 사사로운 기관에 지급된 토지를 의미했다는 연구[16] 등이 그것이다.

또한 수조권 분급의 내용에 관한 연구도 중요한 주제였다. 전시의 지급은 수조권의 지급이었는가, 전조 면제의 특권이 부여된 토지 자체의 지급이었는가. 논란의 핵심은 고려시대 생산력의 정도를 어떻게 볼 것인가 하는 점이다. 수조권 지급을 견지하는 연구에서 보이는 논리는 다음과 같다. 고려시대는 농업생산력의 발전으로 농민층의 토지 사유를 바탕으로 개별 가호의 재생산 기반이 마련되었다. 이러한 민의 소유 토지에서 수조할 수 있는 권리를 관료 등에게 지급했다는 것이다.[17] 이에 대해 면조권 지급을 주장하는 연구에서 보이는 논리는 다음과 같다. 농민의 소경지인 민전이 진전화되기 쉬운 불안정한 상태에서 개별 가호의 재생산 기반은 마련되기 어려웠다. 이 견해는 다시 ① 농민층의 사유를 부정하거나,[18] ② 농민층의 사유를 긍정하는 견해로 나뉜다.[19] 면조권 지급을 견지하는 연구자 중 대부분은 ②의 관점에 서 있다. 이처럼 분급 내용에 대한 두 견해는 각자의 논리로 상대의 논리를 비판하고 있어 여전히 논쟁 중이다.[20]

이상에서 살펴본 고려시대 토지 소유관계 연구를 개관하면 다음과 같다. 이우성에 의해 물꼬가 트인 연구는 강진철에 의해 실증적 토대가 마련되며, 이 과정에서 1945년 패전 이후 일본 역사학의 조류에 영향을 받은 하타다의 연구가 영향을 끼치게 된다. 이어 김용섭에 의해 이론적 틀이 만들어지고, 마침내 이성무에 의해 집대성되었다고 할 수 있다. 이후 연구는 기존 이론적 틀을 보완·강화하는 방향에서 진행되었다. 이들의 공통된 연구 목표는 주체적 근대화의 내적 기반으로서 사적 토지 소유를 확인하고, 이를 통해 전근대 한국의 특수성을 염두에 두고 세계사적 보편적 발전법칙을 찾아내는 것이었다.

그런데, 1990년대 초 소련을 비롯한 사회주의권의 몰락은 역사의 발전적 측면에 대한 근본적인 의문을 품게 했으며, 이전과는 다른 연구사적 지형을 초래했다. 사적 토지 소유의 발전을 역사의 진보로 보는 관점에 대한 비판적인 시각이 대두되기 시작하였다.[21] 그것은 더 이상 고려시대 토지제도 연구의 목적이 전근대에서 근대로의 주체적 이행 과정을 설명하는 것에만 머물러서는 안 된다는 것을 의미한다.

이에 따라 기존 전근대 토지제도를 설명하는 틀에 대해 문제를 제기하는 연구가 제출되었다. 소유권과 수조권의 '혼용'에 대한 비판적 검토,[22] 사적 토지소유권에 의한 지주전호제의 '전호'에 대한 새로운 해석,[23] 소유권을 기준으로 한 공전과 사전의 구분이 없었다는 연구,[24] 그리고 고려 토지제도를 직역에 따른 토지의 분급으로 보고, 그 구체적인 운영 원리인 '입호충역立戶充役'에 의해 전제와 역제의 결합을 살펴본 연구[25] 등은 이러한 추세를 반영한 것이라 할 수 있다. 여기에 토지 생산성과 관련된 연구에서 상경농법에 도달한 시기를 고려 후기에서 조선 전기로 보는 연구,[26] 결부제가 고대 성립 단계부터 상대 면적 체제에 기반하고 있었으며 그 이념적 근거를 동생산량이 아니라 동부세량의 생산력 개념에 두고 있었다는 연구,[27] 고려시대 토지 지배에서 수조권 이외의 다른 토지소유권은 존재하지 않았다는 연구,[28] 토지와 연동하는 인정, 곧 호를 고려시대의 생산·납세의 단위로 지목한 연구,[29] 관료와 직역 담당층을 망라한 급여제도라는 관점에서 전시과를 검토한 연구,[30] 전시과를 토지제도의 기능뿐만 아니라 조세제도, 직역 차정,

봉록의 기능도 포괄했다는 연구[31] 등, 고려시대 토지제도에 대한 폭넓은 이해가 시도되고 있다.

일제강점기 이후, 그리고 1960년대 식민사관 극복의 흐름 속에서 전개된 토지사 연구는 고려 토지제도를 '사유권' 대 '국가 수조권'의 이중 구조로 재구성하며, 사적 토지 소유를 주체적 근대화의 내적 기반으로 제시했다. 이 과정에서 토지사유론과 토지국유론이 병존했고, 전시田柴의 성격을 둘러싼 생산력 논쟁이 이어졌다. 그러나 1990년대 사회주의권 붕괴는 오랫동안 당연시되던 '사적 소유의 발전=근대 이행' 도식에 근본적 회의를 불러일으켰다. 그 결과 전근대 토지제도 연구는 근대화 서사를 넘어, 관료제·직역·과세 구조·생산력·제도 운용 원리 등 복합 요소를 통합적으로 분석하려는 방향으로 전환되었다. 최근 연구는 바로 이 지점에서 소유 개념의 역사적 상대성과 제도의 다층적 운용 원리를 해명하며, 고려시대 토지제도를 단일한 '소유권' 중심 틀 너머에서 새롭게 해석하고 있다.

고려시대 사회 구조를 설명하는 토지 소유관계도 다양한 각도에서 추구될 필요가 있다고 생각한다. 사적 토지 소유의 발전을 역사의 진보로 보는 연구들에서 나타나는 '공'과 '사'는 소유권을 기준으로 보았을 경우나 수조권을 기준으로 보았을 경우 모두 대립적인 개념으로 쓰이고 있다. 소유권을 기준으로 구분한 공전과 사전에서는 국유지와 사유지, 즉 소유의 측면에서 '공'과 '사'로 대립되고 있으며, 수조권을 기준으로 구분한 공전과 사전에서는 국가 수조지와 개인 수조지, 즉 수조권의 향방에 따라 국가와 개인이라는 '공'과 '사'로 나뉘고 있다. 이러한 이해는 민전에서도 마찬가지이다. 그렇지만 이들 연구에서 대립적으로 이해한 '공'과 '사'는 그것이 적용되는 실제 토지에서는 '공'이 '사'가 되고 '사'가 '공'이 된다. 예를 들면 A라는 사람의 토지는 소유권을 기준으로는 '사'가 되지만, 수조권을 기준으로는 '공'도 될 수 있고 '사'가 될 수도 있다. 애초에 대립적으로 파악한 '공'과 '사'의 개념은 실제 토지에 적용하려고 할 때 대립적인 것이 아니라 상대적인 것으로 그 구분이 모호해지게 된다.

'공'과 '사' 적용의 논리적 불일치는 소유권과 수조권이라는 서로 다른 층위의 개념을 단일한 논리로 이해하려 한 데 기인한다. 또한 토지의 소유권을 '공'과 '사'가 분명히 대립하는 개념으로 이해하려 했기 때문에 일어난 문제다.[32] 그렇다면 또 다른 시각에서 토지 소유관계를 해석하는 문이 열린다. 그 문을 열기 위해 '공'과 '사'를 새롭게 읽을 필요가 있다고 생각한다.

'공'과 '사' 및 토지 관련 제한된 사료를 하나의 시각에서만이 아니라 정치·사회·경제 등 다양한 층위에서 읽음으로써 고려시대 토지 소유관계의 실체에 더욱 접근할 수 있으며, 이를 통해 해당 논의가 더욱 풍부해질 수 있다.

[2]

공과 사의 외연, 왕토사상

기존 연구사에서 주요하게 언급된 '공'과 '사' 및 토지 관련 사료를 통해 토지 소유관계에 대한 새로운 시각을 모색해본다. 고려시대 토지 관련 사료 중에서 다음의 광종 대 개간 사료는 사적 토지 소유관계를 파악하는 데 중요하다.

> A. 진전을 개간한 사람[陳田開墾者]은 사전이면 첫해의 수확은 모두 지급하고 2년에 비로소 전주田主와 반분半分하고, 공전이면 3년까지 전부 지급하고 4년에 비로소 법에 따라 조를 거두게 하였다.[33]

사료 A는 《고려사》 식화지 조세 광종 24년(973)의 기사인데, 여기서 고려 정부는 진전陳田의 개간에 따른 사전과 공전의 수조율을 정하고 있다. 주목되는 것은 진전화된 토지의 성격이 사전인가 공전인가에 따라 수확량을 분배받는 대상과 양이 다르다는 점이다. 사전에서는 '진전 개간자'와 전주 사이에서, 공전에서는 '진전 개간자'와 국가 사이에서 생산에 대한 분배가 이루어지고 있다.

기존 연구에서는 사료 A의 사전과 공전을 소유권적 구분으로 파악하여 다음과 같이 이해하고 있다. 사전은 전주=지주와 진전 개간자='전호'의 지주–전호 관계가 성립하는 사적 토지 소유지이며, 공전은 국가의 소유지를 나타낸다.[34] 이러한 이해에 따른다면 '진전 개간자'의 성격도 그가 속한 토지에 따라 다르게 파악된다. 진전화된 사전을 개간한 '진전 개간자'는 전주와 사적인 관계를 맺게 되며, 반면에 진전화된 공전을 개간한 '진전 개간자'는 공적인 관계를 맺게 된다. 여기서 국가의 소유지를 경작하는 '진전 개간자'는 국가의 예속민을 설정하지 않는한 공민으로 볼 수밖에 없다.

소유권적 구분으로 이 사료를 읽으면, 개간 정책의 대상을 어떻게 이해할 것인가 하는 문제도 제기된다. 사료 A는 진전화된 토지의 개간을 장려하기 위해 개간지의 수취를 일정 기간 면제한 기사라는 점을 상기할 필요가 있다. 우선 공전에서는 '국유지'를 경작하는 진전 개간자에게 혜택이 돌아간다. 이는 공민의 확대를 통해 진전 개간을 장려하고자 하는 국가의 정책과 부합하는 것이라 할 수 있다. 문제는 사전의 경우이다. 사전에서는 전주와 진전 개간자 사이의 토지 소유관계가 설정되는데, 이 경우 사료에서는 진전 장려 정책의 대상이 전주가 아닌 진전 개간자인 '전호'가 된다. 그렇다면 진전의 소유자가 아니라 진전 경작자를 개간 정책의 대상으로 설정할 수 있는가?[35] 여기에《고려사》식화지 중 공적인 조세 항목에 사적 토지 소유관계인 지주전호제를 도출할 수 있는가 하는 점도 의문이다.[36]

이러한 문제 제기는 타당한 측면이 있다고 생각된다. 하나의 사료 안에서 특정 용어가 '소유권'과 '수조권'이라는 상이한 개념을 동시에 포괄하거나 구분 없이 사용되기는 어렵기 때문이다. 그렇다면 사료 A를 모순되게 읽게 된 이유는 무엇인가. 그것은 '공'과 대립하는 개별 토지소유의 '사'를 이 사료에서 찾고 있기 때문이다. 개별 토지소유자인 '사'를 전주에서 찾고 있으며, 진전 개간자를 전호, 즉 '소작인'으로 하는 지주제를 상정하고 있다.

사적 토지 소유지로서 사전을 상정할 수 있는지 의문이지만, 그것을 인정한다 해도 또 다른 문제가 발생한다. 기존 연구에서는 이러한 사전을 상속, 증여, 특히 매매가 가능한 토지로 이해하는데, 과연 고려시대에 국가적 규정으로 토지 매매를 규정한 사료를 찾아볼 수 있는가. 달리 말해 '공'에 대립하는 사적인 토지 매매의 '사'가 존재하는가라는 문제이다.

고려시대에서 조선 초까지 '공'과 '사'는 대체로 특정 수식어와 함께 쓰이면서 다양한 의미를 함유하고 있었다.[37] 이 점을 특정 수식어와 함께 쓰인 공과 사의 용례 검토를 통해 살펴볼 수 있다. 우선 공과 사가 어떤 의미로 쓰였는지 살펴본다. 특정 수식어와 함께 쓰인 공과 관련된 다음의 용어를 살펴보자.

B-1. 셋째, 적자嫡子에게 나라를 전하는 것이 비록 상례이기는 하나, 단주丹朱가 어리석어서[不肖] 요가 순에게 선양한 것은 참으로 공정한 마음[公心]이었다. 만약 맏아들이 불초하거든 그다음 아들에게 주고, 또 (그마저) 불초하면 그 형제 가운데 뭇 사람들이 추대하는 왕자에게 물려주어 대통을 잇도록 하라.[38]

2. 목민관들에게 거듭 경계하노니, 옥사와 송사가 쌓이지 않도록 하며, 창고를 힘써 채워 궁핍한 백성들을 진휼하며, 농업과 잠업을 장려하며, 요역을 가볍게 하고 부세를 덜어주며, 일 처리를 공평公 平히 하라고 하였다.[39]

3. 이윤평이 듣고는 하소연하며 말하기를, "나는 정말 죄가 없는데, 나라 사람들이 모두 나를 지목해 말을 만들어내니 형편상 피할 수가 없겠구나"라고 하며, 재산을 바쳐서 속죄하겠다고 요청하였지만, 공의公議가 오랫동안 결정되지 않았다.[40]

4. 지도첨의 김태현을 원에 보내어 성절일聖節日을 축하하였다. 당시 이익을 즐기는 무리들이 분열되어 당파를 만들고는 왕의 부자 사이를 이간질하였으므로 정이 서로 통하지 않았는데, 김태현이 그 사이를 주선하며 모두 지극히 공정[至公]하게 하였으므로 사람들이 중간에서 하는 말이 사라졌다.[41]

B-1은 태조 왕건의 〈훈요십조〉 중 세 번째 내용이다. 태조는 왕위를 잇는 자의 자격을 논하고 있는데, 원자라 하더라도 어리석으면[不肖] 대통을 잇지 못하게 할 것을 훈계하고 있다. 여기서 '공심公心'은 모든 사람이 하나같이 인정하여 사사로이 치우치지 않는 공정한 마음의 의미로 쓰였다. 개인의 사사로운 정에 치우치지 않는 공심은 부정하지 않은 마음을 의미한다.[42]

B-2는 성종이 목민관의 덕목을 훈계하는 내용이다. 목민관은 송사를 지체하지 말고 창고를 채워야 하며, 가난한 백성을 진휼하며 농상을 권하고, 그리고 요역과 부세를 가벼이 해야 한다. 이 모든 일을 처리하는 데 가져야 할 목민관의 덕목으로 '공평公平'이 제시되고 있다. 공평

은 공적 업무를 수행하는 데 공명정대하다는 의미로 쓰이고 있다.[43]

B-3은 관청의 아전인 기관을 죽였다는 살인 누명을 쓴 이윤평이 그의 억울함을 호소하기 위해 전 가산을 털어서 대속하는 내용이다. 여기서 '공의公議'는 이윤평의 죄를 판결하기 위한 의론을 의미한다. 이러한 공의는 보경사 주지였던 원진국사에게 아름다운 시호를 바치는 데 기준이 된, 사사로운 것이 아닌 모든 사람이 인정하는 공론과 같은 의미라고 할 수 있다.[44]

B-4는 지도첨의 김태현이 충렬왕과 충선왕 사이가 벌어졌을 때 취한 태도에 관해 기술하고 있다. 여기서 충렬왕과 충선왕 사이에서 한쪽에 치우침이 없이 지극히 공평하게 진언한 김태현의 태도를 '지공至公'이라 하였다.[45]

공은 공심, 공평, 공의, 지공과 같이 쓰여 공무를 처리하는 데 부정하지 않고 사사로이 한쪽에 치우치지 않는 지극히 공명정대하다는 의미로 사용되고 있다. 이러한 공의 의미는 조정이나 관아, 국가의 형법과 관련된 지배기구를 아우르는 개념에서 파생한 것이다. 나랏일을 받들어 수행한다는 의미를 함유한 봉공奉公,[46] 관료로서 공공의 업무를 수행한다는 의미로서의 공무公務[47]와 공사公事[48] 등이 그것이다. 관원의 의복을 의미하는 공복公服, 여러 무리의 신하를 의미하는 군공群公, 고관을 의미하는 공경公卿, 왕의 족친을 의미하는 공족公族, 관아를 의미하는 공부公府, 나라의 창고를 의미하는 공름公廩 등도 있다. 공적 문서나 사건, 초빙을 지칭하는 공문公文, 공안公案, 공첩公牒, 공빙公聘, 공행안公行案도 같은 의미로 이해할 수 있다. 개인이 국가나 공적인 법을 어겼을 때 언급되는 공죄公罪, 공도사장公徒私杖, 공장죄公杖罪, 공류사도公流私徒, 공법公法 등도 같은 의미이다.

공과 관련된 공심, 공평, 공의, 지공 등에서 부정하지 않고 공명정대
한 공평의 원리와, 공부, 공름, 봉공, 공무 등에서 조정이나 국가의 의
미를 찾을 수 있었다. '공'은 조정이나 국가를 의미하며, 동시에 공평의
원리를 내포하고 있으므로, 공무를 수행하는 관직자는 개인적 이익이
나 사리사욕을 위해 일하거나 재산을 축적하지 않는 것이 중요했다.

C-1. (예종) 11년(1116)에 (오연총이) 죽으니 시호를 문양이라 하였
고 62세였다. 몸가짐을 단정히 하고 행동을 삼가는 것이 정성스러
웠으며 충성과 검소만을 내세우고 명예를 구하지 않았다. 관직에
있으면서 지론으로 당시의 폐습을 제거하는 데 힘썼으며, 일찍이
사적인 것으로 공적인 것에 피해를 주지[以私害公] 않은 까닭에, 왕
이 그를 중요하게 여겼다.[49]
2. "무릇 백성으로서 권세가의 집에 숨은 자는 나날이 더욱 부유하
고 편안하지만, 얼마 남지 않은 가난한 백성은 부세[賦斂]로 인하여
곤궁해진다. 이는 온전히 사명을 받든 자들이 사사로움[私]을 좇아
공의[公]를 저버린[徇私背公] 소치로, 내가 이를 민망하게 여긴다. 너
희들은 각각 나의 뜻을 체득하여 그 폐단을 통렬하게 개혁하라. 따
르지 않는 자는 그가 범한 바에 따라 처결한 연후에 첨의부에 보고
[申報]하도록 하라"고 했다.[50]

C-1 사료는 문하시랑평장사 오연총에 대한 인물평 중 일부이다. 예
종은 그가 관직에 나아가 공무에 임할 때, 사사로운 정[이익]에 얽매여
공무를 해친 적이 없었던 것을 높이 평가하고 있다. 오연평은 공무를
수행할 때 자신을 위해서 축재하지 않는 공公을 실현한 인물로 묘사되

고 있다. 관직자에게 요구되는 이러한 덕목은 이미 태조 이래 강조되어
온 것이었으며,[51] 성종 대 최승로가 강조했던 성인의 이상적인 모습이
었다.[52] 여기서 사私는 공[관직]에 배치되는 의미로 쓰이고 있다. 공을
배반하는 것은 사에 순종하는 것이기도 하다. 그 사례를 C-2에서 살펴
볼 수 있다. 사료 C-2에서 백성들은 부역의 부담을 줄이기 위해 권세
가[豪强之家]에 은닉하고, 그 결과 고려 정부의 재정은 곤궁에 처하게 되
었다. 그 근본 원인으로 충렬왕은 관료들[奉仕者]이 사사로움에 따라 공
을 배반하는 것을 지적하고 있다. 여기서 사는 공을 등지고[背公] 사적
이익을 좇는 자들의 간사함을 의미하고 있다.[53] 윤리적이고 도덕적인
관점에서 사는 공에 의해 규제되어야 할 대상으로 인식되고 있다. 즉
사는 사사로움에 빠져 개인의 이익을 도모하기 쉬우므로,[54] 사심이 일
어나지 않도록 경계하고 있다.[55]

그런데, 고려시대 공과 사는 이러한 도의적이고 윤리적인 관계를 형
성하고 있었지만, 공과 사 영역이 대립하여 실질적으로 나뉘는 데까지
이르렀다고 보기 어려운 측면이 있다. 그보다는 공과 사가 서로 연계되
어 있었다고 할 수 있다. 다음의 사례들을 살펴보자.

D-1. 공노비나 사노비로서 세 차례 도망친 자는 얼굴에 낙인을 새
긴[鈒面] 뒤에 주인에게 되돌려주어라.[56]
2. 지방의 인리人吏 중 (그들이) 경작하는 토지[所耕田]를 권력자에게
뇌물로 바치고 별상別常에게 청탁하여 자신의 역을 회피하려고 하
는 자가 있으니, 지금부터는 끝까지 조사하여 (본래의) 역으로 되돌
려보내라. 또한 공적인 곳이나 사적인 곳에 오랫동안 머물러 사는
사람 중에서, 인리인데 역을 회피한 자는 오래되었거나 오래되지

않았거나를 따지지 말고 모두 본래의 역으로 되돌려 보내라.[57]

　3. 무릇 공·사의 차대借貸에는 쌀 15두에 이자 5두를, 포 15필에 이
　　자 5척을 받는 것을 항식恒式으로 삼았다.[58]

　D-1은 도망한 노비에 대한 처벌을 규정하고 있다. 세 번 도망한 자
들의 얼굴에 그 죄명을 새겨[鈸面] 주인에게 돌려준다는 규정이 그것인
데, 그 대상은 공·사노비이다. 여기서 도망한 공노비와 사노비에 대한
규제는 서로 다르지 않고 같게 적용된다.[59] D-2에서도 공과 사가 서로
대립하지 않는다. 본문의 지방 아전[外方人吏] 등이 역을 피해 도망가는
곳을 '공사처公私處'라고 부르고 있다. 공처와 사처로 지칭되는 곳을 정
확하게 알 수는 없지만, 그 의미에 배타적이고 도의적인 배반관계나 불
법적인 의미가 내포되어 있지 않음을 읽어낼 수 있다.[60] D-3에서 쓰인
공과 사는 이식 행위에도 대립하거나 구분되어 있지 않다. 미와 포의
이자율은 공적이거나 사적인 차대에 상관없이 같은 액수가 산정되고
있다.[61]

　고려시대의 공과 사 인식은[62] 중국과 일본의 인식과 유사점과 차이
점을 보인다. 송대 이전 중국에서의 공과 사 개념은 공동체적인 의미에
서 출발해서 '군·국·관 : 신·가·민' 사이의 정치적 관계 쪽으로 정비되
어가는 과정에서, 도가사상을 매개로 천天의 무사無私·불편不偏을 정치
원리로 수용하면서, 공을 평분平分으로 사를 간사奸邪로 해석하는 도의
적 맥락을 내포하게 된다.[63] 그 역사적 과정에서 공과 사를 어떻게 설정
할 것인가에 대한 논쟁이 있었다. 특히 송대 왕안석과 사마광이 벌인 논
쟁은 주목할 만하다. 이들은 사회 전반의 통치를 위한 정부의 역할에 대
해 서로 다른 생각을 하고 있었다. 왕안석은 정부와 사회의 일원화·통

일화를 지향하고 공적·사적 영역의 분리는 물론 공적 영역에 반하는 사적 영역을 용납하지 않으려고 했다. 이에 대해 사마광은 공적 영역과 사적 영역의 분리를 주장하면서 정부가 사적 영역을 침해하지 말아야 한다는 점을 강조하였다. 결국 이 논쟁은 공과 사의 분리를 주장한 사마광의 승리로 일단락되어 주희 등 성리학자들에게 큰 영향을 미쳤다고 한다.[64] 이에 대해 일본은 근대 막번幕藩 체제 이전에 공과 사는 분리되어 존재하지 않았고, 사의 세계는 공으로부터 자립하지 못했다. 국가적 관계를 공으로, 국가적 관계 이외의 경우를 사로 인식했다. 결국 공과 사는 대립적인 개념이 아니라 상대적인 개념으로 나타났다.[65]

고려도 공을 평분平分, 사를 배공背公이라고 하는, 즉 공평·공정에 대한 편파·간사라고 하는 공과 사의 도의적인 배반관계가 형성되었지만, 공과 사가 대립하거나 분리되는 단계에 이르지는 못했다. 그것은 고려의 기본적 사상이었던 불교의 공과 사 인식에서도 영향을 받았다고 생각된다. 불교 윤리에서 공과 사는 본질상 무분별한 것이며, 이에 따라 공적 영역과 사적 영역의 구분은 사실상 무의미한 것이다. 열반을 궁극적인 목적으로 하는 불교 윤리에서 공과 사는 그것에 도달하기 위한 인식의 결과물에 지나지 않기 때문이다.[66] 그러므로 배공의 사는 평분의 공에 도달하기 위한 상대적인 개념으로 인식되었던 반면, 사욕私慾의 가치를 아직 지니고 있지 않았다.

공과 사에 대한 이상의 이해를 염두에 두면서 다시 토지 매매 문제로 돌아가보자. 전근대 토지제도사에서 국가적 규정으로 사적 토지 매매 관계를 보여주는 사료는 다음과 같다.

E. 경기 감사가 아뢰기를, "대개 전지를 마음대로 판매[放賣]한 사람

에게는 부모의 장례, 부채[宿債]의 상환, 집이 가난해서 스스로 살아

갈 수 없는 등 모두 어찌할 수 없는 사정이 있는데, 그 거래액[價]을

모두 관에서 몰수하니 원통하고 억울함이 적지 않습니다. 게다가

한양[京中]에서는 주택의 건축 터와 채전菜田의 방매를 허가하면서

유독 외방에 있는 전지의 매매는 금하는 것은 옳지 못한 일입니다.

청컨대 매매를 금하지 마시고, 그중 거래세[稅契]를 내지 않고 명의

변경[過割]을 하지 않으면 율문[律]에 의하여 시행하소서"라고 하였

다. (이에) 율문에 의하여 시행하라고 하고, 그 밖에 연한을 두고 방

매한 전택田宅은 명문明文에 따라 선고[決給]하라고 명하였다.[67]

F. 전지田地와 가사家舍의 매매는 15일을 기한으로 하여 그 기한이

지나면 변경하지 못하며, 모두 100일 안에 관에 보고하여 증명문서

[立案]를 받는다. 노비의 매매도 같다. 소와 말의 경우는 5일을 기한

으로 하여 고치지 못한다.[68]

위의 사료는 조선 전기 토지 매매에 관한 국가적 규정을 보여준다.

사료 E는 조선 세종 6년(1424) 지방의 토지 매매를 허용하는 기사이다.

이는 사적인 토지 매매가 국가적 규정으로 승인되기 시작했음을 보여

주는 사료라 할 수 있다. 사료 F는《경국대전》호전 매매한賣買限조로,

여기서 전지와 가사 등의 사적인 매매가 전면적으로 허용되고 있다. 이

러한 형태의 토지 매매는 개별적 토지소유권이 국가 단위에서 추인된

후 가능한 것으로, 이 당시 토지소유권의 발달 정도를 보여준다.

조선 전기 사적 토지소유권이 추인되었으며, 이를 바탕으로 사적인

토지 매매 규정이 제도적으로 마련되었음을 확인했다고 해서, 이 시기

에 이르러서야 토지소유권이 마련되었다고 볼 수는 없다. 어떠한 제도

든 그것이 성립하기까지는 다양한 역사적 과정을 겪게 마련이다. 그러
므로 토지 매매가 허용되는 사료 E와 F 이전에 이미 토지 매매의 실마
리가 나타났다고 이해하는 것이 합리적이다. 이 점은 고려 후기 임춘의
사례에서 단적으로 확인할 수 있다. 임춘은 무신란 당시 간신히 목숨을
구하여 경기도 단천湍川[장단]에서 살게 되는데, 그곳의 토지를 사서 경
작하고자 하였다.[69] 경작지를 사려고 한 그의 시도가 계획에 그쳤는지,
실제로 이루어졌는지는 알 수 없지만, 임춘의 사례는 토지 매매의 증거
가 된다고 할 수 있다. 그렇지만 고려시대에 국가적 규정으로 토지 매
매가 허용되었는가 하는 점은 여전히 검토가 필요한 부분이다. 다음은
고려시대 토지 매매와 관련하여 국가적 규정을 보여주는 사료다.

> G. 공사의 전정田井임을 알고도 속여[妄認公私田井] 몰래 교환하거나
> 팔아넘기는 자[盜貿賣者]는 1무에 태 50이고, 5무에 장 60이며, 10무
> 에 70이고, 15무에 80이며, 20무에 90이고, 25무에 100이며, 30무
> 에 도 1년이고, 35무에 1년 반이며, 40무에 2년이고, 50무에 2년 반
> 에 처한다.[70]

사료 G는 《고려사》 형법지 금령조의 내용으로 연도가 특정되지 않
은 기사이다. 이 규정은 《당률소의》 호혼戸婚조와 거의 유사한데,[71] 이
를 통해 사료 G의 규정이 당률을 전형으로 하여 마련되었음을 알 수 있
다. 두 규정의 차이점은 불법적인 토지 매매에 대한 형벌의 경중에 있
다. 당의 최고 형량이 도형徒刑 2년이었던 것에 비해 고려의 그것은 도
형 2년 반이었다. 여기서 '공사전정公私田井'이 매매가 될 수 있었는지,
아니면 그 반대였는지에 대해서 정확하게 알 수 없다. 사료 G는 토지

매매의 여부에 대한 애매한 정보를 줄 뿐이다. 그렇지만 '공사전정'을 매매하는 데 국가로부터 제약이 있었다는 점은 분명하다. 특히 자유로운 토지의 매매가 조선 전기의 사료에서(E와 F) 허용된다는 점을 상기하면 더욱 그러하다. 이처럼 '공사전정'의 매매에 있어 국가적 규정력이 작용하고 있었다. 다음 사료를 살펴보자.

> H-1. 예종 3년(1108) 2월 제하기를 "여러 주현의 공전과 사전이 하천에 떠내려가거나 수목이 빽빽이 자라서 농사지을 수 없는데도 만일 전호 및 족류나 인보들로부터 세량을 거두어 침해해 폐단을 일으키는 관리가 있으면 중앙과 지방의 관리[所司]가 살펴서[察訪] 금지하라"라고 하였다.[72]
>
> 2. 백관百官은 쌀을 봉록奉祿으로 삼았으며, 모두에게 토지를 지급하였다. 그 토지에서 수확된 곡식의 절반을 바쳐 봉록으로 삼고, 죽은 후에는 그 토지를 회수하였다. 나라에는 사전私田이 없으며, 백성은 인구를 기준으로 생업을 부여받았다. 16세 이상이면 군역에 종사하였고, 육군과 삼위三衛는 항상 관부에 상주하였다. 3년에 한 번씩 서북 변경에 수비병을 선발하여 파견하고, 반년마다 교대하였다. 경계가 있을 경우에는 무장을 하고, 사무에 종사할 때는 노동에 복무하였으며, 일이 끝나면 다시 농사로 돌아갔다.[73]

사료 H-1은 여진과의 대외적 긴장관계가 계속되는 중에 공표된 권농 관련 기사이다. 주목되는 점은 공전과 사전의 세량稅糧을 관에서 거둔다는 점이다. 그리고 세량을 거두는 대상은 공전과 사전에서 전호 및 족류나 인보로 같은데, 사전을 사적 소유관계의 토지로 이해하면 전호,

즉 '소작인'이 세량을 부담하는 것이 된다. 이러한 이유로 사료 H-1와 동시대인 《송사》의 사료에서는 고려에는 '사전'이 없다고 했다. 사료 H-2에서 "나라에는 사전이 없다"는 서술은 송의 지주전호제 아래의 '사전' 개념이 적용되는 사전이 없다는 의미이다.[74] 이 때문에 《고려도경》에서 송의 사신 서긍은 고려의 토지 경작자를 '전호佃戶'가 아닌 '전군佃軍'이라 표현했던 것이다.[75] 그렇다면 사료 H-1에서 보이는 고려의 사전은, 여진과의 전쟁이라는 특수한 사정을 고려하더라도, 지주전호제가 실현되는 사적 토지 소유관계로서의 사전이라고 보기 어려우며, 같은 맥락에서 자유로운 토지 매매가 실현된 토지로 이해하기 곤란한 측면이 있다.

그러면 고려의 '사전'은 무엇을 의미하는가. 다음 명종 26년(1196) 정권을 잡은 최충헌이 올린 봉사조를 주목하자.

I. 최충헌·충수 형제가 봉사奉事를 올렸다. "선왕의 제도에 의하면 토지는 공전을 제외하고 신민에게 차등 있게 내려주었는데, 권력자[在位者]가 탐오하여 공전과 사전을 빼앗아 겸병하여서 한 집이 가진 기름진 옥토가 몇 고을에 걸치게 되었습니다. 그 결과 나라의 부세 수입이 줄어들고, 군사들이 궁핍하게 되었습니다. 바라건대 폐하께서는 해당 기관에 명령하여 공문公文을 살펴 강탈당한 것은 전부 환본還本하십시오. 조세와 부세[租賦]는 모두 백성에게서 나오는데, 백성이 빈궁하면 어디에서 채우겠습니까."[76]

사료 I는 사전에 대한 인식을 보여주는데, 그것은 신민에게 차등 있게 내려준 토지를 의미한다. 이러한 인식은 직역職役에 따라 전지와 시지를 차등 분급한 전시과제도의 토지 분급 원리와 맥을 같이한다.[77] 그러므로 직역에 따라 분급된 토지가 사전으로 인식되고 있으며,[78] 이때 '사'는 국가로부터 일정한 직역을 부여받은 자를 가리킨다. 즉, 공적인 임무를 수행하는 관료나 관리가 그 직무에 따라 받은 토지를 '사전'이라 불렀던 것이다. 이러한 맥락에서 보면, '공전'의 '공'은 국가나 관官을 의미하며, '사'는 그 국가 또는 관의 권한 아래에서 직역을 매개로 규정된 개인을 뜻한다. 결국 '사전'은 국가로부터의 독립된 사유지를 뜻하는 것이 아니라, 국가[공]의 체계 안에서 일정한 임무를 수행하는 자[사]에게 분급된 토지를 의미한다는 것이다.

그런데 고려시대 공과 사에 대한 기존 연구는 일반적으로 양자 간의 대립적인 양상을 강조하고 있다. 이러한 대립적인 공과 사의 인식은 〈대숭복사비大崇福寺碑〉에 나타나는 왕토와 공전에 대한 다음과 같은 이해에서 비롯되었다고 할 수 있다.

> J. 능[九原]을 이룩한 곳이 비록 왕토라고는 하나, 실상 공전이 아니므로 능의 주위에 있는 부근 일대를 일괄하여 후한 가격[善價]으로 구하였는데, 이때 능을 위하여 사 보탠 것이 비탈지고 조금 높은 구릉[丘隴]의 땅 200여 결이었고, 이 땅에 대한 보상, 즉 대가로 준 것이 현곡 2,000섬이었다.[79]

사료 J는 신라 헌강왕 11년(885) 최치원의 〈사산비문四山碑文〉 중 〈대숭복사비〉의 내용 중 일부이다. 능을 조성하기 위해 주변의 비탈지고 높은 구릉의 땅을 사고 이에 대한 대가로 현곡을 지급한 내용이다. 주목되는 부분은 능을 조성하기 위해 주변의 땅을 사서 보상한 이유이다.

그것은 "실상 공전이 아니기" 때문이다. 이 부분에 관한 일반적인 해석은 다음과 같다. 공전이 아닌 토지는 사유지이고, 공유지를 의미하는 공전과는 대립하는 개념을 갖고 있다. 여기서 사유지인 사전의 존재를 확인할 수 있다. 그러므로 모든 땅이 공유지인 왕토라는 인식은 실질적인 의미를 갖는 것이 아니라 관념적이다. 고려의 전시과제도는 이러한 신라의 토지 소유관계를 외형상 일원적으로 만들었지만, 신라 이래의 실질적 사유지를 부정할 수 없었기 때문에 납공토지(공유지)와 전체토지로 나뉠 수밖에 없었다. 그 결과 현실적 토지 소유는 결코 관념인 왕토사상에 의하여 결정되지 않았다는 것이다.[80] 이렇듯 기존의 연구는 신라의 왕토사상을 관념으로 형해화한 후, 이어진 고려시대의 토지를 다시 납공토지와 전체토지로 나누고 있다. 이 경우 왕토사상이 아닌 어떤 논리로 공유지를 형성했는가에 관해 논리적으로 설명하기 어렵다.[81] 같은 맥락에서 현실적 토지 소유가 관념인 왕토사상에 의하여 결정되지 않았다면 어떤 이념에 의해 형성되었는지도 함께 설명되어야 한다.[82]

더 중요한 문제는 공전을 이해하는 방식에 있다고 생각한다. 사료 J의 공전을 기존 연구처럼 이해한다면, '공전'은 아무런 보상 없이 수용할 수 있는 토지가 된다. 공전이 1과, 2과, 그리고 3과 공전으로 나누어져 있다는 점을 고려하면,[83] 왕실 어료지나 공해전, 또는 둔전 등의 1과와 2과 공전뿐만 아니라 민의 토지로 이해되는 3과 공전도 무상으로 수용할 수 있다는 논리가 된다. 그러므로 사료 J를 통해 사유지인 사전의 존재를 찾아내고, 이를 다시 공전과 대립하는 개념으로 일반화하기 어려운 점이 있다. 또한 같은 논리로 왕토사상을 관념적인 것으로만 이해하기 어렵다고 할 수 있다.

상대적인 공과 사의 관념 및 실재적인 왕토사상의 인식은 9세기 중
반에서 10세기 초 이후 그 내용을 달리하면서 고려 후기에 이어 조선
초기에도 지속해서 나타난다.

K-1. 사람들이 모두 새로운 토지를 갖고서 비가 오니 손뼉 치며 좋
아하는 것을 그치지 않네. 나는 1무의 토지도 없으나 나라를 위해
서는 진실로 기뻐하네. 나라의 창고가 남음이 있으면 내 먹을 것이
어느 땐가 생기지 않겠는가. 바라건대 하늘이여 혜택을 두루 내리
시되 먼저 공전에서부터 내리소서.[84]

2. 제주도의 전지를 양전하였다. 전라도 관찰사가 이에 대해 보고
하였다. "제주도가 비록 바다의 섬이지만, 또한 왕토王土입니다. 하
지만 이곳에 토지제도가 서 있지 않았기 때문에 지방 세력[土豪]이
부모 조상의 토지[父祖田]라고 함부로 일컫고 비옥한 땅을 널리 점
령하였습니다. 또한 자가 경작 이외의 전지를 빈민에게 경작하게
하여 임의로 조세를 거두고 있습니다. 함부로 거두어들이는 것[聚
斂]이 끝이 없을 뿐만 아니라, 빼앗는 것도 그치지 않아서 형제간에
서로 다투는 데까지 이르렀습니다. 이에 소송이 어지럽고 그 폐단
이 적지 않습니다."[85]

사료 K-1에서 공전은 토지 지목으로서의 의미보다는 사[我]보다 우
선되는 공[國]의 토지를 의미한다. 공이 있고 난 뒤에 사가 있다는 '선공
후사'의 공과 사 인식이 잘 드러나 있다. 선공후사의 공과 사 인식은 단
순히 관념적 구분에 머무르지 않고, 모든 토지는 왕의 것이라는 왕토사
상王土思想과 연결되면서 실질적인 의미를 갖는다. 이 점을 사료 K-2에

서 확인할 수 있는데, 제주도에서는 오랫동안 토지제도가 정비되지 못한 상태에서 지방 세력에 의한 사적 겸병과 소송이 빈번하게 발생하였다. "부모 조상의 토지[父祖田]"라며 비옥한 토지를 사적으로 점유하고, 자가 경작이 아닌 땅은 빈민에게 경작시키면서 임의로 조세를 거두는 행위, 즉 공적 수조권을 사적으로 전유하는 일이 지속된 것이다. 그 결과 "함부로 거두어들이는 것이 끝이 없고, 형제간 다툼에 이른다"는 보고처럼, 공적 권위의 부재는 사적 소유 주장조차 질서 있게 유지되지 못하게 하였다. 그런데 이러한 사적인 혼란을 양전이라는 제도적 개입을 통해 바로잡을 수 있었던 배경에는, 제주도의 토지 또한 예외 없이 왕토王土라는 실질적 인식이 자리하고 있었다. 즉, 공적 질서의 회복이 정당하게 이루어질 수 있었던 것은 왕토사상이 현실에서 작동하고 있었기 때문이다.

왕토사상은 "하늘 아래 왕의 땅이 아닌 곳이 없으며, 왕의 신하가 아닌 백성이 없다[普天之下 莫非王土 率土之濱 莫非王臣]"라는 《시경》 소아小雅 북산北山에서 기인한다. 이는 모든 땅은 임금의 것이고, 모든 백성은 임금의 신하라는 왕토·왕민의 이념을 가장 집약적으로 표현한 문구였다. 왕토사상은 조선 전기 사료에서 빈번히 확인되는데, 성종 12년(1481)에 성종은 "어느 땅이 조정의 땅이 아니며, 어느 백성이 조정의 백성이 아니겠는가"라고 하였다.[86] 성종 19년(1488)에는 성종의 대비가 잠시 학림도정 이이李怡의 사가私家에 머문 일을 두고 성종이 이이에게 품계 상승을 약속하자, 권경희는 "그 집 또한 왕토이므로 굳이 상을 내릴 필요가 없다"고 만류하였다.[87] 사가조차 국왕의 토지라는 논리 앞에서는 개인의 공로 보상도 제약될 수 있다는 점을 잘 보여주는 대목이다.

왕토 인식은 조선 초기 토지·재정 운영까지 이끌었다. 대표적 사례가 세종 1년(1419) 전라도 관찰사 이안우의 건의이다. 그는 고부 눌제 일대 경작 가능지 1만여 결을 정전제[井田之法]에 의거하여 공동의 공전 公田으로 삼아 함께 경작하게 해달라고 청원했고, 조정은 이를 승인하였다. 이 사례는 당시 왕토 인식이 '공전'을 새로 설정하고 국가의 수취 체계를 조직하는 데 실질적인 제도적 근거로 활용되었음을 보여준다. 즉, 왕토 인식이 공전의 범위를 실질적으로 확장하고 국가 수취 체계를 재편하는 근거로 작동한 것이다.

신라 이래 고려에 이어 조선 초까지 확인한 왕토사상은 공과 사의 외연으로 토지제도의 운영에서 그 실질적 의미를 강화했다. 왕토사상은 토지제도의 운영 원칙을 규정하는 실질적 작동 논리로 기능했으며, 공전과 사전은 서로를 전제로 하여 공존함으로써 한국 중세의 토지제도를 이루었다.

다시 고려시대 토지 매매를 어떻게 보아야 하는가 하는 문제로 돌아가보자. 토지 매매를 부정해야 하는가. 그럴 수는 없다. 면면이 이어진 토지 매매의 역사적 흔적은 어떤 이유로도 지울 수 없다. 그러면 어떻게 이해해야 하는가. 토지 매매에 관한 기존 연구는 근대적 상업적 소유—토지 소유권이 자유롭게 매매·양도되며, 그 잉여생산물을 소유자가 갖는 소유—로 진행하는 척도로만 이해했다. 식민사관을 극복하는 과정에서, 한국사의 발전 방향을 근대적·상업적 소유의 발달로 설정하고, 신라에서 고려에 이어 조선에 이르기까지 근대적 상업적 소유가 점진적으로 발전했다는 논리를 개발한 것이다. 같은 맥락에서 9세기 최치원의 〈대숭복사비문〉에서, 10세기 광종 대 《고려사》 식화지 조세조의 개간 사료에서, 고려 후기 임춘의 토지 매입 시도 사례에서, 15세기 초 세종 대 지방 토지 매매 허용 사료에서 근대적 상업적 소유의 흔적을 찾고자 했다.

그런데 토지 매매는 '공'과 '사'가 대립하는 근대적 상업적 소유에서 뿐만 아니라, 혈연·가계 단위로 토지가 대대로 전승되는 소유, 즉 세습적 소유나 관료나 무사 등에게 직무 수행의 대가로 지급되는 토지로, 직무에서 배제 시 회수할 수 있는 소유, 즉 봉록적 소유에서도 가능했다. 에릭 울프에 의하면, 세습적 소유는 서양 중세의 봉건적 소유 형태를, 봉록적 소유는 중앙집권적 관료국가의 직능적 소유 형태를, 그리고 상업적 소유는 근대 배타적 소유 형태를 각각 의미한다. 또한 이들 소유는 같은 시기에 서로 공존하기도 했다.[88] 이처럼 토지 소유는 근대적 상업적 소유에서만이 아니며, 전근대 시기 세습적 소유나 봉록적 소유에서도 가능했다. 그러므로 에릭 울프의 구분 중, 세습적 소유나 봉록적 소유에 더 가까운 고려시대 토지에서도 매매는 가능한 것이었다. 토지 매매는 대립적인 '공'과 '사'에서 뿐만 아니라 상대적인 '공'과 '사'에서 실현될 수 있다. 이 경우, 토지 매매의 주체라고 여겨져왔던 사적인 '사'는 '공'의 규정력 아래에서 작동될 수 있었다.

근대적·상업적 소유가 아닌 세습적 소유나 봉록적 소유가 작동되는 토지에서는 공과 사가 명확하게 구분되지 않고 상대적이었다. 그러한 조건에서 토지 매매와 소유가 이루어졌으며, 토지의 소유 주체도 단일하지 않았다. 자기 노동을 투입한 땅에 대한 사실상의 점유권을 바탕으로 소유를 주장하는 경작 농민, 관직의 대가로 수조권을 부여받은 직역자, 그리고 왕토사상을 근거로 토지를 분급하는 국가가 동일한 토지를 두고 각기 다른 방식으로 '소유'를 주장할 수 있었다.

다층적인 소유 개념이 충돌하는 구조 속에서, 고려는 전시과제도를 마련하였다. 전시과는 "주어진 공간"인 토지를 중심으로, 국가의 분급

권한과 관료의 수조권, 농민의 경작권을 제도적으로 조정하면서, 그 안에서 "익숙한 땅에 매여" 살아가는 이들 간의 권리와 의무, 그리고 긴장관계를 일정한 질서 속에 유지할 수 있도록 기능했다. 우리는 마침내 전시과에 도달했다.

4.

제도

: 전시과 설치

[1]

기원: 역분전

고려의 토지제도는 신라의 멸망 원인으로 인식된 "토지의 불균不均"을 시정하고, "전제의 균등均等"을[1] 실현하는 방향에서 마련되었다. 신라 말 광범위하게 존재한 전장은 "토지의 불균"을 촉발, 심화시켰다. 신라 말 이후 각 지방의 유력자[호족]는 전장을 바탕으로 독자적인 세력을 구축했다. 고려 건국 이후에도 호족[2]은 전장으로 대표되는 경제적 기반을 바탕으로 독자적인 세력을 유지했고, 신라 통일기 이후 관료의 대우 체계인 녹읍제도 여전히 존속했다. 고려 정부의 당면 과제는 지방 세력을 관료 체제 내로 흡수하고, 그들의 경제적 기반인 전장을 국가 수취 체제 내로 편입하는 것이었다. 또한 과도한 수취로 민의 저항을 초래한 녹읍을 대신할 관료의 대우 체계도 새롭게 마련해야 했다.[3]

고려 정부는 이러한 정치·경제·사회적 현실에서 전시과제도를 마련했다. 전시과제도는 경종 원년(976) 시정전시과부터 문종 30년(1076)

경정전시과에 이르기까지 관료제의 정비 과정에 맞춰 100년에 걸쳐 개정되었다. 이 과정에서 토지와 인민이 국가 수취 체계 내에 편입되었고, 관리·향리·군인 등 직역자에게 토지를 분급하는 원칙이 마련되었다. 전시과제도에서 마련된 토지 분급 원칙은 고려 전 시기에 걸쳐 보완·유지되었다.

전시과제도는 고려 태조 대 역분전을 근거로 하였다. 역분전은 태조가 즉위하여 전제를 바로잡아야 할 필요성을 제기한 후,[4] 후삼국을 통일한 지 4년 후인 태조 23년(940)에 설치되었다. 다음 사료는 이러한 상황을 보여준다.

A-1. (태조 23년에) 처음으로 역분전을 정하니 (후삼국) 통합 시 (공을 세운) 조신朝臣과 군사軍士에게 관계官階를 논하지 않고 그 사람됨과 행실[性行]의 착함과 악함[善惡], 공로의 크고 작음을 보아서 이를 차등 있게 주었다.[5]

위 사료에서 보이는 것처럼 역분전은 "사람됨과 행실의 착함과 악함, 공로의 크고 작음"에 따라 지급되었다. 그 지급 대상은 조신과 군사로 나타나고 있는데, 이들은 통일 전쟁 수행 과정에서의 공로를 인정받은 자들이었다. 역분전은, 그 분급 기준으로 관계官階를 논하지 않는다고 했지만, 분급 대상인 조신과 군사의 대다수가 관계를 가졌을 것이기 때문에, 관료에 대한 분급제도의 선구로 볼 수 있다.[6]

역분전의 설치 및 확대는 태조 23년 전후의 역사적 상황과 밀접하게 연관되어 있으며, 이는 국가 수취 대상 민과 지역의 확대 과정에 기인한다. 고려 초기 태조는 정권 유지를 위해 결혼 정책과 사성賜姓 정책을 통해 유력 지방 세력과의 연계를 강화하고자 했다.[7] 후삼국 통일 후 태조는 지방 유력자들과의 타협과 연합을 모색하며 중앙집권화를 진행했다.[8] 태조는 특히 예산진에서 이러한 정책의 방향을 명확히 했다. 앞의 3장 1절에서 살펴본 바와 같이 태조 17년(934)에 예산진에 나아가, 호족들의 경제적 기반인 녹읍의 폐단을 시정하겠다는 의지를 내외에 천명했다.[9] 이는 녹읍에 대한 규제를 통해 지방 세력의 토지를 국가 수취 체계에 편입할 수 있음을 시사하고 있다.[10]

이후 지방 군현의 개편을 통해 국가 수취 대상 지역이 지속해서 확대되었다.[11] 태조 23년에 이루어진 군현 개편과 함께 시행된 역분전은 이전의 녹읍제도와 구별되는 새로운 토대 위에 설치되었다.

역분전은 광종 대를 거치면서 중대한 전환점을 맞이했다. 광종은 여러 정책을 통해 집권 체제를 강화했다. 주요 정책으로는 광종 7년(956)에 시행된 노비안검법, 9년(958)에 도입된 과거제, 그리고 11년(960)에 제정된 4색 공복 등이 있다. 노비안검법은 지방 유력 세력의 경제적 및 군사적 기반을 약화하기 위한 목적으로 시행되었으며, 이들이 사적으로 예속시킨 노비를 국가가 직접 관리하여 공민으로 편입시키는 강력한 조치였다. 과거제의 실시는 집권 체제의 기반인 관료를 선발하고 지방 유력 세력의 관료화를 유도하기 위한 정책이었다. 또한, 4색 공복의 제정은 경종 원년(976) 시정전시과의 기반을 마련했다.[12]

광종 대에 시행된 읍치 획정은 주목할 만하다. 태조 23년에 공식적으로 읍호가 확정된 이후,[13] 양전과 읍세 조사를 기반으로 행정 단위로서의 읍邑이 실질적으로 확정되었음을 의미한다. 양전은 고려 이전부터 지역별로 점진적으로 시행되었고, 광종 대의 치읍은 이러한 양전과 밀접한 연관성을 가졌다. 양전을 통해 파악된 수취 대상 토지를 새로운 단위로 구획하는 것이 광종 대 치읍置邑 정책의 핵심이었다. 광종 즉위 년(949)에 정해진 주현의 공부액 또한 태조 이래의 양전과 치읍을 바탕으로 제정된 것으로 보인다.[14] 이러한 일련의 정책들은 역분전 지급 대상 지역의 확대를 목표로 하였다.

역분전이 어떠한 방식으로 지급되었는지를 보여주는 직접적인 사료는 찾아지지 않는다. 단지, 다음의 사료를 통해 대략을 파악할 수 있을 뿐이다.

A-2. 후에 역분전을 정했는데, 그 사람됨과 행실의 착함과 악함, 공로의 크고 작음을 보고 이에 따라 차등 있게 지급하였다. 박수경에게는 전 200결을 특별히 사여했다[特賜].[15]
3. 대광 박수경 등에게 명하여, 국초에 공역의 등급을 정하여[考定] 사역자四役者에게는 미 25석을, 삼역자에게는 20석을, 이역자에게는 15석을, 일역자에게는 12석을 내리게 하고 이것을 예식例食으로 삼았다.[16]

사료 A-2는 역분전 지급에 대한 구체적 사료인데, 사료 A-1의 역분전 지급 내용과 거의 유사하다. 여기서도 태조가 후백제의 신검을 토벌한 후 역분전을 지급했음을 확인할 수 있는데, 박수경에게는 특별히 200결을 내렸다. 박수경이 받은 토지는 '특사特賜'라는 언급이 있는 것으로 보아 역분전의 일반적인 지급 규모보다 많았던 것으로 추측된다. 태조 대에 '특사'의 형태로 역분전을 받은 박수경에게 광종은 즉위 원년(949), 국초에 공역의 등급을 정하게 했다[考定]. 박수경 등에 의해, 국초의 공역자는 1역에서부터 4역까지 4등급으로 나뉘었고, 등급에 따라

미米를 수령하고 있다. 이후 국가는 이를 공적 역할 수행에 대한 물적 보상 체계의 일환인 예식例食으로 삼았다(A-3).

예식은 최승로에게 최초로 지급되었다. 최승로는 그의 나이 12세에 태조 앞에서 《논어》를 읽고 포상으로 염분과 안마, 그리고 예식 20석을 받았다.[17] 최승로는 63세인 성종 8년(989)에 사망하므로, 그가 예식을 받은 시기는 태조 21년(938)이다. 역분전이 설치되기 2년 전의 일이다. 그러므로 예식은 고려 초부터 현물 지급 수단으로 존재했다고 할 수 있다.

예식=현물[미]의 지급 사례가 역분전 지급을 전후한 시기에 찾아지는 점, 박수경이 태조 대에 역분전을 받은 점, 그리고 광종이 그에게 국초 공역자의 "등급을 정하게[考定]"한 점 등을 고려했을 때, A-3의 내용은 태조 대 역분전과 밀접한 관련이 있다고 할 수 있다. 달리 말해 사료 A-3에서 보이는 현물의 지급은 역분전이라는 관료에 대한 대우 체계의 틀 내에서 이루어졌다고 할 수 있다. 그렇다면 박수경이 "등급을 정할" 당시 기준으로 삼은 것은 역분전의 지급 규정과 관련이 있었을 것이다.

문제는 두 사료에서 고려 초 '사람됨과 행실' 및 '공로'를 기준으로 관료에게 지급한 내용이 토지와 예식=현물[미]로 서로 차이가 난다는 점이다. 사료 A-2에서 박수경이 받은 것은 전 200결의 토지였고, 사료 A-3에서 공역이 있는 자들이 차등 있게 받은 것은 현물이었다. 이를 어떻게 이해해야 하는가. 우선, 역분전 설치 당시에 토지로 지급되었던 것이 광종 원년에 예식의 지급으로 변화했다고 이해할 수 있다. 그런데 사료 A-2는 940년 정도로 추정되고 A-3은 949년이므로, 두 사료의 시간적 차이는 9년 정도이다. 역분전 지급의 내용이 변화했다고 보기에는 그 기간이 너무 짧다. 더욱이 광종은 즉위 이후 7년 동안 기존의 정치 세력을 위무하고 자신의 입지를 강화하기 위해 노력했으므로,[18] 급격한 변화를 원치 않았을 것이다. 따라서 역분전의 지급 내용이 달라졌을 가능성은 크지 않다. 다음으로 생각할 수 있는 것은 역분전 설정 당시에는 토지만 지급하다가 광종 원년에 예식을 추가로 지급했을 가능성이다. 그렇지만 박수경이 "등급을 정한" 결과가 예식의 지급으로 나타나기 때문에 그가 참고로 한 것은 이전의 예식이었다고 보아야 무리가 없다. 더욱이 최승로가 예식을 받은 때는 역분전이 설치되기 2년 전이다.

앞서 추정한 두 경우가 아니라면, 역분전은 태조 23년을 전후한 시기 아니면 늦어도 광종 원년 이전에 토지와 예식으로 지급하는 규정이 마련되었다고 할 수 있다. 태조 23년 이전의 이총언 사례는 그 개연성을 높여준다. 이총언은 벽진군[성주]을 근거지로 한 지방 호족으로, 후삼국 통일전쟁 수행 시 태조에게 귀부함으로써 본읍[벽진] 장군으로 임명되었다. 태조에게 귀부한 '공로'로 이총언은 벽진군과 이웃 읍의 229정호丁戶, 충주·원주·광주·죽주·제주의 창곡 2,200석과 소금 1,785석을 받았다.[19]

이총언 사례는 역분전의 내용을 이해하는 데 중요한 단서를 제공한다. 우선, 그에게 지급된 곡물과 소금은 역분전의 예식[현물] 지급 양상을 보여준다. 이는 지역 특산물을 기반으로 한 예식 지급 방식을 나타낸다. 또한 이총언에게 하사한 벽진군과 인접한 읍의 '정호'는 토지와 인민을 포함하는 토지 분급 방식을 보여준다. 정호는 국가 통치 영역 안의 토지뿐만 아니라 그 토지와 연계된 인민들까지 포함하는 개념이다.[20] 이총언의 사례는 역분전에서의 토지 지급이 단순히 토지 자체뿐만 아니라 그 토지와 연계된 인민까지 포함하고 있음을 의미한다. 다음 사료는 역분전에서 토지 지급의 구체적 의미를 살펴보는 데 중요하다.

> B. 고려에는 2경·6부·9절도·120군이 있고, 중앙에는 10성·4부가 있다. 관료들은 자주색·주홍색·빨간색·녹색·청색·청록색의 관복을 입었다. 청색·청록색 관료는 나이의 서열[年序]로 올리고 녹색 이상 관료는 재능에 따라 선발되었다. (관료에게) 봉록을 내려주었는데 전조로 주었다[賜之俸祿 賦以田租].[21]

사료 B는 고려 광종 말년에 남당南唐의 사신으로 고려를 방문한 장료章僚의 견문기 중 일부이다. 장료는 고려에 머물면서 수집한 고려의 산천·사적·물산 등에 관한 정보를 모아 《해외사정광기海外使程廣記》 3권을 편찬했다. 위 사료 B에서 광종 대 지방 조직과 중앙 관제의 편제, 그리고 공복 제정의 구체적 내용을 확인할 수 있다.[22] 관료의 공복은 자주색·주홍색·빨간색·녹색·청색·청록색으로 구분되었는데, 이는 광종 11년(960)의 4색 공복 제정과 밀접한 관련이 있다. 또한 역분전 설치 당시의 분급 기준이었던 '사람됨과 행실'과 '공로'가 광종 11년을 계기로 더 체계적인 관직으로 분화되고 있음을 보인다.

여기서 주목되는 부분은 관료에게 "봉록을 내려주었는데 전조田租로 주었다"라는 문장이다. 이 문장을 해석할 때, 관료들이 봉록을 전조의 형태로 받았는지, 아니면 봉록으로 받은 토지에 전조가 부과되었는지를 검토할 필요가 있다. 이와 관련하여, 고려시대 전조가 일반적으로 토지에 부과되는 조세였다는 점은, 이 문장의 전조田租가 실물 곡물로 지급된 봉록일 가능성을 뒷받침한다.

이 점을 바탕으로, 《신증동국여지승람新增東國輿地勝覽》에 나타난 고려 초 인물인 신숭겸과 복지겸의 사례를 살펴볼 필요가 있다. 이 자료는 조선시대에 작성되었지만, 고려 초 지역 인물들의 전승을 기록한 것으로, 사료의 내용은 신뢰성이 높다 하겠다. 신숭겸은 본래 전라도 곡성현 출신이었다. 어느 날 태조가 사냥하러 평주 삼탄 지역에 갔을 때, 점심을 먹는 중 하늘에 기러기 세 마리가 떠돌았다. 태조의 명에 따라 신숭겸이 활로 기러기를 쏴 명중시켰고, 태조는 이에 감탄하여 평주를 그의 본향으로 삼게 했다. 또한 기러기를 쏴 명중시킨 근처의 전 300결을 하사해 대대로 그 조를 먹게 했다[世食其租].[23] 복지겸의 경우도 유사하다. 그는 배현경 등과 함께 태조를 추대하여 개국공신이 되었고, 본주[면천]의 전 300경을 하사받아 대대로 녹을 먹었다[世食之].[24] 이들 사례에서 "세식기조世食其租"와 "세식지世食之"는 받은 토지에서 나오는 조를 대대로 식록으로 삼았음을 의미한다. 즉, 신숭겸과 복지겸에게 토지 300결을 분급한 것은 해당 지역을 지배하여 수조할 수 있는 권리를 부여하고, 여기에서 나오는 조를 그들의 식록으로 삼게 하였음을 의미한다.

《해외사정광기》에서 언급된 "관료들에게 봉록을 내려주었는데 전조로 주었다"는 문장은 단순한 토지 분급이 아니라 그 토지에서 거둬들이는 세금[田租]을 식록으로 사용할 수 있는 권한까지 부여했다는 뜻이다. 이는 신숭겸·복지겸 사례의 "대대로 그 조를 먹게 했다[世食其租]"와 같은 맥락으로, 관료가 해당 지역의 조세를 지속해서 수취할 수 있음을 의미한다. 앞서 소개한 이총언에게 하사된 벽진군과 인접한 읍의 229 '정호丁戶' 역시, 단지 토지 지급을 넘어서 그 지역 주민들이 부담하는 조세를 수취할 권한까지 포함된 사례로 볼 수 있다.

역분전은 단순한 토지의 분급이 아니라, 토지에 부과된 조세와 특산물을 식록으로 사용할 권한까지 주는 제도였다. 태조와 광종 대의 군현제 정비와 양전 정책은 이 제도를 뒷받침했다. 이 과정에서 지방 유력자의 토지는 국가의 과세 대상으로 편입되었으며, 국가의 수취 기반도 확대되었다. 역분전은 신라 말기까지 유지되던 녹읍과 전장을 점차 대체하면서 농민과 토지를 공적인 수취 체계 안으로 재편하였다. 이는 고려 초 국가가 경제 기반을 중앙권력 아래에 두기 위한 핵심적 조치였으며, 전시과제도의 기본 틀이 마련되어감을 의미한다.

[2]

전시과 제정 및 정비

고려 경종 원년(976), 전시과를 처음으로 제정했다. 역분전이 태조에서 광종 대를 거치면서 토지와 예식[현물]을 지급하는 형태로 운영된 지 36년 된 해였다. 태조와 그 아들인 혜종, 정종, 광종 등 2세대 왕의 시대가 끝나고, 태조의 손자인 3세대 왕의 시작을 알리는 시기였다. 초창기 불안정했던 정세가 안정되어가고 새로운 시대를 준비하는 기간이기도 했다. 새로운 시대의 시작을 전시과와 함께하였으니 그 무엇보다 우선시되는 제도가 바로 전시과였다. 역분전의 색채가 짙게 드리웠던 976년 시정전시과는 이후 몇 차례에 걸친 정비 과정을 거치면서 그 본연의 실체를 드러냈다. 전시과의 제정과 관련된 사료를 시간 순으로 제시하면 다음과 같다.

A-1. 경종 원년(976) 11월에 처음으로 직산관職散官 각 품의 전시과
를 정하니 관품의 높고 낮음을 논하지 않고 다만 인품으로써 이
를 정하였다.[25]

2. 목종 원년(998) 3월에 군현의 안일호장安逸戶長에게 직전의 반을
주었다. 12월에 문무 양반과 군인의 전시과를 개정하였다.……
이 한계에 미치지 못하는 자[不及此限者]에게는 모두 전田 17결을
주는 것을 상식常式으로 여겼다.[26]

3. 현종 5년(1014) 12월 문무 양반·잡색 원리雜色員吏에 전시를 더
해주었다.[27]

4. 덕종 3년(1034) 4월 양반 및 군·한인軍閑人의 전시과를 개정하였다.[28]

5. 문종 30년(1076) 양반전시과를 경정하였다.[29]

태조의 손자인 경종에서 현손인 문종에 이르는 100여 년 동안, 전시
과는 여러 차례 개정을 거듭했다. A-1의 경종 원년(976) 전시과는 흔히
시정전시과라고 불린다. A-2는 목종 원년(998) 개정된 문무 양반과 군
인 전시과인데, 일반적으로 개정전시과로 불린다. 같은 해 3월에 군현
의 안일호장에게 직전의 반을 주었음도 아울러 알리고 있다. A-3은 현
종 5년(1014) 적은 규모의 전시과 개정이 있었는데, 문무 양반과 잡색
원리에게 전시를 더해주었다. A-4는 덕종 3년(1034)에 양반 및 군·한
인 전시과를 개정했는데, 그 개정의 규모나 내용은 사료상에 나타나 있
지 않다. 마침내 A-5의 문종 30년(1076) 100여 년간에 걸친 전시과의
대대적인 정비가 마무리되는데, 이를 경정전시과라고 부른다. 경종 원
년에서 문종 30년까지 100여 년 동안 현재 사료에서 확인되는 대대적
인 개정은 3차례이다. 경종 대 시정전시과, 목종 대 개정전시과, 그리

고 문종 대 경정전시과가 그것이다.

경종 대 시정전시과는 역분전제를 근거로 처음으로 정해진 것으로 보인다. 역분전의 분급 기준인 "사람됨과 행실의 착함과 악함", "공로의 크고 작음"은 시정전시과에도 일정 부분 반영되었다. 시정전시과에서 제시된 분급 기준인 '인품'은 당시의 '명가' 의식이나 '가풍' 의식과 상통하는 것으로서 관념적인 막연한 것이 아니라, 당시 지배층 가문의 세력을 의미하는 것으로 보인다.[30] 그러므로 시정전시과는 지배층의 공로 크기를 고려한 실직이 있는 직관職官과 실직이 없는 산관散官의 품계에, 개인의 성품과 행실도 함께 평가해 지급액을 정한 것으로 이해할 수 있다.

시정전시과에서 자삼 이상 관원은 문반, 잡업, 그리고 무반과 구분되었으며, 광종 11년 제정된 4색 공복제에 따르면 이는 원윤 이상에 해당한다.[31] 원윤이 국초부터 사용된 16등급 관계 중 10번째에 속하므로, 자삼 이상인 관계 10위 이상은 1~18품으로 나뉘어 전지와 시지를 받은 것이 된다. 그중 1품에서 14품까지는 전지와 시지의 결수가 같다. 즉, 1품에게는 전지와 시지 각각 110결을 지급했는데, 품이 내려갈수록 5결씩 감소해 14품에는 각각 45결이 설정되었다. 반면, 15품 이하에서는 전지와 시지의 지급 결수가 서로 다른데, 시지는 1품에서 14품과 마찬가지로 5결씩 감소하지만, 전지는 3결씩 감소한다(〈그림 1〉 시정전시과 전지와 시지 지급 액수 참고).

이들은 A-1의 "처음으로 직산관 각 품의 전시과를 정하니"에서 보이는 '직산관' 중 산관이다. 이들 중에는 고려 초 관계만을 쓰게 된 지방 유력자가 많이 포함되어 있었다.[32] 역분전의 지급 대상 중 '조신' 부류가 이들이었을 것이다. 이들에게는 〈그림 1〉에서 보는 것처럼 문반, 잡업, 그리고 무반보다 더 많은 전지와 시지가 지급되었다. 그런데 전시의 지급 규모는 역분전보다 감소했을 것으로 생각된다. 그것은 전시과가 개정되어감에 따라 전지와 시지의 지급 결수가 감소하며, 그 과정에서 산관에 대한 전시의 지급이 축소 또는 폐지되는 추세였기 때문이다.

문반과 잡업은 공복 중 단삼, 비삼, 녹삼을, 무반은 단삼 이상을 기준으로 지급했다. 광종 11년 4색 공복제에 의하면 단삼은 중단경 이상, 비삼은 도항경 이상, 녹삼은 소주부 이상 관직의 공복이다.[33] A-1의 "처음으로 직산관 각 품의 전시과를 정하니"에서 보이는 '직산관' 중 직관은 이들을 가리킨다.[34] 이들 관직은 태조 대 이후, 특히 광종 대 과거를 통해 양산된 관료 등에게 주어졌다.[35] 한편, 무반은 단삼 이상 관직을 단 5개의 품으로만 구분했다. 주로 시위군으로 추정되는 이들은 역분전의 군사 중 일부이다. 시정전시과의 전지와 시지 지급액을 나타낸 〈그림 1〉에서 확인할 수 있듯이, 이들은, 자삼 이상 관직을 제외하고, 문반의 단삼 이상 관직과 함께 상대적으로 많은 전지와 시지를 받았다. 이러한 점을 고려할 때, 목종 대 개정전시과에서 보이는 일반 군인과는 다른 계층이었다. 더욱이 성종 3년(984)에 일반 군인의 복색이 처음으로 정해졌음을 고려하면,[36] 단삼 이상 관직의 무반은 목종 대 이전 문반과 함께 양반을 형성한 계층이었다고 할 수 있다.[37]

그 외에 잡리는 "인품에 따라 다르게 지급[以人品 支給不同]"했다. 잡리는 잡종의 서리와 인리이다.[38] 잡리에 대한 지급 기준인 '인품'은 이들의 '가세' 등을 고려했을 것이다.[39] 이들은 성종 대와 현종 대의 군현제 개편 중 향리제가 정비되는 과정에서 잡리 수행자로 직역 체제에 편제되었다.[40] 그 과정에서 제16품에서부터 제18품에 분포되어 해당 잡리직에 따라 전지와 시지를 차등 분급받은 것이다. 또한 이들은 사료 A-3의 '잡색 원리'로 보이는데, 현종 대 이들에게는 문무 양반과 함께 전지와 시지가 추가로 지급되었다.

경종 대 시정전시과는 역분전제가 도입된 이후 확대된 국가의 수취 대상 토지와 인민을 계승하며, 동시에 지급 대상을 산직이 아닌 현직 관료로 점차 제한하는 방향으로 전환했다. 이 정책의 결과로, 후속 개정과 경정한 전시과는 관직과 국역 체제의 변화를 반영하는 방향으로 진행되었다. 즉, 관직자들이 국가 공무 수행자로서 지급 대상의 핵심을 이루게 되었으며, 이는 자삼 이상 관원의 제외를 통해 더욱 명확해졌다. 문반과 무반은 양반 계층을 구성하고 관직 체제의 핵심을 이루었으며, 잡리 등이 국역 체제에 통합되기 시작했다.

998년의 개정전시과는 시정전시과로부터 22년 후의 변화를 반영했다. 주목할 만한 변화 중 하나는 개정전시과에서 '문무 양반'(사료 A-2)이라는 용어의 사용이다. 시정전시과에서 문반과 무반으로 구분되었던 것이 개정전시과에서는 양반으로 통합되어 표현되고 있다. 이는 성종 14년(995) 문무산계의 제정, 주·부·군·현 이속의 직제 개정, 지방제도 개편 등을 통해 관직 체계가 문무 양반 체제로 일원화되어감을 반영한다.

또한 '군인의 전시과'(사료 A-2)라는 표현이 사용되었는데, 이 '군인'은 시정전시과의 무반과 다른 계층을 지칭한다. 그런데, 개정전시과에서 시정전시과의 무반을 계승하는 수급자로 상장군 등이 확인되지만, '군인'은 개정전시과의 지급 규정에서 찾을 수 없다. 이와 관련해, 개정전시과에서 18과에 미치지 못하는 자[不及此限者]에게 전 17결을 지급한다는 규정이 주목된다(사료 A-2). 우선, '불급차한자不及此限者'에 잡류가

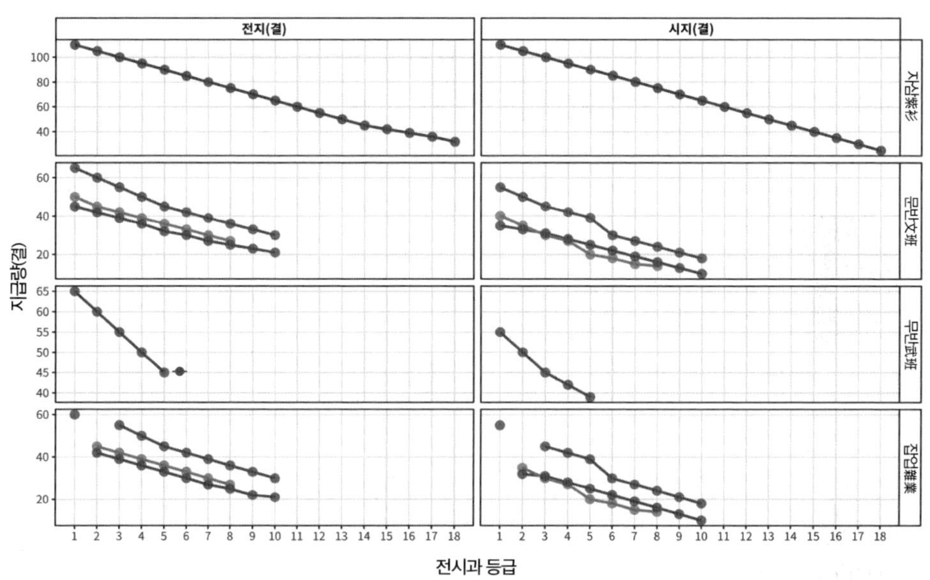

〈그림 1〉 시정전시과 전지와 시지 지급 액수

포함되었을 가능성이 있는데, 이는 문종 30년 경정전시과에서 17결을 받는 18과의 수급자 중 '잡류'가 나타나는 사실에서 유추할 수 있다.[41] 그리고 '불급차한자'에 우리의 관심사인 '군인'이 포함되었을 가능성이 있다. 《고려사》 병지 공민왕 5년(1356) 기사에 따르면, 군역은 군호 단위로 연립되고 있으며, 해당 군호에는 전 17결이 지급되고 있다. 이는 '이전에 정해진 토지와 부세제도의 법[田賦之遺法]'으로 인식되고 있다. 그러므로 고려 전기 이래 '군인'에게 전 17결이 지급되었던 것을 개정전시과에서 '불급차한자'에 포함시킨 것으로 이해할 수 있다.[42]

다음, 전지와 시지의 지급 규모가 시정전시과에 비해 대폭 축소되었다. 〈그림 2〉는 시정전시과의 자삼 이상 각 품과 개정전시과 각 과에 지급된 전지와 시지를 합한 총액을 보여준다. 시정전시과의 경우, 전지와 시지의 합계가 1품의 220결부터 18품의 57결까지 나타나 있다. 특히 1품에서 14품까지 10결씩 규칙적으로 감소하다가, 15~17품까지는 8결씩, 18품에서는 9결이 줄어든다. 그 감소 폭이 대체로 일정하다고 할 수 있다. 반면 개정전시과의 경우, 전지와 시지의 총액이 1과의 170결부터 18과의 20결까지 나타나 있다. 특히 1과에서 8과까지 10결씩 감소하다가, 9과부터 18과까지 7결, 8결, 8결, 7결, 10결, 10결, 13결, 4결, 3결이 줄어든다. 1과에서 8과까지 규칙적으로 10결씩 감소하다가 9과부터는 불규칙적인 감소 폭을 보인다.

시정전시과는 개정전시과에 비해 품에 따른 전지와 시지의 총액에서 더 명확한 규칙성이 관찰된다. 그 결정적인 이유는 개정전시과 시지 지급액의 극적인 감소이다. 일례로, 시정전시과의 자삼 이상 1품에게 전지와 시지가 각각 110결 설정되었던 것에 비해, 개정전시과의 1과에게 전지와 시지가 각각 10결과 40결이 감소하여 100결과 70결이 지급되었다. 시지의 급격한 감소가 15과까지 확인되는데, 급기야는 16과에서 18과까지 시지가 지급되지 않고 전지만 지급된다. 시지 지급의 급격한 변화는 특히 주목할 만하다.

셋째, 시정전시과에서는 공복의 색에 따라, 그리고 문반, 잡업, 무반으로 구분하여 '품'의 차등에 따라 전시가 지급되었던 것에 반해, 개정전시과에서는 '과'라고 하는 일원적인 기준에 따라 차등 있게 지급했다. 넷째, 시정전시과에서는 모든 '품'에 전지와 시지가 함께 지급되었는데, 이에 대해 개정전시과에서는 16과에서 18과에 시지가 지급되지 않았다. 다섯째, 한외과限外科의 지급 결수는 15결의 시정전시과보다 17결의 개정전시과가 2결 더 많다. 이러한 특징을 갖는 목종 대 개정전시과의 과에 따른 전지와 시지 지급액을 각각 시각화하면 〈그림 3〉·

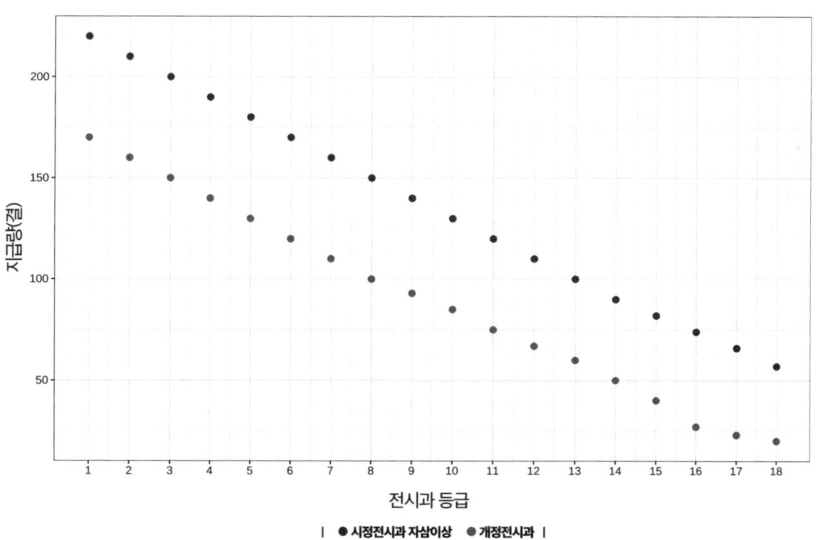

〈그림 2〉 시정전시과와 개정전시과 전지와 시지 합계 지급액

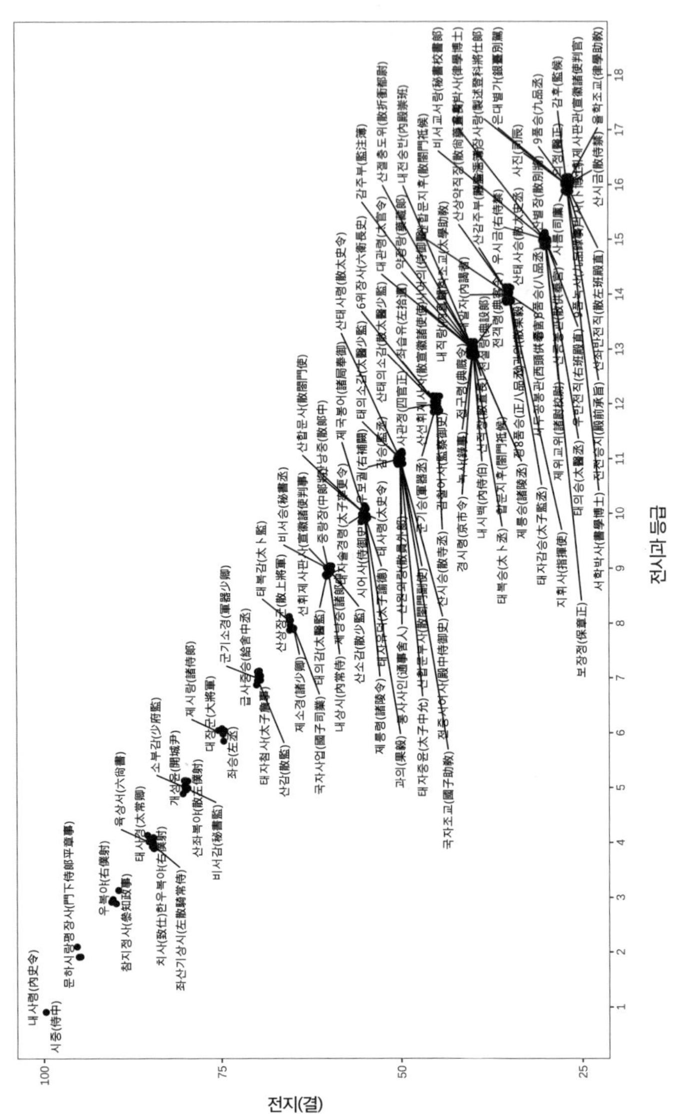

〈그림 3〉 개정전시과의 과에 따른 전지 지급 시각화

112 고려시대 사회경제사

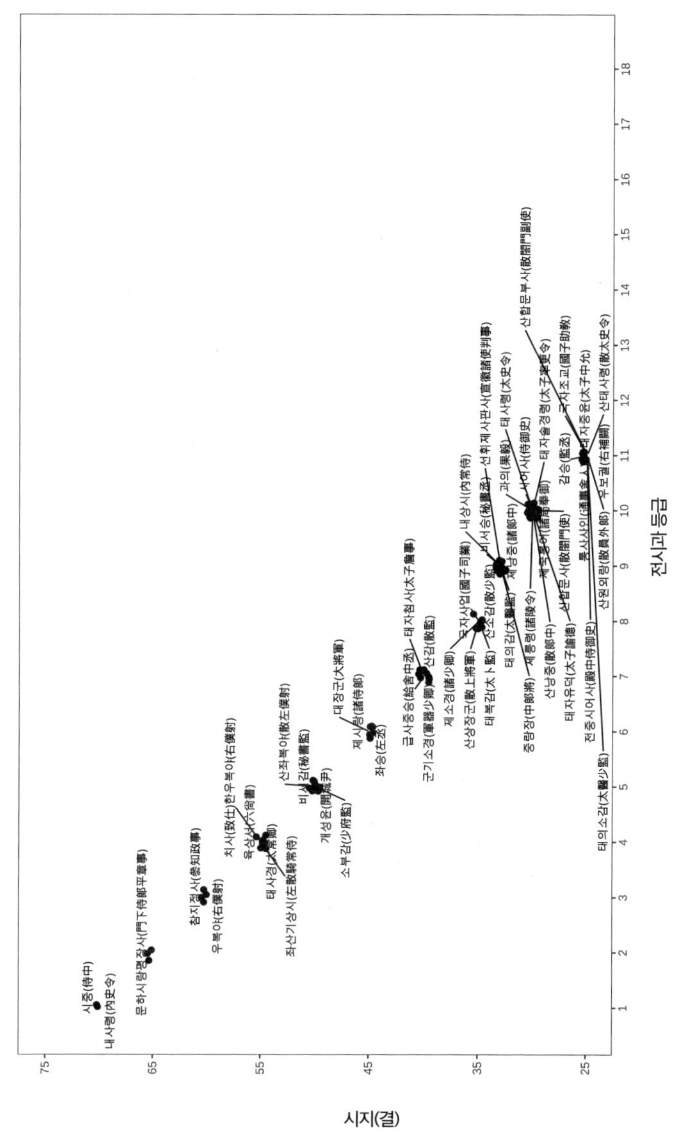

<그림 4> 개정전시과의 과에 따른 시지 지급 시각화

〈그림 4〉와 같다.

목종 대 개정전시과 이후 78년이 지난 1076년, 문종 30년이 되는 해에 전시과의 마지막 정비가 진행되었다. 사실, 개정전시과 이후 문종 30년 경정전시과 사이에 현종 대와 덕종 대의 부분적인 개편이 있었다. 그중 덕종 3년(1034)이 주목되는데, 여기서 한인閑人이 전시과의 지급 대상으로 나타난다. 한인의 성격에 대해서는 예비적 군사 요원이거나,[43] 실직 없이 동정직을 제수받아 처음부터 산직 체계 속에 대기[閑]해 있는 관인[有官守散職]을 범칭하는 규정이었다는[44] 등 다양한 견해가 있다. 그런데, 기존 연구는 한인을 직역 예비 대상자로 인식하는 데 이견이 없다. 이들은 양반 자제와 지방 유력자로서 경정전시과에서 잡류와 함께 18과에 속하고 전 17결을 받았다. 그리고 경정전시과에서 양반전시과로 명칭이 변경된 것은, 전시과의 개정이 양반 중심의 관료제 재편과 밀접한 연관을 맺고 있음을 드러낸다. 문종 대 경정전시과의 과에 따른 전지와 시지의 지급을 각각 시각화하면 〈그림 5〉·〈그림 6〉과 같다.

문종 대 경정전시과는 목종 대 개정전시과를 바탕으로 정비되었다. 두 전시과 간의 비교를 통해 경정전시과로 변화하는 과정과 그 특성을 살펴보면 다음과 같다. 우선, 두 전시과의 전지와 시지의 지급액, 특히 시지 지급액의 변화가 주목된다. 개정전시과와 경정전시과에서 전지와 시지가 지급되는 관직은 각각 249개와 116개, 280개와 142개로, 경정전시과에서 지급되는 전지와 시지의 관직 수가 31개와 26개 더 많다. 전시와 시지의 지급 총액은 개정전시과에서는 1만 1,320결과 5,286결, 경정전시과에서는 1만 1,021결과 2,779결이다. 전지의 경우, 경정전시과의 지급 대상 관직 수가 31개 더 많음에도 불구하고, 전지 지급액이 전체적으로 감소하고 있다. 시지의 경우, 경정전시과의 지급 대상 관직 수가 26개 더 많음에도 불구하고, 경정전시과의 시지 지급액이 개정전 시과의 그것보다 2분의 1에 가까운 더 큰 폭의 감소가 있었다.[45] 이 점 은 역분전에서 시정전시과, 개정전시과, 그리고 경정전시과에 이르는 과정에서 시지의 위상과 의미가 축소되어감을 의미한다.

역분전의 지급 내용으로 예식[현물]과 토지가 있었던 점을 확인했으며, 역분전의 토지가 전시과의 전지로 계승된 것은 분명하다. 그러나 예식[현물]을 전시과에서 어떤 방식으로 계승했는지 아직 명확하지 않다. 이와 관련하여, 역분전의 예식[현물]이 전시과의 시지로 계승될 가능성을 고려해볼 수 있다. 시지는 일반적으로 땔감을 채취하는 '초채지樵採地'로 이해되지만,[46] 고려시대 경제생활에서 이러한 자원이 국가의 토지제도 내에서 중요한 위치를 차지했는지는 추가 연구가 필요하다.[47] 시정전시과에서는 모든 품에게 전지와 시지가 지급되었으나, 개정전시과와 경정전시과에서는 하위 과에 시지가 지급되지 않았다. 이는 시지가 전지와는 다른 성격을 가진 전시과의 요소임을 시사한다. 전지는 모든 '품'과 '과'에 걸쳐 지급되는 핵심적인 요소지만, 시지는 하위 '과'에 지급되지 않아 주변적인 요소로 여겨진다. 전시과가 역분전을 기반으로 한다면, 이러한 전지와 시지 사이의 차이는 역분전에서 유래한 것으로 볼 수 있다. 역분전의 토지는 관직 수행의 대가로, 예식[현물]은 권력층에 특별히 하사되는 성격이 강했다. 이러한 맥락에서 역분전의 토지는 전시과의 전지로, 예식[현물]은 시지로 계승되었다고 볼 수 있으며, 이는 예식[현물]이 국가에 의해 관리되면서도 일부 권력층에 특혜로 제공되는 방식으로 변화했음을 의미한다.

다음으로, 개정전시과와 경정전시과에서 관품과 전시과 등급[과] 사

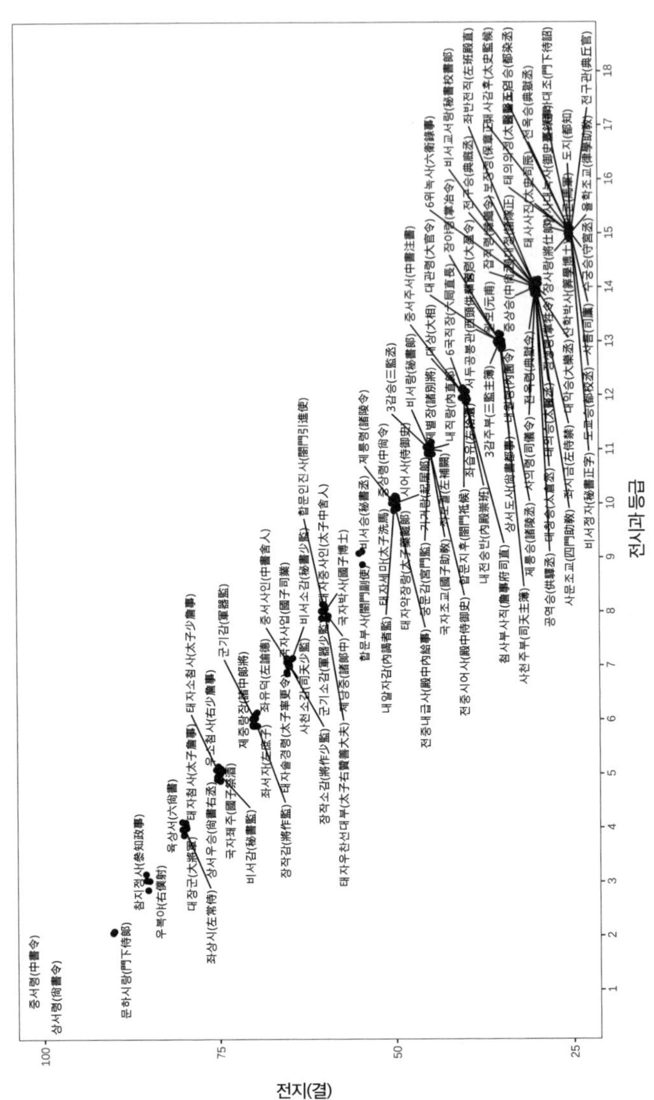

〈그림 5〉 경정전시과의 과에 따른 전지 지급 시각화

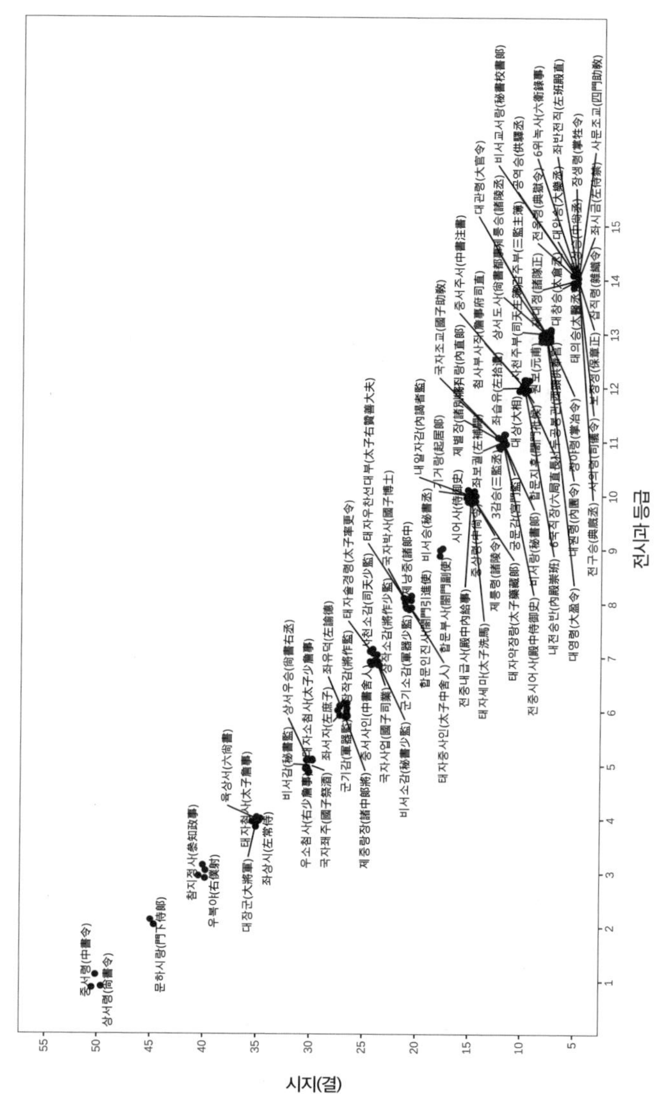

〈그림 6〉 경정전시과의 과에 따른 시지 지급 시각화

이의 차이가 주목된다. 이를 살펴보기 위해 제시된 〈그림 7〉·〈그림 8〉
에서 가로축은 전시과 등급을 1과부터 18과까지 표시하고, 세로축은
관품을 나타내며, 점선은 실제 관품과 전시과 등급이 일치하는 경우를
표시한다. 이 점선을 기준으로 위쪽은 관품보다 높은 전시과 등급을 받
는 경우, 아래쪽은 낮은 등급을 받는 경우를 나타낸다. 〈그림 7〉은 개정
전시과의 관품과 전시과 등급관계를, 〈그림 8〉은 경정전시과의 그것을
보여준다. 목종 대 개정전시과에서 1품에서 10품까지는 대부분 실제보
다 적은 전시를 받았고, 11품 이상에서는 전시의 양이 혼재했다. 반면,
문종 대 경정전시과에서는 실제 관품보다 더 높은 등급의 전시를 지급
했으며, 전시과 등급과 관직 사이의 간극이 개정전시과에 비해 줄어들
었다. 이는 전시과제도의 변화가 관료제의 조정과 함께 이루어졌으며,
관직자에 대한 국가의 보상 체계가 점차 세밀화되고 있음을 시사한다.

　이상에서 살펴본 것처럼, 경종 원년(976)에 제정된 시정전시과는 태
조~광종 대 36년간 운영된 역분전 제도를 토대로, 전지와 시지를 관직
품계에 따라 분급함으로써 국가가 토지와 수익 구조를 중앙집권적 과
세 및 보상 체계로 제도화한 첫 사례였다. 이후 목종 원년(998)에는 문
무 양반과 군인을 통합하여 18과 체계로 구분하는 개정전시과가 시행
되었으며, 현종(1014)과 덕종(1034) 대에는 잡색 원리와 한인 등 비양반
계층까지 포함되며 지급 대상이 확대되었다. 문종 30년(1076)에는 경정
전시과가 시행되어, 100여 년에 걸친 전시과 개편이 마무리되었다. 이
과정에서 전지·시지의 지급 규모와 대상 관직 수가 조정되었으며, 특
히 하위 계층에 대한 시지 지급이 축소 또는 폐지되었다.

　전시과제도의 단계적 정비는 신라 말기부터 지속된 녹읍·전장과 같
은 세습적 수취 구조를 폐기하고, 토지와 인민을 국가의 통제하에 두는

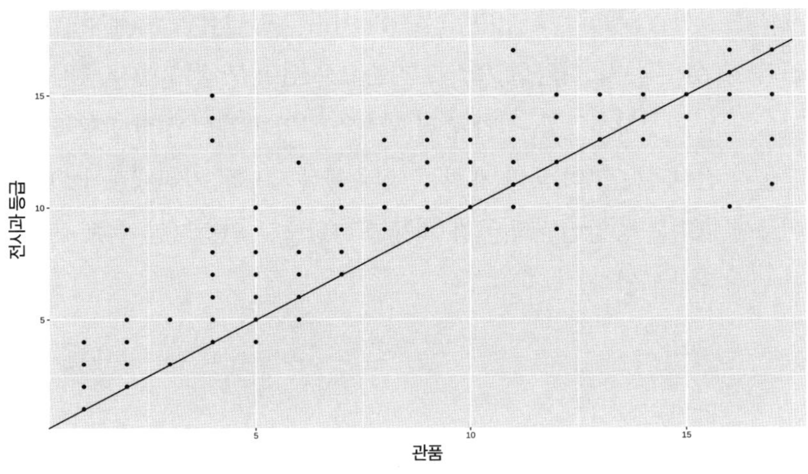

〈그림 7〉 개정전시과와 실제 관직 사이의 관계

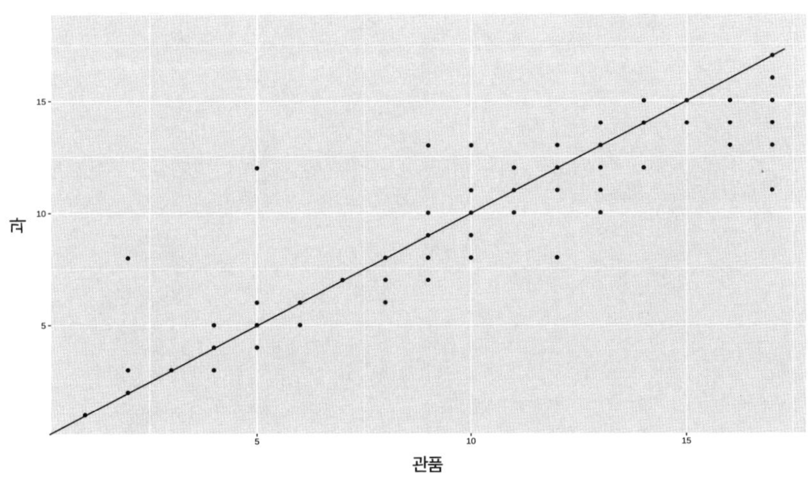

〈그림 8〉 경정전시과와 실제 관직 사이의 관계

새로운 질서를 구축한 것이었다. 전지와 시지의 이원적 분급 체계는 인품과 공로, 관직 등 다양한 요소를 기준으로 삼아 관직 수행자 중심의 보상 구조를 정착시켰고, 점차 관직 체계와 국역 체계의 정비 방향과도 맞물려 전시과는 고려 국가 재정 운영의 핵심 제도로 자리매김하였다. 이로써 고려는 중앙집권적 국가 체제를 바탕으로 안정적인 수취 구조를 마련하게 되었다.

5
·
지
목
∴ 양
반
전,
군
인
전

[1]

양반과 양반전

1-**양반과 양반호**

양반전은 군인전과 더불어 전시과의 주요한 토지 지목이다. 양반전에
는 양반과전, 양반구분전, 양반공음전 등이 있다. 양반과전은 국가 관
직 체제에 편입된 문무 양반 관직자에게 지급되었다. 이에 비해 양반구
분전은 양반의 처나 자녀, 그리고 친족에게 지급되었고, 양반공음전은
공훈이 있는 자에게 지급되었다. 이들 지목은 양반의 자격을 바탕으로
지급되는 것이므로, 양반과전과 분절적으로 이해할 수 없다.[1] 그러므
로 양반과 관련된 토지 지목을 이해하기 위해서는 양반의 범주, 양반전
의 분급 대상 등을 우선 고려해야 한다.

양반은 넓은 의미로는 문무 관료 전체를, 좁은 의미로는 5품 이상의
관료를 의미한다.[2] 양반의 성립 시기는 일반적으로 문무산계가 나뉘어

제정되는 성종 14년(995)으로 이해되고 있다.[3] 이들의 지위는 국가적 의례 중 하나인 법가위장法駕衛仗을 통해 확인할 수 있다. 법가위장 시 임금의 수레 뒤에는 태자·공·후·백·재신이 위치하였고, 그 왼쪽에 문반이, 오른쪽에 무반이 나뉘어[班] 도열하였다.[4] 국가의 중추적 지배층으로서 양반의 위상이 단적으로 드러난다. 이처럼 양반은 국가 지배 체제의 정비 과정과 궤를 같이하며 성립했다.

국가는 관료제 유지를 위해 그 담당자인 관료를 배출해야 했다. 국가는 양반 관료를 음서나 과거 등을 통해 수급했고, 관직 수행에 따른 전시를 분급했다. 과거는 문무의 자질을 최우선으로 하여 관직자를 선발하는 것이다. 과거에 응시할 자격을 갖는 자는 양반의 지위를 획득할 가능성이 있다. 그러므로 양반의 일차적 범주는 과거에 응시하여 급제한 자들로 설정될 수 있다. 그런데 과거에 합격한다는 것은 쉬운 일이 아니었다. 문무의 자질 및 가족 배경을 갖추어야 했기 때문이다. 양반 직역 대상자들은 과거에 합격하기 위해 다양한 방법을 동원하였다. 다음의 사료에서 과거에 합격하기 위한 양반 자제들의 노력을 엿볼 수 있다.

A. 중서문하에서 아뢰기를, "명법업明法業은 다만 율律과 령令만을 읽게 하니 급제[登科]하기 매우 쉽고, 또한 지방관 임명[外敍]에는 6경으로 시험합니다. 주목州牧은 실로 출신을 위한 지름길이니, 양반 자제 및 공사로 (이에) 속하기를 구하는 자가 점차 많아졌습니다. 이 때문에 제술업製述業과 명경업明經業의 두 대업과 의업醫業·복업卜業·지리업地理業은 국가에서 폐할 수 없는 것인데, 현재 응시하려는 자가 적습니다. 지금 이후로는 명법업 출신자는 청렴결백하게 공무를 처리하고 정치를 잘한다는 영예[政譽]가 드러난 자를 바야흐

로 발탁하여 기용하시고, 이에 공사貢士가 이 업에 속하기를 구하는 것을 금지하십시오”라고 하였다.[5]

인종 18년(1140), 양반 자제와 공사들은 과거에 좀 더 쉽게 급제하려고 노력했다. 이를 위한 방편으로 과거에서 어려운 제술업과 명경업을 회피하고, 상대적으로 쉬운 명법업에 몰렸다. 이에 따라 제술업과 명경업 및 의업·복업·지리업 등 국가에 꼭 필요한 분야에 지원자가 줄어드는 폐단이 나타났다. 이에 중서문하에서는 명법업에 지원하는 자격을 제한할 것을 아뢰고 있다. 이러한 현상들은 양반이라 할지라도 관직을 갖지 못하면 군역과 같은 고역에 충원되기 때문에 발생한 것으로 이해된다.

모든 양반이 과거에 합격할 수는 없었으며, 실패할 경우 지위 자체가 위태로워질 수 있었다. 그러나 보다 핵심적인 과제는 양반전에 대한 지속적인 관리였다. 국가 입장에서는 양반전에 지정된 토지를 해당 가문이 직접 관리하도록 하는 것이 가장 효율적인 방식이었고, 이를 가능케 하기 위해 과거 외에도 다양한 등용 방안을 마련하였다.[6] 그중 대표적인 제도가 음서였다.[7] 음서를 통해 혈연에 기반해 양반 관직자가 배출되었고, 이들은 양반전을 계승할 수 있었다[連立]. 음서를 통한 관직 진입과 양반전 편입의 실제 사례는 다음 사료를 통해 확인할 수 있다.

B-1. 6품 이하 7품 이상으로 연립連立할 자손이 없는 자의 처에게 구분전 8결을 주고, 8품 이하의 전사한 군인의 처에게는 구분전 5결을 지급하며, 5품 이상 호[五品以上戶]에 부모가 모두 죽고 남자 없이 시집가지 아니한 여자에게는 구분전 8결을 주되 그 여자가 시집

간 후에는 관이 환수하게 하였다.[8]

2. "직사 관원 4품 이상 및 퇴임한 관료의 호당 아들 1명에게 벼슬을 주"라고 하였다.[9]

3. 문반과 무반의 퇴임했거나 현직 3품 이상은 아들 1명에게 음직을 주고, 아들이 없으면 생질이나 여서 및 호적에 올린 양자[過房之付籍] 중 1명에게 첫 관직을 허락한다. 선대 재신宰臣과 밀직密直의 친손자와 외손자[內外孫] 중 벼슬 못한[無名] 자에게도 호당 1명에게 첫 관직을 허락한다.[10]

4. 큰 저잣거리를 고쳐 지었다. 왼쪽과 오른쪽의 줄행랑[長廊]은 광화문에서부터 십자거리까지 무릇 1,008영楹이었다. 또 광화문 안에 대창의 남쪽 행랑과 영휴문 등 73영을 지었다. 무릇 5부 방리의 양반에게서는 가호家戶마다 쌀과 곡식을 거두어서 일꾼들의 품삯으로 사용하였으니, 양반이 사는 방리坊里에 역을 부과하는 것이 이때부터 시작되었다.[11]

사료 B-1은 문종 원년(1047) 구분전의 지급 규정이다. 구분전은 휼양구분전恤養口分田, 양반구분전, 잡구분전雜口分田으로 구분되는데,[12] 그 중 사료 B-1은 휼양구분전의 사례에 속한다. 양반 관직을 수행한 자가 사망한 후 그 처나 딸을 구제할 재원을 마련해준 것이다. 계승할 자손이 없는 6~7품 관직자의 처에게는 구분전 8결을, 전사한 8품 이하 군인의 처에게는 구분전 5결을, 5품 이상의 호에 부모가 모두 죽고 남자 없이 시집가지 아니한 딸에게는 구분전 8결을 지급하고 있다. 여기서 6~7품의 관직자에게 자손이 있으면 해당 관직이 이들 자손에게 연립할 수 있음을 확인할 수 있다. 이를 통해 음서의 지급 대상을 전관직자로 이해하는 견해도 제시되었는데,[13] 주목되는 것은 양반의 범주가 양반 관직자와 그 혈연적 구성원이라는 점이다. 양반 관직이 혈연적 요소를 통해 연립되고 있는데, 이는 양반 지위가 혈연을 기초로 계승되고 있음을 의미한다. 이 점을 더욱 분명하게 보여주는 것이 '5품 이상 호'이다. 국가는 5품 이상의 양반과 그 가족 구성원을 '호'로 지칭하고 있다.

사료 B-2는 숙종 즉위년(1095) 조서인데, 4품 이상 관직자와 퇴임한 관료의 자식에게 음서의 혜택을 내리고 있다. 여기서 음서의 대상은 '직사 관료 4품 이상 및 퇴임한 관료의 호[職事四品以上及致仕員戶]'이다. 퇴임한 관료의 '호戶'를 대상으로 음서의 혜택을 내리고, 그 '퇴임한 관료의 호'의 구성원 중 1명에게 관직에 나아가는 것을 허용했다. 퇴임으로 공백이 생긴 '퇴임한 관료의 호'의 관원을 다시 설정하고 있다. '퇴임한 관료의 호'에서 음서로 관직에 진출한 자는 관직에 상당하는 토지를 분급받았을 것인데, 퇴직 이전 해당 관원이 받은 토지 중 일부를 연립했을 것이다. '퇴임한 관료'와 음서 진출자에게 분급된 토지의 차액은 국가에 반납하는 것이 원칙이다. 이 지점에서 음서의 목적을 확인할 수 있는데, 그것은 양반 관료와 양반전을 안정적으로 유지·운영하는 것이었다. 그리고 사료 B-1과 B-2의 5품 이상 '호'와 퇴임한 관료의 '호'는 양반 관직과 해당 양반전을 '연립'하는 주체가 된다. 양반 관직과 해당 양반전이 일정 단위의 '호'로 '연립'되는 것이다. 달리 말해, 사료 B-1의 "6품 이하 7품 이상으로 연립할 자손이 없는 자"에서 '연립'은 음서뿐 아니라 해당 '호'의 '연립'임을 의미한다. 이 점은 사료 B-3에서도 확인된다.

사료 B-3은 충렬왕 8년(1282) 음서 관련 규정이다. 퇴임했거나 현직 3품 이상인 문반과 무반의 자식 1명에게 음서를 내리는데, 만일 자식이 없는 경우 그 혜택이 생질과 사위에 미치고 있다. 여기에도 해당자가 없으면 호적에 올린 양자[過房之付籍], 즉 동종同宗으로 호적에 오른자에게까지 음서의 혜택이 이르고 있다.[14] 또한 선대 재신과 밀직의 친손자와 외손자[內外孫]로서 벼슬 못한[無名] 자에게도 음서가 주어졌다. 양반 관료의 '연립'이 그 대상층을 확대하면서 이전보다 철저하게 이루어지고 있다. 여기서도 '연립'이 '호'를 대상으로 이루어지고 있다. 이러한 양반 관직의 '연립'이 이루어지는 '호'를 사료 B-4에서 양반호로 지칭하고 있다.

사료 B-4는 희종 4년(1208) 큰 저잣거리의 왼쪽과 오른쪽 줄행랑을 고쳐 짓는 데 필요한 비용을 양반호에서 걷어 충당했음을 보여준다. 양반을 대상으로 한 수취는 의종 대에도 보인다. 의종 23년(1169) 서경에서 신교를 반포하였다. 선풍仙風을 일으키려는 방안으로 팔관회를 진작시키고자 했는데, 그 행사에 드는 비용을 선가로 정해진 양반에 전가했다.[15] 여기서 선가로 선정된 대상은 양반호로 보인다. 또한 원종 대 백관의 녹봉이 부족해지자 양반과 백성의 호에서 거두어들였는데,[16] 여기서도 양반호가 수취 대상으로 나타나고 있다. 이 점은 각종 역역과 군역이 군호를 단위로 부과되는 것과 같은 맥락으로 이해된다.[17]

양반의 범주는 양반 관료와 그 가족을 기본으로 하고, 양자 및 친손자와 외손자를 비롯한 동종에 이르기까지 확장되었다. 이들은 양반호를 형성하여 양반전의 수급 대상이 되었다. 양반호는 과거를 통해 관직자를 배출하여 그들에게 지급된 양반전을 연립하였다. 그렇지만 양반호에서 모두 과거 합격자를 배출할 수는 없었다. 이 경우 양반호는 음서를 통해 양반 관료를 배출할 수 있었다. 그럼에도 양반의 범주에 속하는 양반호의 구성원들이 모두 관직을 갖는 것은 아니었다.[18] 양반호에는 관직을 갖는 자인 양반 관료, 그리고 관직을 갖지 못한 그 외 구성원이 있었다. 이러한 양반호의 존재 양상을 다음의 사료를 통해 구체적으로 살펴보자.

C-1. 국가에 역역力役이 있는 경우, 추역군秋役軍·품종品從·5부방리部坊里의 각 호에서 갹출해 소란을 일으키기도 했다. 이제 국가가 태평하고 인물은 예전과 같으니 마땅히 1령領에서 각각 100~200명씩을 보충하되, 개경[京中]의 5부방리에서 각 사司의 공무에 종사하는 영사令史·주사主事·기관記官과 음서를 가진 품관品官의 아들과 역이 있는 천구賤口를 제외한 그 나머지 양반 또는 내외 백정白丁의 아들로서 15세 이상 50세 이하를 선출하여 보충하도록 하라.[19]

2. 삼한벽상공신三韓壁上功臣·삼한후대벽상공신三韓後代壁上功臣·배향공신配享功臣·전쟁에서 사망한 공신의 자손 등으로 비천한 기술로써 공·상·장·악工商匠樂에 떨어진 자, 그리고 무릇 공로와 은혜로 이미 양반에 속하고 부모도 흠집이 없는 자 등은 마땅히 추적하여 밝혀 관직에 나가는 것을 허락[許通]할 것이다. 그 공신전을 만일 자손이 있는데 다른 사람이 차지한 것은 연한을 따지지 않고 자손에게 돌려줄 것이며, 동종同宗 중 공신전을 만약 한 호가 모두 차지[合執]했다면 그 족정足丁과 반족정[半丁]을 구별하여 균등하게 나누어줄 것이며, 공신의 자손으로 남반南班에 속한 자는 동반東班으로 고쳐줄 것이다.[20]

사료 C-1은 정종 11년(1045) 고시[揭榜]의 일부로, 국가적 환란 이후 내외의 역역 담당자가 부족해지자, 그 부족분을 추역군, 품종, 5부방리의 각 호에서 차출했다. 무리한 차출로 인해 소요가 발생하자 국가 차원에서 대책을 마련했는데, 그 방안 중 하나가 개경의 5부방리에서 차출 대상을 정하는 것이었다. 여기서 영사·주사·기관, 유음품관의 자, 그리고 천구는 그 대상에서 제외되고 있다. 그 외 양반과 내외 백정의 자 중 15세 이상 50세 이하를 선출하여 보충했다. 이는 양반이 군역 대상으로서 주현군의 주요 구성원이었음을 시사한다. 서경 주현군의 군액에 양반이 포함된 것이 이를 명확히 보여준다.[21] 이들은 별무반 설치 시 여러 진과 부의 군인과 함께 4계절 훈련을 받기도 했다.[22]

사료 C-1에서 주목되는 점은 직역을 담당하지 않던 양반과 백정의 아들이 군역 대상에 포함되었다는 점이다. 국가는 모든 신민을 직역 대상으로 설정하려 했는데, 양반도 예외가 아니었다. 국가에 필요한 직역을 충당하기 위해 우선 관직이 없는 양반과 내외 백정의 아들을 군역 대상으로 선정했다. 이들은 15~50세의 나이로 독립된 호를 구성한 것으로 보이는데, 이는 직역을 담당하기 위해 호 구성이 필요했기 때문이다. 이러한 원칙이 양반에게도 적용된 것이다.

사료 C-2는 공훈이 있는 공신의 자손도 공인, 상인, 장인, 악인 등의 직역을 담당할 수 있었음을 보여준다. 특히 동종同宗 내 한 호가 모두 차지하는[합집合執] 공신전을 그 구성원들에게 균등하게 분배하도록 한 규정이 주목된다. 이는 양반 계층에 속하는 동종이 공신전의 분배 대상으로 설정되었음을 의미한다. 동종은 여러 호로 구성되며, 그 안에는 족정과 반정이 포함된다. 족정과 반정은 직역을 부담하는 호로 이해되며, 그중 공신전을 합집한 호는 동종 내에서 대표적인 호로서 공신의 자손들이 그 권리를 중심으로 연립했을 것이다. 따라서 동종 내에는 양반 관직뿐 아니라 다양한 직역을 부담하는 호들이 존재했다.

양반호는 관직자와 그들의 혈연 구성원으로 이루어졌으며, 그 범위는 동종同宗까지 확장되었다. 일부 구성원은 과거나 음서를 통해 관직을 획득하여 새로운 양반호를 형성하기도 했지만, 그렇지 못한 이들은 기존 호에 예속되거나 독립 호로 분리되어 국역을 전담해야 했다. 이는 제한된 관직 자원이 확대되는 혈연 집단을 수용하지 못하는, 즉 양반호의 인적 구성과 국가가 분급할 수 있는 전정田丁 규모 사이의 불일치라는 구조적 모순에서 비롯된 것이다. 결국 양반전 운영은 관직과 양반 수의 괴리에서 비롯된 내재적 모순을 안고 있었다.

2 ─ 양반호와 양반전

양반 관직을 획득한 양반호에게는 그들이 담당하는 직역에 따라 토지가 분급되었다. 이는 전시과제도의 토지 분급 원칙으로, 전시과제도의 정비 이후에도 그대로 적용되었다. 이 점은 다음의 사료를 통해 확인된다.

> D-1. (의종의) 아들 왕홍을 왕태자로 삼고, 사면령을 내렸다. 내외 문무 양반에게 산직을 더하고, 아울러 전시를 내렸다.[23]
>
> 2. 급전도감에서 의론하여 청하기를, "문무 양반이 전에 받은 전토는 비옥도가 고르지 못하오니 관직에 따라 고쳐 지급하소서[改給]"라고 했다. (그러나) 권세 있는 집안에서 이미 좋은 토지를 점유하고 있었기 때문에, 자기들에게 불편한 것을 싫어하여 그 의론을 막아버렸다.[24]

사료 D-1에 따르면, 의종은 재위 7년(1153)에 아들 왕홍을 왕태자로 삼고 사면령을 내리며 문무 양반에게 전시를 추가 지급했다. 이는 이 시기에도 전시과의 지급이 산직을 포함해 이루어지고 있었음을 보여준다. 여기서 문무 양반이 받은 전시는 관직에 따라 지급된 것이었다. 사료 D-2에서는 문무 양반의 전토가 고르게 분배되지 못한 것에 대한 시정책이 마련되었는데, 이는 관직에 따라 전토를 재조정하여 지급하는 방식이었다. 이를 통해 토지는 정직과 산직을 막론하고 관직에 따라 지급되었음을 알 수 있다.

고려는 입사직 이상 품외직의 산관을 관직의 범주에 포함시켰다. 이러한 산직제도는 동정직을 통해 운영되었다. 동정직은 정직의 한계를 극복하고자 마련된 것으로 전시과의 지급 대상이 되었다.[25] 그러므로 산관동정도 내외 현임 관리와 마찬가지로 관직에 따른 토지 분급의 원칙에 따라 토지가 지급되었다. 다음의 사례도 이와 관련이 있다.

E. 모든 주현州縣에서 시험에 합격하지 못한 지 30년, 혹은 40~50년 후에 제술과製述科 및 명경과明經科에 합격한 자에게는 17결의 토지를 지급하고, 100년 후에 합격한 자에게는 20결의 토지와 노비 각각 1명을 지급한다. 이달에 국제國制에 따라 판정이 내려졌는데, 제술, 명경, 명법明法, 명서明書, 산업算業 출신에게는 첫해에 지급되는 토지가 갑과인 경우 20결, 그 외에는 17결로 지급된다. 어떤 업종의 출신이든 간에 의리義理에 통달한 자에게는 다음 해에 토지가 지급되며, 그 외 수품手品이나 잡무 출신자에게는 4년 후에 토지를 지급한다. 단, 의醫, 복卜, 지리地理와 같은 업종에 대해서는 아직 정해진 규정이 없으므로 명법, 명서, 산업의 사례를 따라 토지를 지

급한다.[26]

위의 사료는《고려사》선거지 과목 중 문종 30년(1076) 12월 판의 내용이다. 문종 30년은 전시과가 경정된 해라는 점이 우선 시선을 끈다. 과거 합격자를 배출하지 못한 주현의 학문을 권장하기 위해, 주현에서 30년이나 45년, 그리고 100년 만에 과거에 합격한 자에게 토지와 노비를 지급했다. 또한 각종 과목에 합격한 자는 그것의 중요도에 따라 토지를 차등 지급했다. 이들에게 주어진 토지는 17결에서 20결에 이르렀는데, 문종 대 경정전시과에서 이러한 규모의 토지를 받는 직역은 17과와 18과에 해당하는 한인과 잡류, 그리고 여러 관서의 영사 등이었다. 여기서 과거 합격자는 해당 실직을 얻지 못했다고 할지라도 양반으로서 토지를 받고 있다. 과거를 통해 양반의 지위를 획득한 자에게 예비 관직자로서 산직을 매개로 토지가 지급되었던 것이다. 관직의 획득에 따른 토지의 분급을 다시 한번 확인할 수 있다.

양반에게 관직에 따라 지급된 토지는 사료상에서 '직전職田'이라 명명되고 있다. 직전은 일반적으로 공직과 공역에 종사하는 자에게 복무 대가로 지급되는 토지로 이해된다. 이에 따라, 직역에 따른 토지 지급을 담당하는 전시과는 대표적인 직전의 예로 볼 수 있다.[27] 반면에 일부 견해에 따르면 직전은 전시과 외에 관료 신분을 갖는 모든 사람에게 신분 보장 목적으로 분급된 토지였다.[28] 이는 문종 대 경정전시과에서 지급 대상으로 산직이 사라지고 현직으로만 한정되었다는 이해에 바탕을 두고 있다. 이러한 논리에서는 직전이 직책의 수행과 관계없이 지급된 양반공음전을 의미하게 된다. 그러나 조선시대 과전법은 직사와 산관을 포함하는 관직과 관계의 두 기준을 가졌으며, 이 기준이 관직으로 단일화되는 것은 직전법 단계에서 가능했다.[29] 이를 고려하면, 문종 대 경정전시과의 분급 기준이 현직이었다는 기존의 이해는 재검토가 필요하다.[30] 사료 D-1은 의종 7년(1153)에 문무 양반에 추가된 산직을 대상으로 전시가 지급된 사례를 보여주며, 이는 직전이 직역 수행에 대한 대가로 국가에 의해 분급되는 토지임을 시사한다.[31] 양반의 직전은 정직과 산직을 포함한 양반 관직에 따라 지급된 것이다.

양반의 직전은 '분급과 회수'가 가능한 토지였다. 직전과 관련된 양반전의 성격을 다음의 사료를 통해 구체적으로 살펴보자.

F-1. 관리가 감찰 업무 중에 스스로 훔치거나 재물을 받고 법을 어기는[枉法] 자는 도형徒刑과 장형杖刑을 논하지 말고 직전을 거두어 귀향시킨다.[32]

2. 인종 8년에 조하기를, "척준경이 궁궐을 범한 죄는 비록 무거우나 그 공도 역시 적지 않으니, 처자를 모두 함께 살도록 하고, 그 아들에게 직전을 돌려주어라"고 하였다.[33]

사료 F-1은 관리의 위법에 대한 죄과를 규정한 사료이다. 국가는 관직 수행 과정에서 위법이 드러난 관리의 직전을 거두고 있다. 관직의 박탈은 직전의 상실로 이어졌다. 그렇지만 관직이 회복되면 직전은 다시 회복되고 있는데, 이 점은 사료 F-2에서 보인다. 이자겸의 난 당시 척준경은 이자겸과 함께 모반을 도모하다가, 인종의 회유를 받고 이자겸을 물리치는 데 큰 공을 세웠다. 그런데 이자겸을 물리친 후, 조정에서는 척준경이 이자겸을 도와 모반을 일으킨 죄를 추궁했는데, 그중 가장 큰 죄는 궁궐을 불태운 것이었다. 이에 인종은 척준경을 귀향시켰는

데, 그 후 인종 8년(1130) 척준경 가족들이 모여 살도록 허락하였다. 이때 척준경의 자식에게 직전을 되돌려주었다.[34] 정치적 사건으로 박탈된 관직이 회복되면, 이전에 가지고 있던 직전도 환급되었다. 이렇게 직전은 관직의 유무에 따라 '분급과 회수'가 이루어졌다.

이러한 사실은 앞서 언급한 사료 C-2에서도 확인된다. 공신의 자손들이 '연립'에 실패하면 천한 일에 종사하기도 하였는데, 이는 이들이 정치적 사건에 휘말려 권력에서 도태되었기 때문으로 이해된다. 이들은 권력 있는 외인에게 공신전을 빼앗겼는데, 이는 불법이었다. 그러나 국가에 의해 양반의 지위를 회복하면, 이전에 가졌던 권리를 되찾을 수 있었다. 여기서 주목할 점은 공신전을 연립받을 수 있는 권리가 지속해서 유지된다는 것이다. 한 번 양반이 되면 정치적 부침이 있더라도 이전 권리를 회복할 수 있었다.

이 점은 《고려사》에 언급된 권수평과 복장한의 사례에서도 확인된다. 권수평은 대정으로서 가난하게 지냈지만, 누명을 쓰고 유배되어 수조권을 상실한 낭중 복장한의 토지에서 조를 대신 받았다. 복장한이 누명을 벗고 관직에 복귀하자, 권수평은 해당 토지의 수조권을 복장한에게 반환하였다.[35] 여기서 직역전의 '분급과 회수'의 구체적 실상을 볼 수 있는데, 이는 수조 권리에 대한 '분급과 회수'였다. 복장한은 죄를 지었을 당시 그의 직전에서 수조 권리를 회수당하였으나, 관직에 복귀한 후 수조 권리를 다시 회복하였다. 이처럼 양반전은 관직 유무에 따라 해당 토지에 대한 수조 권리가 '분급과 회수'되는 특성을 가지고 있었다.

[2]

군역의 차정과 군인전

1-군역의 대상, 군호

직역전의 또 다른 대표적인 지목은 군인전이다. 전시과에서 군인은 경종 대 시정전시과의 무반과 구분되며, 목종 대 개정전시과에서 나타나는 18과에 미치지 못하는 자[不及此限者]로, 17결을 받았다고 추정된다.[36] 군인은 상경시위, 출정과 방수 등 군사적 임무와 국가적 토목공사에 동원되는 요역 노동을 수행했다.[37] 이들의 임무는 군역이라는 형태로 이루어졌다. 국가는 군역을 직역 중 하나로 설정했으며,[38] 그 담당자인 군인을 차정하였다. 이처럼 군역은 고려 정부가 민民을 파악하는 방식과 밀접하게 연관되어 있었다. 따라서 군역의 성격과 역할을 이해하기 위해 군역 대상과 그 원칙을 살펴볼 필요가 있다. 우선, 군역의 대상은 군역 수행과 관련된 다음의 사료들을 통해 확인할 수 있다.

A. 서경의 동서 주와 진에 들어가 거주하는 군인에게는 본관의 잡
역을 면제한다. 만약 침탈하여 어지럽히는 자가 있으면, 그 담당 관
리[其色典記官]를 죄주었다.[39]

B. 전사한 군호軍戶는 잡역을 면제하고, 우대하여 보살펴야 한다.
주현의 관리가 병사를 파견하여 수비 임무를 수행할 때, 부유한 사
람을 면제하고 빈곤한 사람을 강제하는 부조리를 저지르지 않도록
한다. 각 지역의 관사官司는 이러한 부조리를 엄격히 금지하고 단속
해야 한다. 70세 이상의 사람에게는 수비 임무를 면제하며, 경인년
(1270) 이래로 수자리 역에 공이 있는 자는 존무사, 안무사, 체찰사
가 보고하여 임용하라.[40]

사료 A는 인종 22년(1144) 서경의 동서 주와 진에 들어가 거주하는
군인에게 본관의 잡역을 면제한다는 판문이다. 여기서 본관의 잡역을
수행한 주체가 누구인지 주목할 필요가 있다. 우선, 군인 개인이 그 주
체일 수 있다고 추정할 수 있다. 군인이 요역을 담당한 사례는 태조 때
부터 확인된다. 태조는 〈훈요십조〉에서 병졸들의 요역을 면제해 국가
안위를 도모할 것을 후대 왕들에게 권했다.[41] 또한 목종 대에는 6위 군
영을 설치하고, 그 군인의 잡역을 면제해주었다.[42] 이러한 사례들은 군
역 수행과 관련된 요역의 성격을 보여준다. 그러나 사료 A에서 언급된
본관에서의 잡역은 주와 진에 거주하며 군역을 수행한 군인이 담당한
요역과는 다른 성격을 지닌 것으로 보인다. 이는 잡역 수행처가 군인의
본관으로 지정되어 있었기 때문이다. 만약 군인이 본관의 잡역을 수행
했다면, 주와 진에서 군역을 수행하다가 잡역이 발생할 때마다 본관으
로 돌아가야 한다는 뜻이 되는데, 이는 실제로 상정하기 어렵다. 따라

서 본관에서의 잡역 수행자는 군역에 차정된 군인이 아닌 다른 인물일 가능성이 높다고 볼 수 있다. 이와 관련하여 사료 B를 참고할 수 있다.

사료 B는 공민왕 12년(1363) 전투에서 사망한 '군호'에 대한 구호책을 보여주고 있으며, 그 내용은 군호에 부과된 잡역의 면제에 관한 것이다. 여기서 주목할 점은 잡역의 수행자가 군인이 아니라는 사실이다. 군인이 사망한 후에도 군호에 부과된 잡역이 면제되었기 때문에, 본관의 잡역 수행자가 군인과 동일한 인물이라고 보기 어렵다. 그렇다면 본관에서 잡역을 수행하는 자는 누구이며, 군인과 잡역 수행자의 관계는 무엇인가. 그 해답의 실마리는 '군호'라는 개념에서 찾을 수 있다. 즉, 군인과 잡역 수행자는 군호를 구성하며, 이 군호를 단위로 하여 군역이 차정되고 잡역이 부과된다. 그렇다면 군호는 어떠한 원칙에 의해 편제되며, 그 구성요소는 무엇인가. 이를 이해하기 위해 군호의 편제 과정과 군역 차정의 원칙을 먼저 살펴보도록 한다.

> C. 나라의 제도에 민은 16세가 되면 정丁이 되어 비로소 국역에 복무하고, 60세가 되면 노老가 되어 역에서 면제된다. 주군은 해마다 구口수를 집계하여 호적을 작성하여[計口籍民] 호부에 바치는데, 무릇 군사 징발과 역의 부과[徵兵調役]는 호적에서 뽑아 정한다.[43]

사료 C는 《고려사》 식화지 호구조의 기사이다.[44] 여기서 국가는 16세 이상 60세 미만인 자를 '정'으로 삼아 호적을 바탕으로 국역에 복무케 하고 있다. 호적은 주군의 향리가 구수를 집계하여 작성한 후 안렴에게 올리고, 다시 안렴이 호부에 보고하는 과정을 거쳐 작성되었다. 이러한 과정을 국역 담당 호의 편제, 즉 편호[45]라 한다. 편호는 일정 수의 인정人丁과 토지를 매개하여 국가의 여러 역을 부과하기 위한 편제를 의미한다.[46] 다음의 사료는 이러한 사실을 구체적으로 보여주고 있다.

D. 선왕이 중앙과 지방의 전정田丁을 제정하여 각기 직역에 따라 고르게 나누어줌으로써 민생을 돕고 또 국용을 지탱했다.……마땅히 모든 도의 안렴사와 수령이 사실을 조사하여 주인에게 돌려주도록 하고, 주인이 없는 토지는 중앙과 지방의 군인과 한인에게 지급하여 입호충역立戸充役하도록 하라.[47]

위의 사료에 따르면 국가는 직역에 따라 전정[48]을 지급했는데, 이는 전시과제도 이래 견지된 토지 분급의 원칙이었다.[49] 주목되는 것은 군인의 차정 원칙인 '입호충역'이다. '입호충역'은 '호를 세워 역에 충당한다'로 이해할 수 있는데, 이는 군인이 호를 단위로 차정되고 있음을 의미하는 것이다.[50] 다시 말해 군역 부과의 필요조건은 '호'의 구성이었고, 이를 위해 국가는 일정한 단위로 '호'를 편제하였다.

이상을 통해 앞서 제기한 의문에 대한 일차적인 해답을 구해보자. 군인과 잡역 수행자는 해당 본관의 군호에 편제되어 군역을 수행하는 자들로 이해할 수 있다. 군호는 군역을 담당하는 군인과 잡역을 수행하는 자들로 구성되었다. 따라서 사료에서 언급된 군인과 잡역 수행자는 단순한 개인이 아니라 군호의 구성원으로서 군역과 잡역을 담당하는 자를 의미한다. 그렇다면 이들은 사료에서 어떻게 나타나는가. 다음 사료를 통해 이를 더 자세히 살펴보자.

E. 군인이 전쟁에 나아가 전사하면 본관두목本管頭目이 사실대로 보

고하고, 이를 확인하면[保結呈復] 예에 따라 상을 지급한다. 본 호 군
역은 옛 사례를 참작하여 1년 동안 구제하고, 병사자도 또한 반년
동안 구호하며, 연한이 지나면 그 군호의 다음 차례의 인정[其次人
丁]으로 군역에 보충한다.[51]

사료 E는 원 행중서성行中書省이 정동군사征東軍事에게 알린 내용 중
일부이다. 원의 일본 정벌 때 고려 군사의 동원이 여의찮은 상황에서,
군역 차정의 방식을 '옛 사례'에 따라 재차 확인하고 있다. 여기서 군역
의 차정 대상이 군호임을 다시 한번 확인할 수 있다. 전쟁에서 사망한
군인은 1년 동안, 그리고 병사자는 반년 동안 구제했다. 군역을 구제하
는 연한이 지난 후 해당 군호에서 다시 군역을 차정할 때, 본 호 내의
'다음 차례의 인정'을 군역에 보충하였다. 군호는 사망한 군인과 그다
음 차례의 인정 등으로 구성되었음을 알 수 있다. 이들이 군역을 차례
로 부담했다. 따라서 '다음 차례의 인정'의 실체를 파악하면, 군호의 구
성원을 구체적으로 알 수 있다.
　우선, '다음 차례의 인정'은 군인의 동거하는 자손 친족으로 생각할
수 있다.[52] 이들 이외에도 '다음 차례의 인정'이라 할 수 있는 존재를 사
료상에서 확인할 수 있다.

　F. 명하여 주진州鎭에 들어가 거주하는 군인에게는 예에 따라 본관
　　의 양호養戶 2인을 지급하게 하였다.[53]

사료 F에서 문종 27년(1073) 이전 주진에 들어가 거주하는 군인에게
양호 2인을 지급하였고, 이후에도 이것이 전례가 되어 관철되었다. 군

인은 해당 본관에서 군역에 차정된 자로 나타난다. 고려의 본관제는 단순히 본적지를 의미하는 것이 아니라, 지방 지배 질서를 유지하는 기능이 있었다. 이를 통해 국가는 민의 거주지는 물론 신분 등을 파악하고 역을 부과했다.[54] 여기서 군인은 해당 본관에 소속되었고, 이 지역의 군역 대상자로 '입호'되어 주진에 들어가 거주하며 '충역'하고 있다. 여기서 잡역 수행자와 관련하여 주목되는 것이 군인에게 전례에 따라 지급된 본관의 양호이다. 양호에 관한 구체적 사례는 다음의 기사에서 찾아진다.

G. 예종 3년(1108) 2월 제하기를, "근래 주현관州縣官이 단지 궁원전宮院田과 조가전朝家田만을 사람을 시켜 경작하게 하고, 군인전은 비록 비옥한 땅이라도 농사를 힘써 장려하지 않았다. 또한 양호養戶가 곡식을 운반하게 하지도 않는다. 이에 따라 군인은 춥고 배가 고파서 도망가버린다. 지금부터 먼저 군인전에 각각 전호佃戶를 정하여 농사를 장려하는 일과 양식을 운반하는 일을 해당 관사가 상세히 보고하고 결재를 받도록 하라"고 하였다.[55]

H. 예종 3년(1108) 2월 제하기를 "여러 주현의 공전과 사전이 하천에 떠내려가거나 수목이 빽빽이 자라서 농사지을 수 없는데도, 만일 전호 및 족류族類나 인보隣保들로부터 세량을 거둬 침해해 폐단을 일으키는 관리가 있으면 중앙과 지방의 관료[所司]가 살펴서 금지하라"고 하였다.[56]

사료 G에서 군인전은 주현관의 관리하에 경작되고 있다. 주현관은 군인전의 경작과 군역자에게 양식을 운반하는 일, 그리고 경작자를 정하는 일 등 전반을 주관하고 있다. 여기서 군인전의 경작을 담당하는 것은 군인전의 곡식을 운반하는 양호와 그 군인전에 다시 정해진 전호이다. 양호는 군역을 담당하는 직역자에게 보조적으로 부과된 봉족奉足이거나 보인保人으로 이해된다. 이들의 역할이 주로 식량을 군역자에게 수송하는 것으로 나타나지만, 경작에도 참여했을 것으로 여겨진다.[57] 사료 F를 보면 군인에게 양호 2인이 주어졌으므로, 양호를 군호의 구성원으로 파악하는 데 주저할 이유는 없다.

문제는 전호佃戶의 존재이다. 위의 사료에서 전호는 군인전에 정해진 또 다른 경작인이다. 군인전이 제대로 경작되지 않자, 다시 전호를 정하여 경작하도록 하고 있다. 전호와 관련된 사료 H를 통해, 이들도 군호의 구성원이었는지를 살펴보자. 이는 전호의 성격과 관련된 문제이다. 일반적으로 전호를 소작인으로 이해하는데,[58] 이 경우 전호를 군호의 구성원으로 볼 수 없다. 왜냐하면 군인전이 소작제 형태로 운영되었다고 할 수 없기 때문이다.[59] 그런데, 전호를 소작인으로 볼 수 없다는 견해가 제출되었다. 즉, 전호는 해당 토지를 경작하는 국가의 공민이라는 것이다.[60] 이 경우 전호는 국역 편제의 대상으로 군호의 구성원으로 파악될 수 있다.

사료 H에서 보이는 것과 같이 족류나 인보도 또한 그 편제하에 있었을 것이다. 문종 23년 판문에 의하면, 군인으로 나이가 노老가 되고 몸에 병이 있는 자는 자손이나 친족으로 이를 대신하게 하고 있다.[61] 여기서 군역을 연립하는 자손이나 친족은 족류와 인보를 의미하는 것으로 보인다.[62] 결국 군인을 비롯한 양호나 전호, 그리고 족류나 인보 같은 자들이 군호를 형성하였고, 이들이 군역과 잡역을 수행했다.[63] 따라서 군역에 차정된 군인은 군역자 개인을 의미하는 것이기도 하지만,

군호 전체를 의미하기도 했다. 앞의 사료 A와 B에서 군인에게 본관의 잡역을 면제한다거나, 군역의 수행 주체가 군호로 나타나는 사례, 그리고 현종 2년(1011) 사료에서 강감찬이 자신의 전 12결을 군호에게 지급하는 사례[64] 등은 이러한 사실을 추가로 확인해준다. 다음의 사료는 군호에서 군역이 어떻게 연립되었는지에 관한 실마리를 제공한다.

> I. 국가에서 전 17결로써 1족정을 삼아 군 1정에게 지급하는 것은 옛날 제도의 유제[田賦之遺法]이다. 무릇 군호는 본디 연립하는 것인데[軍戶素所連立], 다른 사람에게 탈점된 것은 고발[陳告]을 허락하여 되돌려준다.[65]

사료 I는 《고려사》 병지 공민왕 5년(1356) 내용이다. 국가는 군정의 토지가 탈점되어 군호를 세울 수 없게 되자, 탈점된 토지를 환급하는 조처를 시행하고 있다. 여기서 군역의 연립과 관련된 전대의 제도, 즉 '옛날 제도의 유법[田賦之遺法]'을 알 수 있는데, 그것에 따르면 군호는 원래 연립하는 것으로 군역을 수행하는 대가로 군인전을 받았다. 이는 사료 D에서 보이는 직역 차정의 원칙에 의한 것이다. 군역을 담당하는 호를 세우기 위해서는 토지가 필요했는데, 아래의 사료는 군호와 토지 사이의 관계를 보여주는 사례이다.

> J. 제위 군인 중에 가家가 빈곤하고, 명전名田이 부족한 자가 자못 많았다. 지금 변경의 사변[征守]이 그치지 않아 구제하지 않을 수 없으니, 호부가 공전을 나누어 더해 지급하게 하라.[66]
> K. 현종 2년(1011)에 국자좨주에 옮겨 제수되었다가 한림학사승지

좌산기상시에 다시 옮겼고, 중추사로 승진하여 사직단을 수리하기를 청했다. 예관이 의례를 의논해 정하게 하였으며, 이부상서가 되었다. 강감찬의 전 12결이 개령현에 있었는데, 왕에게 아뢰어 군호에 주게 하였다.[67]

사료 J에서 정종 2년(1036) 국가는 빈곤한 제위 군인을 구제하는 정책을 시행하고 있다. 제위 군인은 명전名田을 소유하고 있었는데, 이것이 부족하여 빈곤하게 되자 빈번한 변경의 수자리를 감당할 수 없게 되었다. 여기서 군인의 명전은 군역을 수행하기 위한 경제적 기반, 즉 군인전이었다. 그 군인전이 부족하게 되자, 국가는 호부가 공전을 더해 지급하게 하였다. 사료 K에서 강감찬은 대거란 정책을 주도하면서, 그의 관직을 높여갔다. 이때, 강감찬에게는 개령현에 전 12결이 있었는데, 이 토지를 현종에게 아뢰어 군호에게 지급하였다. 이때 전 12결을 받은 대상은 군인이 아닌 군호였다. 물론 국가에 의한 토지의 지급을 보여주는 사료는 아니지만, 강감찬이 현종에게 그 지급을 허락받는 것을 볼 때, 국가에 의한 토지의 분급과 그 원리 면에서 크게 다르지 않았다고 할 수 있다.

2 - 군호와 군인전

군호에게 분급된 군인전은 어느 정도 규모인가. 다시 말해 고려시대 전체 토지 결수 중 군인전이 차지하는 비중은 어느 정도인가. 이는 군인전의 실체에 접근하는 핵심적인 문제이다. 이를 바탕으로 군인전의 실제 분급 대상인 군호의 편제 양상을 구체적으로 살펴볼 수 있을 것으로 기대된다.

군인전의 규모를 가늠할 간접적인 정보는 우선 전시과에서 찾을 수 있다. 문종 대 개정전시과의 지급 규정에 의하면, 일반 군인으로 보이는 마군, 역보군, 감문군 등에게는 전지 25결에서 20결, 평균 약 22결이 지급된다.[68] 이들에게 지급되는 결수에 총 군인의 수를 곱하면, 대략적인 군인전의 규모를 산정할 수 있다. 문제는 고려시대 군인의 수를 정확히 보여주는 사료 역시 찾을 수 없다는 점이다. 따라서 군액의 규모는 단편적으로 나타나는 기사를 통해 추론할 수밖에 없다.

고려시대 총 군액과 관련하여 《고려사》 병지의 2군6위 편제는 대단히 중요하다. 군액과 관련된 구체적인 사료를 찾을 수 없는 실정에서, 2군6위의 편제는 고려시대 군인의 수를 추정하는 근거가 되기 때문이다. 그 구성을 표로 나타내면 다음과 같다.

[표 1] 2군6위의 편제

군명	2군		6위						합계
	응양군	용호군	좌우위	신호위	흥위위	금오위	천우위	감문위	
편제	1령	2령	보승 10령 정용 3령	보승 10령 정용 3령	보승 7령 정용 5령	정용 6령 역령 1령	상령 1령 해령 1령	1령	45령

2군은 응양군과 용호군으로 구성되었는데, 총 3령이다. 6위는 좌우위, 신호위, 흥위위, 금오위, 천우위, 감문위로 구성되어 총 42령의 군액을 이루고 있다. 1령의 군액을 알 수 있는 사료는 다음의 두 가지이다. 첫째, 태조 대 《고려사》 병지 기사로, 여기서 1령은 1,000명으로 나타난다.[69] 태조 대 1령이 1,000명이라는 점은 후삼국 통일전쟁 수행 시 중군에 편제된 우천군·천무군·간천군 등의 수를 통해서 확인된다. 태

조는 견훤의 항복을 계기로 일리천에서 후백제의 신검과 일전을 앞두
게 되었는데, 이때 군을 3군으로 편제하였다. 3군 중 중군 소속 군대인
우천군·천무군·간천군 등이 각각 1,000명의 군인으로 편제되었다.[70]
이렇듯 태조 대 1령의 군 수는 실제 전쟁 시의 군대 편제로, 고려 군대
편제의 기본 액수가 되었다.[71] 1령의 군액을 알 수 있는 두 번째 관련
사료는 정종 11년(1045)의 다음 기사에서 찾아진다.

> L. 국가의 제도에 근장近仗과 여러 위[諸衛]의 영領마다 호군 1, 중랑
> 장 2, 낭장 5, 별장 5, 산원 5, 오위 20, 대정 40, 정군방정인 1,000,
> 망군정인 600 등을 설치하여, 무릇 호가와 내외의 역역을 담당하게
> 하였다.[72]

위의 사료는 고려의 군제가 근장과 여러 위로 구성되었음을 우선으
로 보여준다. 2군6위와의 관련성에서 살펴보면, 근장은 응양군·용호군
등 2군을, 제위는 6위를 의미한다. 2군 소속 응양군과 용호군은 근장으
로 지칭되며, 특히 응양군의 최고지휘관인 상장군은 반주라 불렀다.[73]
반주는 무반의 장으로 이해할 수 있다.[74] 2군은 6위보다 상위의 군사
적 위치를 차지하며,[75] 친위군·시위군의 성격을 가졌다. 군액과 관련하
여 매 령의 구성과 그 소속 군인의 수가 명시되어 있는데, 대정에서 호
군까지의 장수를 제외한 군인은 정군방정인 1,000명과 망군정인 600명
을 포함해 1,600명이 나타난다. 망군정인은 예비군적 성격으로 이해되
며,[76] 정군방정인은 실제 군인으로 이해되는데 1,000명이 편제되었다.
이를 통해 태조 대 1령, 즉 1,000명이 고려시대 군액의 기본 편제였음을
다시 확인할 수 있다. 따라서 고려시대 군액은 2군6위 편제를 따를 경

우, 2군의 3령[3,000명]과 6위의 42령[4만 2,000명]으로 총 4만 5,000명이 된다.

2군6위의 총 군액을 바탕으로 군인전의 총 결수를 계산할 수 있다. 전시과 규정에 따라 마군, 역보군, 감문군 등 일반 군인에게 평균 22결을 지급했다고 가정하면, 2군6위의 총 4만 5,000명에게 99만 결[22결×45,000]의 토지가 군인전이다. 또한 앞의 사료 I에서 군인에게 지급된 토지의 결수를 기반으로 계산하면, 군인전의 규모는 76만 5,000결[17결×4만 5,000명]로 추산된다. 이렇게 추정된 군인전의 규모는 대략 76만 결에서 100만 결 사이이다. 하지만 고려시대 전체 토지의 총 결수가 대략 80만~100만 결 정도로 추정되는 상황에서,[77] 군인전이 고려시대 전체 토지의 대부분을 차지한다고 보는 것은 합리적이지 않다. 그렇다면 군인전의 총 규모에 대한 추정 방법을 다시 고려해야 한다.

사료 I는 군인전 총 결수를 추정하는 데 중요한 정보를 제공한다. 이 사료에 따르면, 군정 1명에게 전 17결이 지급되었고, 이를 '1족정'이라 불렀다. 1족정이 군역을 부담한 것은 군역 차정과 관련된 '옛날 제도의 유법'과 연결된다. 하지만 전 17결을 모든 군인에게 동일하게 지급했다고 보기 어려운데, 이는 2군6위 내에서 직위에 따른 차등이 존재했기 때문이다. 특히, 2군은 방수나 노역에 주로 동원된 6위보다 상위 계급이었다.[78] 따라서 군인전 역시 각 군인의 실제 직위에 따라 차등 지급되었을 가능성이 크다. 다음 사료를 살펴보자.

M. 그 공신전을 만일 자손이 있는데 다른 사람이 차지한 것은 연한을 따지지 않고 자손에게 돌려줄 것이며, 동종同宗 중 공신전을 만약 한 호가 모두 차지[合執]했다면 그 족정足丁과 반족정[半丁]을 구

별하여 균등하게 나누어줄 것이며, 공신의 자손으로 남반南班에 속
한 자는 동반東班으로 고쳐줄 것이다.[79]

사료 M은 충렬왕 24년에 즉위한 충선왕의 교서로, 공신전을 빼앗
긴 한미한 자손들에게 다시 그 토지를 돌려주는 내용이다. 이 과정에
서 동종 내 한 호가 모든 토지를 차지했을 경우, 족정과 반정에게 토지
를 고루 분배하도록 지시했다. 이때 공신의 자손들이 족정과 반정으로
나뉘어 있음이 주목된다. 즉, 동일한 공신의 자손이라도 족정이나 반정
단위로 토지를 상속받은 것이다. 족정과 반정으로 구분되는 기준은 명
확하지 않지만, 동종 내에서 사회경제적 차이를 고려한 것으로 추정된
다. 이러한 사례는 기인역其人役을 통해서도 확인할 수 있다.

N. 무릇 기인其人은, 1,000정 이상의 주州면 족정으로서 나이 40세
이하 30세 이상인 사람을 선발하여 올려보내도록[選上] 허락하고,
(1,000정) 이하의 주는 반정·족정을 논하지 말고 병정·창정 이하
부병정·부창정 이상의 부강하고 정직한 사람을 뽑아 올려보내도록
하라. 족정은 15년을 기한으로, 반정은 10년을 기한으로 역을 서
며, 반정은 7년, 족정은 10년에 이르면 동정직을 허락하고, 역의 기
한이 끝나면 관직을 더해주도록 하라.[80]

사료 N은 기인역의 차정이 여러 주에 파악된 정丁의 다과에 따라 이
루어졌음을 보인다. 1,000정 이상의 주는 족정으로, 1,000정 이하의 주
는 족정과 반족정을 구분하지 않고 기인역에 차정되었다. 여기서 족정
과 반정의 복역 연한이 구체적으로 제시되고, 그 기한이 끝나면 관직이

더해지고 있다. 기인역 담당자는 경제력을 바탕으로 '입역'했는데, 그 경제력을 나타내는 것이 족정과 반정이었다. 경제력에 따라 기인역의 직위나 위상의 차이가 있음을 알 수 있다. 이는 기인과 군인이 신분적·경제적 유사성을 갖는다는 점에서,[81] 해당 직위에 따른 군인전의 차등 지급을 이해하는 데 도움이 된다고 생각된다.

군인전의 차등 지급은 해당 군인의 사회경제적 위상에 따라 이루어진 것으로 볼 수 있다. 군인은 전업 군인과 일반 군인으로 구분되었으며,[82] 이 중 전업 군인은 특수군인층으로 파악된다.[83] 이들은 목종 대 개정전시과에서 '18과에 미치지 못한 자[不及此限者]'로 언급된다. 이들 '18과에 미치지 못한 자'는 17결을 받았는데, 이것이 고려 전 시기에 적용되어 사료 I에서 '옛날 제도의 유법'으로 나타난다. 이를 통해 2군은 전업 군인층으로서 전 17결을 군역의 대가로 받은 상위 군대였음을 알 수 있다.

반면, 6위의 일반 군인은 국가의 수취 대상 공민으로서, 조·용·조 삼세 중 용역의 의무로 군역에 차정되어 입역한 것으로 보인다. 이들은 일정 단위로 편제되어 군호를 형성해 차례로 군역을 담당[番上入役]했으며, 반정 단위로 편성된 것으로 추정된다. 이는 경기의 토지 중 양반조업전을 제외한 토지가 대부분 반정이었고,[84] 국가가 이를 바탕으로 녹과전을 설치했다[85]는 사실에서 유추된다. 따라서 6위는 반정을 단위로 전 17결의 절반인 약 8결을 받는 일반 군인으로 이해할 수 있다.[86]

이제 지금까지의 이해를 바탕으로 군인전의 총 규모를 추산해보자. 2군의 3령 3,000명은 3,000족정이며, 6위의 42령 4만 2,000명은 4만 2,000반정이 된다. 그러므로 2군6위 총군액은 3,000족정, 4만 2,000반정으로, 이들에게 지급된 군인전의 총 결수는 38만 7,000결[3,000×17

결+4만 2,000×8결], 약 40만 결 정도이다. 이 수치는 고려시대 총 결수 추정치 80만 결의 절반에 가까운 것이다. 이는 군인전 이외의 토지를 고려하면,[87] 또한 군역이 가장 많은 직역 즉 정역으로 인식되었음을 고려하면,[88] 합리적인 수치라 할 수 있다.

2군6위의 군역 구조는 2군의 3,000족정[6,000반정]과 6위의 4만 2,000반정이 합쳐져 총 4만 5,000군호을 구성하고, 이를 통해 군역을 담당하는 체제로 이해할 수 있다. 이러한 추정이 합리적인지 다음 자료를 통해 확인해보자.

[표 2] 5도·경기의 군액 편제

도	교주도	양광도	경상도	전라도	서해도	경기	합계(퍼센트)
군액	3,884(8)	12,236(25)	13,140(27)	11,064(24)	5,804(12)	2,009(4)	48,137(100)

[표 2]는 양계를 제외한 5도, 경기의 군액이다.[89] 이 군액은 각 도에 편제된 정용군·보승군·일품군 등의 합이다.[90] 양광도, 경상도, 그리고 전라도 등의 군액이 각각 25퍼센트, 27퍼센트, 24퍼센트로 다수를 차지했다. 하삼도의 인정이 다른 도에 비해 상대적으로 많았다는 점을 염두에 두면, 5도, 경기의 군역 차정은 인정의 비율에 따라 이루어졌음을 알 수 있다. 이는 사심관원이나 여러 주·부·군·현의 호장 등 향리직, 여러 주의 기인, 역역의 차정과 같은 원리였다.[91] 해당 지역의 중요도나 정의 수에 따라 직역자가 정해지는데, 군역의 차정도 각 도의 인정 비율에 따라 이루어졌다.[92]

2군6위의 4만 8,000군호와 5도·경기의 4만 8,137군액의 유사성은 주목할 만하다. 이는 2군6위와 5도·경기 군액 간의 관련성을 탐구하는 데 중요한 단서를 제공한다. 기존 연구는 2군6위와 5도·경기에 배치된 정용군과 보승군이 같은지에 대해 이견이 있다.[93] 여기서 이에 대한 구체적 논증을 할 여유는 없지만, 아무래도 정용·보승군 동일론이 사실에 가까운 것이 아닌가 한다.[94] 그것은 《고려사》 병지 주현군조 서문에 주현에 산재한 군대는 대부분 6위에 속했으며, 6위 외에 별도의 주현군은 없었다고[95] 언급된 것을 통해 알 수 있다. 이는 군호를 형성하는 4만 8,000반정과 5도·경기의 군액 간의 관련성을 시사한다. 5도·경기의 4만 8,137군액은 군호를 의미하는데, 이 중 약 6,000군호가 전업 군인층인 2군의 군역을 담당하고 나머지 군호가 일반 군인인 6위의 군역을 맡았을 것이라는 추론이 가능하다. 결국 2군6위의 편제는 실제 전쟁 시 군 편제를 반영하는 것이며, 경기·5도의 군액은 각 도에 배정된 군인의 수, 즉 군호의 수를 나타내는 것으로 이해할 수 있다.

이 장에서 고려 전시과 체제에서 국가가 관료와 군인의 직역 수행의 대가로 분급한 두 대표적 직역전職役田, 곧 양반전과 군인전의 존재 양상과 그 구조적 특징을 분석하였다. 양반전은 양반과전, 양반구분전, 양반공음전으로 구성되며, 과거와 음서를 통해 관직에 진출한 문무 양반과 그 혈연 구성원으로 이루어진 양반호에 대해 직전職田의 형태로 분급되었다. 이 직전은 관직의 유무에 따라 수조권이 부여되거나 회수되는 체계 속에 있으며, 관직을 상실하면 직전이 회수되고 복직 시 다시 환급되는 방식으로 운영되었다. 또한 음서를 통해 양반호 내부에서 관직자가 연속으로 배출되어 양반전의 세습과 관리가 가능해졌으나, 모든 호구가 관직을 획득할 수는 없었기 때문에 관직자와 비관직자 간의 분화가 발생했다. 여기에 양반호의 확대와 제한된 전정田丁의 수량

간의 불균형이 누적되면서, 전시과제도의 구조적 모순이 점차 표면화
되었다.

군인전은 '입호충역立戶充役' 원칙에 따라 군역을 담당하는 군호를
단위로 분급되었다. 군호는 군인 본인을 중심으로 양호養戶, 전호佃戶,
족류, 인보 등 다양한 구성원이 포함된 단위로, 군역과 잡역을 공동으
로 수행하였다. 고려의 군제는 2군6위 45령으로 구성되었으며, 이 가
운데 전업 군인에게는 전 17결[족정], 일반 군인에게는 약 8결[반족정]이
차등 지급되었다. 이 편제를 기준으로 군인전의 총 규모를 추정하면 약
40만 결 정도이다. 그러나 군호 내부에서의 실제 경작 주체와 군역·요
역 부담이 불균형하게 분포하고, 일부 토지의 탈점奪占 및 비옥도 차이
로 인한 분급의 차이로 군인전 역시 제도적 긴장을 안고 있었다.

전시과는 토지를 매개로 신분 질서, 직역 수행, 국가의 수취 체계를
유기적으로 결합한 제도였으나, 양반전과 군인전에 내재한 불균형은
전시과 체제의 한계를 드러내며 제도 개편의 필요성을 암시하였다. 이
러한 제도의 내적 동학을 구체적으로 이해하기 위해서는, 실제 전시과
토지의 운용 방식이 어떠했는지를 살펴볼 필요가 있다. 다음 장에서는
전시과 체제하의 대표적인 토지 지목이 어떻게 배분·관리되었는지를
중심으로 그 실상을 고찰한다.

6.
운용
: '입호충역'과 직역전

[1]

전정과 '입호충역'

고려는 양반 관료, 군인 등에 그들의 관직이나 국역에 따른 과별로 전시를 지급했다.[1] 토지와 인구 등 재원이 한정적인 상황에서, 고려 정부가 관직이나 국역, 즉 직역을 토지와 연계시킴으로써 사회경제적 불균형을 시정하려는 노력의 일환이었다. 다음 사료를 살펴보자.

A. 충렬왕 24년(1298) 정월에 충선왕이 즉위하여 교를 내리기를 "① 선왕이 중앙과 지방의 전정田丁을 제정하여 각기 직역에 따라 고르게 나누어줌으로써 민생을 돕고 또 국용을 지탱했는데, ② 요사이 교활한 무리가 오래된 진전[遠陳]이라 하면서 산천으로써 표지로 삼고 사패賜牌를 함부로 받아[冒受] 자기의 것으로 하며[爲己之有] 세금[公租]를 내지 않으니, 황무지가 비록 개간되더라도 나라의 세금은 해마다 줄어든다. 또한 더 심각한 것은 방고房庫·종실宗室의

토지에 의탁해 그 조세에서 3분의 1은 공납하고 3분의 2는 자기가 가지거나 혹은 전혀 내지 않는 자가 있으니, 폐단이 막대하다. ③ 마땅히 모든 도의 안렴사와 수령이 사실을 조사하여 주인에게 돌려주게 하고[還土], 주인이 없는 토지[無土]는 중앙과 지방의 군인과 한인에게 지급하여 입호충역立戶充役 하도록 하라.”[2]

사료 A는 1298년에 충선왕이 즉위하면서 내린 교서이다. 고려가 건국된 지 380년, 그리고 전시과가 마지막으로 경정된 지 222년 지난 후 고려의 상황이 묘사되어 있다. 고려 건국에서 문종 대 경정전시과 이후 축적된 모순이 충선왕의 육성으로 매우 사실적으로 서술되었다. 교서의 내용은 크게 세 부분으로 나눌 수 있는데, ①은 ‘선왕’의 토지 분급의 원칙을 보인다. 선왕의 제도는《고려사》식화지 전제 서문에서 보이는 전시과제도를 의미한다. 문무백관에서 부병·한인에 이르는 직역자에게 전시를 분급하는 원칙이 사료 A에서 재확인되고 있다. ②는 한전이나 황무지에 내린 사패의 폐해가 지적되고 있다. 고려 후기에는 한전과 황무지 등 현실적으로 주인이 없이 방치된 토지를 개간할 목적으로 공훈이 있는 신하나 종친 및 관료층에 다수의 사패를 내려주었다. 사패를 받아 개간했으면서도 편법으로 조세를 내지 않는 폐해가 발생하고 있다. ③은 ②의 폐단을 시정하는 방안을 소개하고 있다. 진전으로 된 지 오래되지 않아 주인이 분명한 토지를 본래의 주인에게 돌려주고[還土], 주인이 정해지지 않는 토지는 군인과 한인 등 직역자에게 지급하여 ‘입호충역’ 하고 있다. 토지와 직역의 결합이 이루어지며, 호를 세우고 직역에 충당하고 있다.

사료 A는 전시과제도에서 토지 운영 원칙이 마련되고, 그 제도의 모순이 드러나며, 그리고 그 모순이 해결되는 과정을 시계열적으로 설명하고 있다. 정리하면, 전시과제도는 먼저 토지에 주인을 설정하여 전정田丁을 확정하고, 이를 바탕으로 호를 세워[입호] 직역을 부과[충역]하는 방식으로 운용되었다.

이제 전시과제도의 운영 원칙인 입호충역에 대해 구체적으로 살펴보자. 이는 아이러니하게도 ②에서처럼 토지제도가 모순을 드러내고, 이를 해소하고자 하는 '환주還主' 사례를 통해 확인할 수 있다.《고려사》에서 '탈점奪占'과 '환본주' 사례는 인종 5년(1127) 이후 빈번하게 나타난다. 인종 5년은 이자겸의 난이 진압된 시기로, 이 사건 이후 고려는 정치, 경제, 사회 등 모든 부문에서 극심한 변동을 겪는 것으로 알려져 있다.[3] 그중 토지 지배와 관련해서는 탈점 행위가 문제시되고 있었는데, 국가는 이에 대한 시정조치를 취하고 있다. 본주本主라는 용어가 포함된 다음의 기사는 이러한 상황에서 나온 것이다.

B. 인종 5년(1127) 유사有司에게 명하여 이자겸 가문[諸李]이 탈점한 토지와 장획臧獲을 찾아내[推刷] 모두 본래의 주인에게 돌려주었다[還本主].[4]

C. 명종 18년(1188) 3월 제를 내렸다. "각 지역의 부강한 양반이 빈약한 백성이 빌린 것을 갚지 않았다고 하여, 예로부터 전해 내려온 (백성의) 정전[古來丁田]을 강제로 탈점하니, 이에 따라 (백성은) 생업을 잃고 더욱 가난해진다. 부호가 겸병하여 침탈하지 못하게 하고, 그 정전은 본래의 주인[本主]에게 다시 돌려주도록 하라."[5]

사료 B와 C에서 '본래의 주인[本主]'은 예종과 인종 대에 권세를 누렸던 이자겸 가문과 이른바 '부강한 양반' 계층, 즉 권세가에 의해 토지와 장획, 그리고 정전을 강제로 빼앗긴 존재로 나타난다. 국가는 이러한 권세가의 점유 행위를 '탈점奪占'으로 규정하고, 토지를 본래의 소유자에게 돌려주는[還本主] 조처를 취하고 있다. 이는 본주가 권세가에 의해 탈점되기 이전부터 해당 토지와 장획을 정당하게 소유하고 있었음을 보여준다. 또한 본주의 토지는 '예로부터 내려온 정전[古來丁田]'으로 간주되어 사적인 매매나 양도의 대상이 아님을 암시한다. 따라서 여기서 의미하는 '주인'은 직역 수행의 대가로 지급된 토지를 소유한 자로, 해당 직역에서 배제되면 토지가 회수될 수 있는 소유자, 즉 봉록적 소유의 성격을 지닌 소유의 주체로 이해할 수 있다.[6]

토지의 탈점에 관한 기사는 사료 B와 C보다 시기상 앞선 문종 대에서도 찾아진다. 문종 10년(1056), 모든 도의 목민관과 향리가 권력가[權豪]와 결탁하여 어魚·염鹽·재梓·칠漆 등의 이익과 재산을 침탈하였다. 문종은 이를 바로잡기 위해 모든 도에 사신을 파견하고자 하였다. 이에 대해 관련 기관[所司]에서는 사신을 맞이하는 백성과 이속의 피해를 이유로 반대하고 있다. 그러나 문종은 이를 물리치고 사신들을 각 도에 파견하였다.[7] 여기서도 정치권력을 이용하여 개인적인 불법 행위가 자행되었다는 의미로 '탈奪'을 규정하였다. 24년 후인 문종 34년(1080), 전쟁에서 적에게 사로잡혔다가 도망쳐온 사람의 직전을 어떻게 할 것인가를 논의했다. 그 결과 직전을 빼앗지 않고 그대로 지급하기로 했다. 여기서는 직전을 빼앗는 것을 '탈奪'로 표현하고 인식하고 있는데,[8] 그 의미는 범죄자에 대한 국가의 조치라고 이해할 수 있다. 실제 직전을 '탈'하는 주체가 국가이다. 국가가 '탈'의 주체가 되는 사례는 숙종 7년(1102)에도 보인다. 그 대상은 남경을 새로 짓는 데 소요되는 민전이다.[9] 국가가 공적인 필요에 의해 직전과 민전을 차지했음에도, 그 행위를 '탈奪'로 인식했다.

국가가 '탈'의 주체인 사례가 확인되기도 했지만, 사료 B와 C 이후 사료에서 빈번히 나타나는 것은 권력자에 의한 탈점이었다. 무신 집권기인 명종 26년(1196) 정권을 잡은 최충헌이 왕에게 올린 글에도 탈점 기사가 나타난다.

> D. 최충헌·최충수 형제가 왕에게 간하는 글을 올렸다[封事]. "선왕의 제도에 의하면 토지는 공전을 제외하고 신민에게 차등있게 내려주었는데, 탐욕스러운 관료[在位者]가 공전과 사전을 빼앗아 겸병하니, 한 집이 가진 기름진 옥토가 몇 고을에 걸치게 되었습니다. 그 결과 나라의 부세 수입이 줄어들고, 군사들이 궁핍하게 되었습니다. 바라건대 폐하께서는 해당 기관에 명령하여 공문을 살펴 강탈당한 것을 전부 본래의 주인에게 돌려[還本]주십시오. 조세와 부역[租賦]은 모두 백성에게서 나오는데, 백성이 빈궁하면 어디에서 채우겠습니까."[10]

사료 D는 최충헌이 집권한 후 올린 봉사조 중의 일부이다. 권세가들이 탈점한 비옥한 토지가 주에 차고 군에 넘쳤고, 이에 따라 나라의 부세가 줄어들고 군사가 궁핍하게 되었다. 최충헌은 탈점에 의해 국고의 수입 감소와 군역 차질의 문제가 일어났다고 진단했다. 여기서 탈점의 대상은 공전과 사전의 '본래의 주인'이었다. 하지만 '환본'을 요구했던 최충헌도 그의 권력을 이용해 이들 '공사전민公私田民'을 탈점했다.[11]

권세가[개인]의 토지 점거를 '탈점'으로 규정하고, 그 토지를 '본래의 주인'에게 돌려주는 조치는 다수 발견된다. 원종 대 제왕諸王과 총신寵臣들이 경기 지역의 기름진 땅을 점거하였는데, 도병마사는 이를 '광점廣占'으로 규정하고 관료의 녹과전으로 나누어줄 것을 건의하였다. 그런데 원종은 이러한 건의를 즉각 받아들이지 않았다가, 허공 등의 거듭된 요청이 있은 다음에서야 마지못해 받아들였다.[12]

이러한 사례는 원 간섭기 이후 충선왕 즉위교서,[13] 충목왕 원년 정리도감整理都監의 장계狀啓,[14] 그리고 공민왕 대 신돈이 집권한 후의 시책[15] 등에서도 찾아진다. 국가 권력기관도 예외가 아니었는데, 충렬왕 대 가림현의 촌락들이 원성전과 정화원의 장군방, 코리치[忽赤], 순군巡軍 등에 나뉘어 속하게 되었는데, 응방鷹坊 미랄리[迷剌里]가 또 빼앗아 자신의 소유로 삼았다.[16] 충혜왕은 다른 사람의 전민을 빼앗아 보흥고에 속하게 했다.[17] 국왕의 토지 점거마저도 탈점으로 규정하고 있다. 이러한 탈점의 현황과 폐해에 대해서는 고려 말 토지개혁론자들의 상소문에서 생생히 확인할 수 있다.[18]

탈점은 권력가, 권력기관, 왕실, 그리고 왕이 그들의 권력을 남용해 '본래의 주인'의 토지나 장획 등을 빼앗는 행위였다.[19] 국가는 탈점 행위를 문제시하면서 '본래의 주인'에게 돌려주려는 의지를 분명하게 드러냈다. 권력을 이용하여 강탈하는 이외에도 합법적인 방법을 가장하는 예도 있었다. 사료 A의 ②에서처럼 사패를 통해 탈점하는 경우이다. '본주'가 분명한데 사패를 받아 토지를 점거하는 사례를 충렬왕 27년(1301)에 찾아볼 수 있다. 이 표문은 충렬왕이 원 출신의 홀라대 등이 간계를 써서 나라를 어지럽히고 치부한 죄과를 원에 알리기 위해 작성되었다. 홀라대 등은 뇌물이나 전민을 탈점하여 축재했는데, 그 가운데에는 해당 토지에 주인이 없다고 거짓으로 고하여 사패를 받은 토지도 있었다.[20] '본주'가 분명한 토지를 사전으로 점거하는, 즉 사료 A의 "자기의 것으로 하는[爲己之有]" 상황에서 국가가 취하는 현실적인 조치는 그 지급 규모를 제한하는 것이었다.[21]

탈점은 본래의 주인에게 돌려주기[還本主] 위해 국가에 의해 규정되었다. 국가는 토지에 주인을 세우려는 노력을 지속적으로 기울였다. 토지에 주인을 세우는 목적은 사료 A의 ①과 ③에 나타나 있다. 그것은 직역을 전정과 결합해 부과해[사료 A의 ①] '입호충역' 하기 위해서였다[사료 A의 ③]. 주인은 '입호'와 '충역'의 주체였고, 전정과 직역의 실체였다. 이제 전시과 운용의 두 번째 과정인 '해당 호에 직역을 부과[충역]하는 방식'에 대해 살펴보자. 다음 사료는 이와 관련된다.

> E. 진인鎭人으로 귀향죄歸鄕罪를 범한 자는 그 진에서 그대로 귀양살이하게 하고, 만약 그가 전정을 받은 자면 그 토지를 회수하여 다른 사람에게 준다. 그리고 귀향죄를 범한 자가 동계의 진에 소속되었을 때는 그를 북계로 옮기고, 북계의 진에 소속되었을 때는 동계로 옮기되 남계로 넘기지 말아야 한다.[22]

사료 E는 귀향죄로 처벌받은 진인들에 관한 규정을 다룬다. 이 중 일부 진인은 해당 진에서 수행한 직역에 대한 대가로 전정을 받았으나,[23] 귀향죄로 인해 이들의 전정은 국가에 의해 회수되어 새로운 직역 수행자에게 재분배되었다. 새로운 직역 수행자는 해당 직역을 계승하는[連立] 자이다. 전정의 거래는 사적으로 이루어지지 않고, 오직 국가에 의한 회수와 재분배의 과정을 거친다. 즉, 전정은 국가에 의해 분급되었다가 필요에 따라 회수되어 다시 분배될 수 있는 토지였다.[24] 이 과정을 수행하기 위해서는 국가가 전국의 토지를 체계적으로 파악하고 있어야 했다. 다음 사료를 살펴보자.

F. 정종 4년에 광종이 즉위하자 원보 식회와 원윤 신강 등에게 명하여 주현의 세공 액수를 정하였다.[25]

G. 무릇 여러 주현에서 의창을 거두는 법은 도전정都田丁의 수를 사용하여 1과 공전에서는 1결에 조租 3두를, 2과 (공전)과 궁원전·사원전·양반전에는 (1결에) 조 2두를, 3과 (공전)과 군인호정·기인호정에는 (1결에) 조 1두를 거두어들이는 것으로 이미 규정되었다[已有成規]. 만일 흉년을 만나 백성들이 굶주리면 이것으로 급한 것을 구제하고, 가을에 갚도록 하되 낭비하지 않도록 하라.[26]

사료 F는 949년 광종 즉위년의 기록으로 세공액이 주현 단위로 정해졌음을 전한다. 이는 각 주현의 토지 규모와 형세에 따라 세공액이 차등적으로 부과되었음을 시사하며, 고려 초기부터 국가의 수취 대상 토지 파악 및 관리가 이루어졌고 점차 확대되는 추세였음을 알 수 있다. 사료 G는 현종 14년(1023) 의창조를 정한 내용이다. 여기서도 의창조의 수취 단위가 주현으로 나타난다. 1과, 2과, 3과 공전에 의창조를 차등적으로 부과하고 있는데,[27] 이러한 사실은 의창의 성격과 관련이 있는 것으로 보인다. 의창이 고려 전기 상설 구휼기관으로 공적 기능을 수행했으므로, 1과에서 3과에 이르는 공전의 등급에 따라 수취하는 조의 양이 다르게 부과되었음을 유추할 수 있다.

의창조의 수취 기준은 각 주현별로 산정된 '도전정의 수'였다. 각 주현에는 1과, 2과, 3과 공전이 있으며, 2과 공전에 해당하는 궁원전, 사원전, 양반전, 그리고 3과 공전에 해당하는 군인호정, 기인호정 등의 다양한 토지 지목이 존재한다. 이들 토지 지목을 통칭하여 '도전정都田丁'이라 부르고 있다. 도전정은 모든 전정의 합계로 이해될 수 있는데,[28] 주목되는 것은 각 주현의 1과에서 3과까지의 공전과 궁원전, 사원전, 양반전, 군인호정, 기인호정 등을 전정으로 간주한다는 점이다. 전정은 수취의 단위이자 양전의 단위였기 때문에, 각 주현의 토지 지목은 전정 단위로 조직화한 것으로 볼 수 있다. 고려 정부는 전국의 모든 주현의 수취 대상을 전정으로 파악하고, 각 주현의 '도전정의 수'에 따라 다양한 조의 수취량을 결정한 것이다. 이는 각 주현에서 '분급과 회수'되는 '도전정의 수'에 따라 궁원과 사원, 양반, 군인, 기인 등의 직역자 수가 다르게 분포하고 있었음을 의미한다. 실제로 사심관, 호장, 기인, 그리고 각 역各驛의 정호 수는 해당 주현이 보유한 전정의 규모와 군사·행정적 중요도에 따라 배정되었으며, 이들에게는 해당 직역의 대가로 도전정으로 파악된 토지를 지급했을 가능성이 있다.[29]

이는 조선시대 호적의 '도이상都已上'과 유사한 측면이 있다. 도이상이란 군현 전체 호수와 직역별 인원 통계를 집계한 항목으로, 향리가 면 단위 호적을 합본할 때 말미에 기재하여 중앙에 보고하였다. 이 통계치는 국가적 필요와 정책적 의도에 따라 조정·확정된 수치였다고 한다.[30] 같은 맥락에서, 고려시대에도 직역별 토지 분급 실태는 주현 단위의 전정 총액, 즉 '도전정의 수'를 토대로 국가가 조정했을 가능성이 크다. 여기서 도전정과 직역 부과와의 상호 관련성이 주목되는데, 이는 다음의 사료를 통해 살펴볼 수 있다.

H. 각 역의 정호丁戶를 나누어 6과로 하였다.……1과에는 정丁이

75, 2과에는 정이 60, 3과에는 정이 45, 4과에는 정이 30, 5과에는 정이 12, 6과에는 정이 7이었다. 산예狻猊는 비록 양경兩京 사이에 있으나, 타 지역에 비해 역사가 긴요하지 않으므로 50정을 정해준다. 임원林原은 비록 양경 사이는 아니나 역사가 가장 긴요하므로 1과에 둔다. 삭안朔安은 비록 3과지만 주요 도로에 인접[沿路]하지 않아 25정을 정해준다. 도원桃原은 비록 3과지만 동서 요충지에 있으므로 50정을 정해준다. 만약에 전田은 있으나 정구丁口가 부족하면 본역本驛 백정의 자손 중 자원하는 자로써 충당하여 세웠다.[31]

I. 편호編戶는 인정의 많고 적음에 따라 9등급으로 나누어 그 부역을 정하였다.[32]

사료 H는 산예 등 각 도에서 관할하는 역참역驛站役을 차정하는 내용이다. 역참역은 해당 역에 정해진 정의 다과에 따라 6과로 나뉘어 수행되고 있다. 각 역에 정해지는 정호는 본역 백정의 자손 중에서 정해진 정구와 토지로 역참역을 담당하는 직역호를 의미한다.[33] 역참호를 구성하는 '정구丁口'는 사료 I에서 '인정人丁'으로 나타난다. 인정의 많고 적음에 따라 호가 차등 있게 편제되고, 부역이 부과되었다. '편호'나 '과호課戶', '편맹編氓'과 같은 용어[34] 또한 호가 직역 부과 대상이었음을 보여준다.[35] 관련 사료를 통해 정호를 더 구체적으로 살펴보자.

J. 강남의 주현의 정호를 옮겨 이로써 상산·이천·수안·신은·협계·우봉 등의 현을 채웠다.[36]

K. 함주대도독부는 여진이 오래 점령하고 있던 곳으로, 예종 2년에 원수 윤관 등에게 명하여 군사를 거느리고 가서 쫓고, 3년에 주를

두어 대도독부로 삼고 진동군이라 하였으며 큰 성을 쌓고 남계의 1,948정호를 옮겨 살게 하였다가, 4년에 성을 철거하고 그 땅을 여진에게 돌려주었다.[37]

사료 J에서 국가는 상산현 등에 정호를 이주시키고 있다. 여기서 사민의 목적은 사료 K에서 구체적으로 보여주는데, 함주대도독부의 군역을 부담시키기 위해서였다. 함주대도독부의 군호 수는 윤관의 북방 6진 개척 때 정해진 것으로, 《고려사》 열전 윤관전에는 '병민兵民 1,948정호'로 나타나고 있다.[38] 여기서 정호는 '병민'으로 나타나는데, 이는 정호가 군역 담당층이었음을 의미한다. 주지하듯이 고려시대 직역 부담 중 가장 많은 부문을 차지하는 것은 군역이었다. 군역은 정역이었으므로 상당수의 정호는 군역을 담당하는 군호였다.[39]

정호를 구성하는 요소가 토지와 정구였음은 앞의 사료 E에서 확인하였는데, 정호를 세우는 데 부족한 정구를 백정白丁으로도 충당하였다. 백정이 보이는 다음의 사료를 살펴보자.

L. 평시면 밤에는 불, 낮에는 연기를 각기 한 번 피우고, 2급이면 두 번, 3급이면 세 번, 4급이면 네 번으로 하고, 매 장소마다 방정防丁 2인과 백정白丁 20인을 두어 각기 예에 따라 평전 1결을 지급한다.[40]

사료 L은 의종 3년(1149), 서북면병마사 조진약의 주도로 봉호식烽護式을 정한 내용이다. 봉수대가 설치된 곳에 방정과 백정을 두고 토지를 지급하고 있다. 봉수역은 방정에게 부과되고, 백정은 방정과 연계된 존재로 보인다. 이 점은 우왕 14년(1388), 조준의 상서문 중 백정대전白丁

代田 규정과 관련이 있다. "백성으로 부적付籍되어 차역되면 해당 호에 1결을 지급한다"[41]는 것이다. 여기서 '백성'은 위의 사료에 보이는 백정으로, 이들이 적에 올라 역에 차출되어 호를 구성하게 되는데, 이 호에 토지가 지급되었다. 이에 따라 방정 1인과 백정 10인이 한 호를 구성하고, 평전 1결을 받았다. 방정은 직역 부담을 책임지는 자이며, 백정은 해당 직역호의 구성원이다. 앞의 사료 H에서 백정이 부족한 정구수에 충당되어 정호를 구성하는 것도 같은 맥락이다.

백정이 적에 올라 역으로 차출되는 사례는《고려사》에 다수 보인다. 정종 11년(1045), 백정은 근장 및 제위의 매 령이 부담하던 역역力役을 역 부담자 이외의 양반과 함께 부담했다.[42] 인종 23년(1145), 백정은 한인·공사노의 자 등과 함께 병마원리兵馬員吏를 호위하는 종졸從卒로서 차역되고 있다.[43] 충렬왕 9년(1283), 제왕·백관으로부터 상인[賈人]에 이르기까지 군량미를 거두는데, 백정은 초노抄奴·소유所由·정리丁吏·여러 관청[諸司]의 하전下典·독녀獨女·관아[官寺]의 노비奴婢 등과 함께 10두를 부담하고 있다.[44] 또한 백정은 주현군의 일부를 구성하고 있는데, 북계 안북부의 좌군 26대 내에 백정대를 구성하고 있다.[45] 이처럼 백정은 역역이나 종졸에 차출되기도 하고, 군량미를 부담하며 주현군의 일부를 구성하고 있다. 여기서 백정은 역 부담의 책임자가 아니고, 정호를 구성하고 있는 존재로 나타난다.[46] 달리 말해 백정은 국가에 의해 입호의 주체로 파악되지 않는 존재이다.[47] 백정의 이러한 처지를 다음의 사료에서 좀 더 살펴보자.

M. 가묘를 만들어 백정 4명을 거기에 살게 하고, (그들에게) 의식을 지급하여 수묘인[守墓]으로 삼고······백정 40인은 소 30마리를 써서

제위보로 돌을 옮기게 하였다.[48]

N. 무릇 나라를 다스리는 근본은 효도만 한 것이 없다.……그 함부 등 남녀 7명에게는 마을 어귀에 정문을 세워 표창하고[門閭旌表] 요역을 면제할 것이며, 백정에게는 공전을 주어 정호로 만들 것이다. 차달 형제 3명과 함부 등 4명에게는 역이나 섬에서 나오도록 허락해[免出驛島] 그 원하는 바에 따라 주현에 편적[編籍]하도록 할 것이다.[49]

사료 M은 인종 3년(1125), 대각국사비 중 수묘인을 정한 부분이다. 여기서 백정은 의식을 받아 수묘인이 되고, 석재를 운반하는 존재로 나타난다. 사료 N은 성종 9년(990), 전국에 사신을 파견하여 효를 행한 자를 포상하는 내용이다. 국가는 효로써 나라를 다스리는 근본으로 삼고 이를 장려하고자 했다. 함부와 차달 형제 등은 효행으로 이름을 떨친 자들로 국가는 이들에게 갖가지 혜택을 베풀었다. 여기서 백정은 앞서 본 사례와 달리, 단순히 정구에 충당되는 존재가 아닌, 공전을 받아 정호로 승격되는 위치에 있다. 이는 백정이 단순한 부역을 담당하는 신분에서 벗어나 일정한 자격을 갖춘 정호가 될 수 있음을 보여준다.

사료 N에서 백정은 효도의 대가로 공전을 받아 정호로 그 지위가 변경되었다. 정호가 되기 위해 필수적인 토지는 국가에 의해 공적으로 파악되는 공전이나 '고래정전[古來丁田]' 등이다. 효를 행한 백정에게 주어지는 상훈으로 정호가 된 것이므로, 공전의 지급이 실제 경제적 혜택으로 이어진다고 이해해야 한다. 이런 점에서 백정과 정호의 차이를 경제력에서 찾는 것은 자연스러운 이해이다.[50] 더욱이 앞의 사료 I에서 보듯이 백정 11인이 모여 정호 1인을 배출한 사례를 고려하면, 정호가 된 백정은 국가의 직역을 담당하는 직역자가 되었다고 할 수 있다. 백정은 정호를 구성하는 일반 농민이지만, 국가의 공적 토지를 받게 되어 직역을 담당하게 되면 정호의 대표로 직역을 담당했다. 결국, 정호가 '입호'의 주체로 직역 부담자라면, 백정은 직역이 부과되지 않은[白] 일반 농민을 의미한다.[51]

백정은 공훈을 세워 정호가 되기도 하며[사료 K], 군공이 있으면 작위가 지급되기도 하였다. 고종 때 몽골과의 전쟁 중 군공을 세운 백정에게 작위가 지급된 사례가 있다.[52] 그러나 백정의 이러한 처지는 일반적인 것은 아니었고, 이마저도 고려 후기 이후에는 문제시하고 있다. 공민왕 때 김속명은 군공이 있는 백정에게 작위가 지급되는 것을, 신하의 도리를 어그러뜨리고 자연재해를 일으키는 요인이라고 강력하게 비판했다.[53] 이는 백정의 신분적 지위가 고려 후기 이후 현저히 떨어지고 있는 것과 같은 맥락으로 이해할 수 있다.[54]

백정과 함께 직역이 부과되지 않는, 탈점의 대상으로 사료상에서 확인되는 존재로 장획臧獲이 있다. 장획은 토지와 함께 탈점되는데,[55] 탈점되기 이전에 토지를 경작하는 일반 백성으로 여겨진다. 이들 외에도 토지를 경작하는 다양한 존재가 확인된다. 앞서 살펴본 양호,[56] 전호, 족류와 인보[57] 등이 그들이다.[58] 이들은 토지와 함께 편제되어 정호의 구성원으로 해당 직역을 담당했다. 이를 통해 전시과 운영 원리인 '입호충역'이 마무리되었다.

직역전의 경영

전시과제도는 직역에 따른 토지의 지급을 원칙으로 운용되었다. 이를 위해 국가는 전국의 토지를 도전정의 형태로 파악하였다. 직역은 각 군현의 도전정의 수에 따라 정해졌는데, 이에 따라 직역 담당층의 설정은 호를 단위로 하였다. 이 과정을 정리하면, 첫째, 토지에 주인을 설정[전정]해 호를 세우고[입호], 둘째, 해당 호에 직역을 부과[충역]했다. 이를 《고려사》에서는 '입호충역'이라 지칭했다. 여기서 '입호충역'의 '입호'는 토지와 정구, 즉 전정을 기반으로 이루어지고, '충역'은 이를 통해 구성된 정호가 담당하였다. 정호는 직역 대상자 혹은 직역 단위인 직역호를 의미한다. 직역호의 구성원[정구]은 전호, 백정, 장획, 족류나 인보 등이었다.

직역호의 구성요소를 바탕으로 그 편제 모형과 직역전의 경영 형태를 살펴보자. 우선 양반호의 편제 모형은 다음과 같이 이해할 수 있다.

양반호의 모형 1

A	A′
B	C

위의 그림에서 A는 양반 관직자와 그 '봉록적 소유' 토지를, A′는 신분적 범칭으로서 양반으로 불리는 양반 관직자의 혈연 가족과 그 '세습적 소유' 토지를, B와 C는 공민의 지위를 갖는 경작 농민 일반인 전호, 백정, 양호 등과 그 실제 경작 토지를 의미한다. 이들이 구성하는 양반호는 양반 관직의 획득에 따라 편제된 것이다. 국가는 전시과 규정에 따라 양반의 관직에 상응하는 토지를 분급하였는데, 그 분급 규모가 A와 A′의 소유 토지를 넘으면 B와 C의 토지를 양반전으로 설정하였다. 이들이 양반호를 구성하였는데, 양반 관직자는 양반호의 대표자로 양반전으로 설정된 토지의 조세에 대한 수조의 권리를 받았다.

양반호의 모형 2

A	A′	
B	C	D

양반 관직자 A의 관직이 상승하면 그만큼의 토지가 추가 지급되는데, 이 경우 추가 지급된 만큼의 규모를 가진 또 다른 전호인 D가 양반호로 편제되었다. 이 경우에도 양반 관직자는 추가 지급된 토지에서 수조할 권리를 위임받았다. 이를 그림으로 나타낸 것이 양반호 모형 2이다.

양반 관직자 A의 관직이 강등되었을 경우, 양반호는 어떻게 되었을까. 이 경우 관직이 축소된 만큼 B나 C에서의 수조의 권리를 국가에서 회수하거나 다른 직역자에게 지급하는 방식을 취했을 것이다. 기존의 양반호에서 이탈한 C는 다른 직역호에 편제되거나 군역 등 다른 직역을 담당할 수 있었다. 이러한 사실을 그림으로 나타낸 것이 양반호의 모형 3이다. 이처럼 양반호와 양반전은 양반 직역의 가급과 강등에 따라 양반호의 모형 2와 양반호의 모형 3과 같이 확대나 축소되었다.

양반호의 모형 3

<table>
<tr><td>A</td><td>A′</td></tr>
<tr><td>B</td><td></td></tr>
</table>

양반호는 분호, 즉 호를 나누기도 했다. 그것은 두 가지 양상으로 나타났다. 첫 번째, 앞의 양반호 모형 1에서 양반의 혈연적 구성원으로 나타나는 A′가 과거나 음서를 통해 관직을 획득했을 경우이다. 이 경우

A′는 새로운 독립된 호를 형성하는데, 또 다른 전호, 백정, 양호인 E나
F와 함께 새로운 양반호를 형성하였다. 이러한 사실을 그림으로 나타
낸 것이 양반호의 모형 4이다.

양반호의 모형 4

양반호가 분호되는 두 번째는 양반의 혈연적 구성원인 A′가 관직 획
득에 실패했을 경우이다. 이 경우 A′는 양반 이외의 직역에 충당되어
새로운 직역호를 구성하였다. 이때 A′가 구성한 새로운 직역호는 양반
호가 아닌 군인호나 향리호 등이었다. 양반은 이런 형태로 도태되기도
했다.

군호의 편제 모형도 양반호의 그것과 기본적으로 다르지 않았다. 군
호는 군역의 차정 대상이었으며, 군역이 연립되는 단위였다. 앞서 군역
의 연립을 다음과 같이 이해했다. 군호의 구성요소인 양호와 전호, 족
류나 인보 등을 일정한 단위의 인정 수로 편제해 군호를 세우고(입호),
군호 가운데 군인으로 차정되는 자가 군역을, 그 이외의 구성원들이 잡
역을 담당하였다(충역). 군역 수행의 연한이 지나면, 군호 내의 그 다음
인정[其次人丁]이 군역을 연립했다. 군호의 편제 모형을 그림으로 나타

내면 다음과 같다.

군호의 모형 그림에서 G, H, I, J는 사료에서 '기차인정其次人丁'으로 나타나는 양호와 전호, 족류나 인보 등과 그들의 경작지를 의미한다. 이들 중 군역에 차정되는 자는 군인으로서 군호의 대표자이며, 군호에 부과된 부세의 납부를 책임졌다. 나머지 '기차인정'은 봉족과 같은 역할을 담당했다. 군인으로서의 복무연한이 끝나면 다음 차례의 '기차인정'이 군역을 연립했다.

군호의 모형

G	H
I	J

지금까지 전정을 기준으로 '입호'가 이루어지고, 이를 통해 구성된 정호가 '충역'되는 과정을 모형으로 살폈다. 이제 직역호의 정호와 그 구성원[전호, 백정, 장획, 족류나 인보 등]이 직역전을 어떠한 방식으로 경영하는지를 관련 사료를 통해 살펴보자. 우선 양반전의 사례를 살펴본다.

A. 내외의 현직으로 녹봉을 받는 관리가 3,000여 원이고, 산관동정으로 녹봉 없이 토지를 받는 자가 1만 4,000여 원이다. 그 토지는 경기 지역 이외[外州]에 있으며, 전군佃軍이 농사지어 (수확한) 때에

이르면 실어와 납부하면 고르게 지급했다[均給].[59]

사료 A는 서긍의 《고려도경》 중 일부이다. 서긍은 송의 사신으로 고려의 풍속이나 인물 등을 파악해 《고려도경》을 작성했다. 그러므로 《고려도경》은 송 사신의 입장에서 서술한 고려 방문기라고 할 수 있다. 그래서 그런지 "내외의 현직으로 녹봉을 받는 관리가 3,000여 원이고, 산관동정으로 녹봉없이 토지를 지급받는 자가 1만 4,000여 원"이라는 부분은 서긍의 피상적인 관찰에 의한 것으로 이해된다. 기존 연구에 의하면 양반 관직은 대략 2,161개[60] 혹은 2,300개[61] 정도로 파악되기 때문이다. 사료 A는, 이러한 한계에도 불구하고, 당시 고려에 대한 몇 가지 주목할 만한 사실을 알려준다. 우선, 양반 관직자의 분급 토지가 '외주'에 있다는 서긍의 기록을 통해, 전시과의 토지가 경기 이외 지역(외주)에 설치되었음을 알 수 있다.[62] 다음, 경기 이외 지역에 있는 관료의 토지를 경작하는 자가 '전군佃軍'으로 나타난다. 서긍이 양반전의 토지를 경작했다고 한 전군은 어떠한 존재인가.

서긍이 양반전의 경작자로 파악한 전군은 《고려사》에서 확인되지 않는다. 그런데 전군이라는 용어가 송의 관점에서 쓰였다는 점에 주목할 필요가 있다. 당대 송에서 파악한 고려의 사회경제적 상황에 대한 다음의 사료를 통해 전군의 실체에 접근해보자.

B. 백관은 쌀[米]로써 녹봉을 삼게 했는데, (이는) 대개 토지를 받고 (여기서 생산된 곡물을) 국가에 바쳐 (이 중) 반을 녹봉으로 받은 것이다. 백관이 죽으면 바로 거두어들였다. 나라에는 사전私田이 없었고, 민의 구수를 계산하여 일[業]을 맡겼다. 16세 이상이면 충군充軍

되는데, 6군3위는 평상시 관부에 머무르고, 3년마다 수자리 병사를 뽑아 서북 지방을 지키게 하여 반년마다 교체하였다. 유사시에는 병기를 잡고, 일이 있으면 노역에 복무하다가, 일이 끝나면 농사짓는 일에 복귀하였다.[63]

사료 B는 《송사》 고려전에 전하는 내용 중 일부이다. 내용 중 상당 부분이 서긍의 《고려도경》 내용과 유사하다.[64] 두 사료가 쓰인 연대를 고려했을 때, 송의 고려 인식에 서긍의 《고려도경》이 상당한 영향을 끼쳤음을 알 수 있다. 주목되는 것은 "유사시에는 병기를 잡고, 일이 있으면 노역에 복무하다가, 일이 끝나면 농사짓는 일에 복귀하였다"라는 부분이다. 《고려도경》에는 이 부분이 다음과 같이 묘사되어 있다. "국관 이하 병·향리·구사·진사·공기에 이르기까지 일이 없으면 밭에서 일하고, 변방의 수자리에는 쌀을 지급해준다."[65] 이들 사료에서 공통으로 확인되는 사실은 토지 경작자가 유사시에는 군인으로 복무한다는 점이다. 그러므로 서긍이 사료 A에서 양반전의 경작자로 파악한 전군은 이미 지적되었듯이 부병적 성격을 갖는 일반 농민이다.[66]

서긍은 왜 일반 농민 범칭으로서의 '전군'이라는 용어를 사용했는가. 그 이유는 사료 B에서 보이는 "나라에 사전이 없다"는 구절에서 찾을 수 있다. 사료 B에서 고려에 '사전'이 없다는 것은 송과 같은 '사전'이 없다는 뜻일 것이다. 주지하듯 송은 농업생산력의 발달로 지주전호제가 일찍부터 발달하였다. 송에서의 '전호'는 지주의 토지를 경작하는 소작인이다.[67] 그러므로 사료 B는 이러한 의미를 갖는 송의 '사전'이 고려에 없었으며, 이 때문에 전호라는 용어를 사용할 수 없었다.[68] 그러므로 양반전의 경작자로 나타나는 '전군'은 고려의 '전호'라고 할 수 있다. 앞의 양반호 모형 1에서 B와 C가 이들이었다. 이들 '전호'는 소유 토지에 대한 조세를 양반 관료 A에게 납부하였다. 이러한 사실은 다음의 사료에서 뒷받침된다.

C. 처간處干이란 남의 토지를 경작하여 조를 그 주인에게 돌리고, 관에 용庸과 조調를 바치는 것으로 곧 전호인데, 당시에 권귀權貴가 많은 백성을 모아서 처간이라 하여 (사민私民으로 삼아) 삼세를 포탈하니 그 폐단이 더욱 중하였다. 강수형이 말하기를 "반드시 호구를 조사하여 아뢰어야 한다"고 하였다.[69]

사료 C는 원이 주문한 백성에 대한 안정책을 충렬왕과 대신들이 마련하는 기사이다. 대책으로 나온 것이 처간의 철폐였는데, 당시의 권귀들은 전호를 처간으로 하여 사민화하고, 그들의 3세를 포탈하였다. 여기서 전호에게 부과되는 3세의 납부 방식이 보인다. 전호는 조·용·조 3세 중 조는 주인에게, 용과 조는 관에 바쳤다. 이러한 사실을 양반전 모형 1에 적용하면, 양반호에 편제된 전호는 자신이 경작하는 토지에서 생산한 조를 양반 관료에게 바쳤다. 그리고 전호의 용과 조는 양반호 소속으로 국가에 납부한 것으로 보인다. 즉, B와 C 지역을 경작하는 전호는 양반 관직자에게 납부해야 하는 국가 수취분의 조를 제공했으며, 양반 관료의 A와 A′ 토지는 국가에 대한 조의 납부 의무에서 면제되었다. 그리고 양반 관직자의 A와 A′ 토지의 경작자는 노비나 장획 등이었을 것이다. 이처럼 양반전의 경작자는 양반호의 구성원이었던 일반 농민의 범칭인 전호와 양반 관직자의 노비나 장획 등이었다.

한편, 전호는 고려 후기에 양반 관료의 수조권이 강화됨에 따라,[70]

사료 C에서 보이는 것처럼 조·용·조 3세를 양반 관료에게 모두 바치
게 되었다. 달리 말해 직역호의 구성원으로 전호 등이 국가에 부담했던
용과 조도 양반 관직자가 차지하게 되었다. 이에 따라 고려 후기에 탈
점이 증가하여 농장 확대의 중요한 원인으로 작용하였다.

　양반 관직에서 도태된 자 중 일부도 토지의 경작자였을 것으로 추측
된다. 다음의 사료를 살펴보자.

　　D. 인종 갑진년(1124) 봄에 (오인정이) 과거에 급제하여 초직으로
　　원흥진 판관에 임명되었는데, 능력이 있다는 명성이 있었다. 임기
　　를 채운 후 개경에 돌아와 강개한 뜻을 지켜 세속의 부침에 참여하
　　지 않았다. 이 때문에 10년 동안 관직을 얻지 못했다. 이에 성 동쪽
　　작동의 북쪽에 살면서 몸소 농사를 지어 처자를 먹여 살렸다. 그리
　　나 많은 사람이 (오인정의) 집에 드나들었는데, 당시의 학사들이 모
　　두 그를 스승으로 존경했다.[71]

　사료 D는 오인정 묘지명의 내용 중 일부이다. 오인정은 초직으로 원
흥진 판관에 임명되어 명성을 날린 후, 개경에 돌아와 세속의 부침에
참여하지 않았다. 이러한 강개한 성품으로 인해 오인정은 10년 동안
관직을 얻지 못하였다. 이에 따라 몸소 농사를 짓지 않을 수 없었다. 오
인정이 농사지은 토지는 그의 '세습적 소유' 토지로 보인다. 오인정의
토지가 국가의 수취 대상이었다면, 그의 토지는 다른 직역호에 편제되
어 직역자에게 조를 바치거나 국가에 조를 납부하는 대상지였을 것이
다. 이러한 처지는 고려 후기 문사였던 최해에게서도 보인다. 최해는
학문을 중시하고 불교를 좋아하지 아니하였다. 그는 집안 살림에 관심

이 없어 매우 가난했는데, 그가 죽은 뒤 장례를 친구들의 도움을 받아야 할 정도였다. 이러한 최해가 만년에 그가 좋아하지 않던 절에서 밭을 빌려 생계를 유지했다.[72] 이렇듯 양반도 양반 관직에서 도태되면 경작자의 위치로 떨어질 수밖에 없었다.

양반전과 마찬가지로 군인전의 경작도 군인호의 구성원이 담당했다. 다음의 사료는 이 점과 관련이 있다.

E. 예종 3년(1108) 2월 제하기를, "근래 주현관이 다만 궁원전과 조가전만을 사람을 시켜 경작하게 하고, 군인전은 비록 비옥한 땅이라도 농사를 힘써 장려하지 않으며, 또한 양호로 하여금 곡식을 운반하게 하지도 않는다. 이에 따라 군인은 춥고 배가 고파서 도망가 버린다. 지금부터 먼저 군인전에 각각 전호를 정하여 농사를 장려하는 일과 양식을 운반하는 일을 소사가 상세히 보고하여 결재받도록 하라"고 하였다.[73]

사료 E는, 앞에서 살펴보았듯이, 군인전의 경작을 독려하는 사료이다. 그에 대한 대책으로 군인전에 전호를 다시 정하고 있다. 군인전에 다시 정해지기 전 전호는 국가의 공민으로 그 의무를 다했는데, 군역수행에 문제가 생기자 군호에 편제된 것으로 볼 수 있다. 이러한 사실을 군호의 모형에 적용하면 다음과 같다. 군호의 모형 그림의 G, H, I, J는 군역호에 편제되었는데, 이 중 G가 군역에 차정되면, H, I, J는 봉족과 같은 역할을 담당하였다. G의 군역 연한이 끝나면, H, I, J 중에서 그 뒤를 이었다. 이들은 군호를 구성하면서 군역뿐만 아니라 각종 부역을 담당하였고, 군인전을 경작하였다.

이상에서 살펴본 것처럼, 전시과는 '입호충역'이라는 운영 원리를 통해 직역호를 단위로 전정을 분배하는, 토지·호·직역을 결합한 고려의 통치제도였다. 이 체계에서 양반호는 양반 관직자의 봉록·세습 토지를 중심으로 전호를 편제해 수조권을 행사했으며, 관직 등급의 변동이나 혈연 구성원의 승진·도태에 따라 호의 규모와 위상이 재편되었다. 군호 역시 같은 원리로 조직되었다. 하나의 구성원이 군역에 차정되고 나머지는 봉족으로 지원하며, 군역 기간이 끝나면 다음 순번이 이를 계승했다. 군호 구성원은 군역뿐 아니라 군인전의 경작과 국가 부역도 함께 담당해 병역과 경제 생산이 긴밀히 연결되었다.

직역전의 실제 경작자는 주로 전호였다. 전호는 조·용·조 3세 가운데 조를 양반에게, 용·조를 국가에 납부했으나, 고려 후기로 갈수록 양반의 수조권이 강화되면서 3세 모두 양반에게 집중되는 경향이 나타났다. 이러한 상황은 고려 전기부터 왕실과의 혼인·문벌 간 혼인을 통해 정치·사회적 위상을 공고히 해온 양반 지배층에 새로운 기회를 제공하였다. 그들은 전시과라는 제도적 틀 안에서 관직과 직역전을 받아 경제적 토대를 다졌고, 제도의 허점을 이용해 토지와 인민이 결합한 농장을 주요한 수익원으로 전환했다. 다음 장에서는 이러한 양반 지배층이 고려 전기 이래 어떠한 방식으로 그들의 사회경제적 지위를 형성, 유지해 갔는지를 살피고, 어떻게 전시과의 모순을 활용해 농장을 확대·세습함으로써 권력을 재생산했는지, 그리고 그 과정에서 고려 후기 사회·경제 구조가 어떻게 재편되었는지를 살펴볼 것이다.

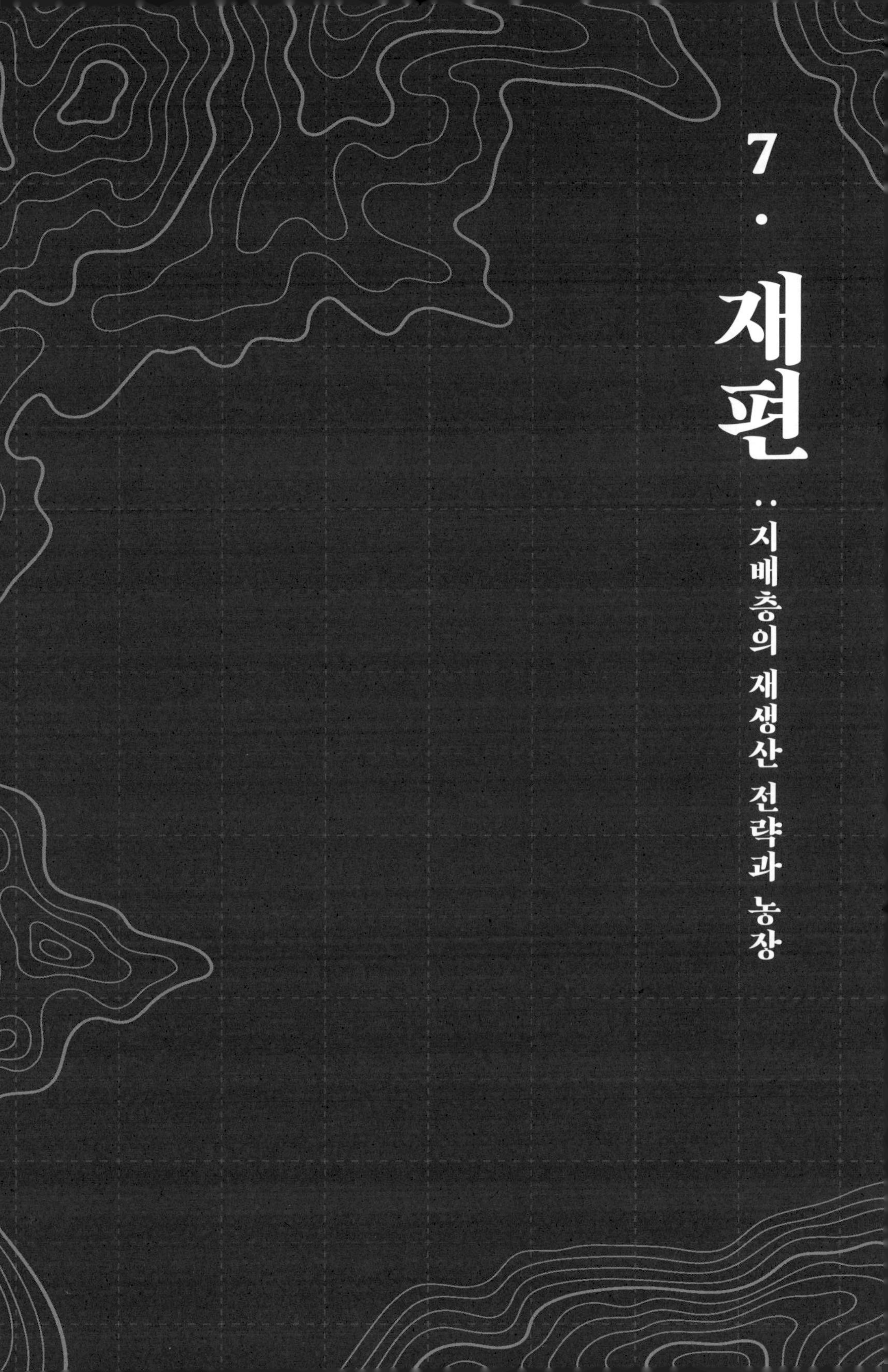

7. 재편

.. 지배층의 재생산 전략과 농장

지배층의 형성과 계승: 전략적 혼인

전시과는 '입호충역' 원리에 따라 직역호 단위로 전정을 분배한 고려의 통치제도였다. 양반호는 관직자의 봉록·세습 토지를 중심으로 전호를 편제해 수조권을 행사했고, 군호 역시 군역을 담당할 구성원과 봉족을 한 단위로 묶어 토지와 연계했다. 실제 경작은 주로 전호가 담당했으며, 조·용·조 3세三稅 중 조는 양반에게, 나머지는 국가에 납부했지만, 고려 후기로 갈수록 수조권이 강화되어 3세가 모두 관직을 가진 지배층에 집중되었다. 그 과정에서 전시과는 지배층의 권력과 수조권이 강화되면서 경제적 자립성과 수익성을 추구하는 농장의 형태로 재편되었다. 농장은 고려 후기의 사회경제적 모순을 상징적으로 보여주는 현상으로 주목받았지만, 실제로는 오랜 기간 고려 경제 질서의 한 축으로 기능했다.

농장이 단지 모순의 결과물로 인식되는 것을 넘어, 고려 경제 질서의 실체로 재조명하려면 지배층의 재생산 전략에 주목해야 한다. 지배층은 자신들의 정치적·사회적 지위를 유지하고 확대하기 위해 여러 세대에 걸쳐 지속적으로 관료 진출을 도모했고, 왕실 및 다른 지배층과의 혼인을 적극적으로 활용하여 견고한 인척姻戚 네트워크를 형성하였다. 태조에서 현종에 이르는 고려 초기 왕실의 혼인 정책은 지방 유력 세력이 중앙의 핵심 지배층으로 성장하는 주요한 통로가 되었으며, 지배층 내부의 혼인은 정치적 기반을 안정적으로 유지하고 강화하는 전략적 선택이었다.

지배층 재생산의 전략은 《안동권씨성화보》와 같은 구체적 사례를 통해 명확히 드러난다. 《안동권씨성화보》는 고려의 혼인관계를 잘 보여주는 자료로, 이를 통해 왕실 및 지배층과의 혼인이 어떻게 정치적·사회적 지위의 형성과 지속적 유지로 이어졌는지를 확인할 수 있다. 특히 혼인을 통해 견고해진 정치적 기반은 자연스럽게 경제적 자원 확보의 수단으로 연결되어, 결국 농장이라는 경제적 질서를 발전시켰다.

이 장에서는 이와 같은 맥락에서 고려 초기부터 이어져온 지배층의 정치적·사회적 지위 유지 전략과 농장의 형성 및 발전이 어떠한 상관관계를 이루고 있는지를 구체적으로 살펴볼 것이다. 이를 통해 농장이 고려의 경제 질서에서 갖는 위상과 역할을 재평가하고, 농장이라는 경제적 질서가 지배층의 권력 유지와 밀접하게 연결된 역사적 산물임을 밝히고자 한다.

우선 고려 지배층이 형성되던 고려 태조 대로 돌아가 지배층의 형성과 유지의 메커니즘을 고찰한다.[1] 왕실과의 혼인은 지방 세력이 중앙의 지배층으로 성장하는 통로였다. 고려 태조 이래 현종 대 각 지역을 대표하는 유력자는 혼인을 통해 중앙의 주요 관직을 차지하며 권력자로 모습을 갖춰갔다. 고려 태조 왕건은 건국 과정에서 여러 세력과의 결속을 다지기 위해 다양한 정책을 펼쳤으며, 그중에서도 지역 세력(호족)과의 혼인은 가장 대표적인 전략이었다. 각 지역의 유력자들과 혼인 관계를 맺음으로써, 태조는 왕권의 기반을 다질 수 있었다. 기존 연구에서는 태조의 혼인 정책 목적을 국가 권력 우위론과 지역 세력 할거론이라는 두 관점으로 분석했다. 국가 권력 우위론에 따르면, 태조의 혼인은 호족과의 연합을 위한 전략적 조치로, 초기 왕조의 안정화에 크게 이바지했다.[2] 반면, 지역 세력 할거론에서는 태조가 신뢰하는 무장과 관료들을 중심으로 정치적 기반을 강화하려고 혼인 대상을 선정했다고 본다.[3] 고려 건국 초기에 왕건이 맺은 혼인관계를 구체적 양상[4]을 다음 [표 1]을 통해 살펴보자.

[표 1]은 《고려사》 후비전에 수록된 태조 왕건의 후비 일람표이다. 제1비~제6비는 고려 태조의 정실부인으로서 왕후의 명칭이 부여되었고, 제7비~제29비에게는 부인의 명칭이 주어졌다.[5] 후비의 기재 순서는 대체로 혼인 순서에 따른 것으로 이해된다. 혼인 시기에 대해서는 정확한 기록이 없으나 태조가 사망한 943년까지 태조의 혼인은 3시기로 구분할 수 있다. Ⅰ기는 후고구려의 장군 시기로 917년까지인데, 제1비인 신혜왕후 유씨와 제2비인 장화왕후 오씨와 혼인했다. Ⅱ기는 고려의 왕으로 즉위한 후 후삼국 통일전쟁 시기로, 918년부터 935년까지이다.[6] Ⅲ기는 후백제의 견훤이 고려에 투항하고, 신라의 경순왕이 귀부한 시점인 935년부터 943년까지이다. 대체로 Ⅱ기, 즉 태조가 왕으로 즉위한 직후부터 후삼국 통일전쟁 시기에 혼인이 가장 많이 이루어졌을 것으로 여겨진다.[7]

태조의 혼인 양상에 대해서는 후비들의 칭호를 통해서 살펴볼 수 있

왕		후비명	성씨	출신	후비부	후비부직위	자녀
태조	1	신혜왕후	유柳	정주	유천궁	삼중대광	
	2	장화왕후	오	나주	오다련군		혜종
	3	신명순성왕태후	유劉	충주	유긍달	증태사내사령	왕태, 정종, 광종, 문원대왕왕정, 증통국사, 낙랑공주, 흥방공주
	4	신정왕태후	황보	황주	황보제공	삼중대광	대종, 대목왕후
	5	신성왕태후	김	신라인	김억렴	잡간	안종
	6	정덕왕후	유柳	정주	유덕영	시중	왕위군, 인애군, 원장태자, 조이군, 문혜왕후, 선의왕후, 공주1
	7	헌목대부인	평	경주	평준	좌윤	수명태자
	8	정목부인	왕	명주	왕경	태사삼중대광	순안왕대비
	9	동양원부인	유庾	평주	유금필	태사삼중대광	효목태자왕의, 효태자
	10	숙목부인	임	진주	임명필	대광	원녕태자
	11	천안부원부인	임		임언	태수	효성태자왕임주, 효지태자
	12	흥복원부인	홍	홍주	홍규	삼중대광	태자왕직, 공주1
	13	후대량원부인	이	합주	이원	대광	
	14	대명주원부인	왕		왕예	내사령	
	15	광주원부인	왕	광주	왕규	대광	
	16	소광주원부인	왕		왕규	대광	광주원군
	17	동산원부인	박	승주	박영규	삼중대광	
	18	예화부인	왕	춘주	왕유	대광	
	19	대서원부인	김	동주	김행파	대광	
	20	소서원부인	김	동주	김행파	대광	
	21	서전원부인		미상	미상		
	22	신주원부인	강	신주	강기주	아찬	아들1, (광종)
	23	월화원부인		미상	영장	대광	
	24	소황주원부인		미상	순행	원보	
	25	성무부인	박	평주	박지윤	삼중대광	효제태자, 효명태자, 법등군, 자리군, 공주1
	26	의성부원부인	홍	의성부	홍유(홍술)	태사삼중대광	의성부원대군
	27	월경원부인	박	평주	박수문	태위삼중대광	
	28	몽양원부인	박	평주	박수경	태사삼중대광	
	29	해량원부인		해평	선필	대광	

※출전 : 《고려사》 〈후비전〉

다. [표 1]에서 보는 것처럼 태조 후비 대부분의 명칭은 '지역'과 '원부인' 형식으로 나타나 있다.[8] 제7비 헌목대부인, 제8비 정목부인, 제10비 숙목부인, 제18비 예화부인, 제25비 성무부인 등의 예외가 있지만, 29명 중 24명의 후비가 '지역+원부인'의 형식으로 불리고 있는 것은 단순한 호칭 이상의 의미가 있다고 생각된다.[9] 후비의 관칭으로 사용된 지역에 나말여초기 강성한 지역 세력이 자리 잡고 있었다는 점을 고려하면, 고려 태조와 후비 가문의 입장에서 그 정치적 의미가 적지 않았을 것이다.

후비의 관칭으로 사용된 '지역'을 구체적으로 살펴본다. 가장 많은 지역은 평주로, 고려 태조와 4차례의 혼인관계를 형성했다.[10] 제9비 동양원부인(동양은 평주의 별호),[11] 제25비 성무부인, 제27비 월경원부인, 제28비 몽양원부인이 그들이다. 이 중 제25비 성무부인의 부父는 박지윤이며, 제27비 월경원부인의 부父 박수문과 제28비 몽양원부인의 부 박수경은 박지윤의 두 아들이다. 박수문과 박수경은 신라의 북면 경계인 패강진이 있던 평주 지역의 실력자로 태조가 후백제를 정벌할 때 큰 공을 세웠던 인물들이었다.[12] 박지윤과 그의 아들들에 이르기까지 평주 지역의 실력자와 2대에 걸친 혼인을 통해 태조 왕건은 지역 세력과의 결속을 도모했으며, 박지윤과 그의 두 아들은 평주 지역에 대한 지배력을 더욱 공고히 할 수 있었을 것이다.

후비의 '지역'으로 두 번째 많은 지역은 경주이다. 총 3차례 나타나는데 제5비 신성왕태후는 신라 왕족이며, 제7비 헌목대부인, 제11비 천안부원부인 역시 경주 출신이다. 이 중 제11비 천안부원부인은 경주 출신인데도 천안부를 관칭하고 있어 주목된다. 천안부원부인의 부는 임언이다. 임언은 경애왕 4년(927)에 지강주사 왕봉경의 명에 의해 후

당에 들어가 조공을 바친 인물로, 신라의 관인이었다. 태조는 927년에 강주 소관의 4개의 고을을 함락하였고, 이때 이 지역 호족들이 귀부하였다.[13] 이들 중 임언은 귀부의 대가로 천안부에 거주하게 되면서[14] 해당 지역의 실력자가 되었다. 천안부는 나말여초 시기에 나주와 더불어 새롭게 부상한 지역이었다. 고려 초에 태조는 재위 13년(930)에 고창군 전투에서 승리한 후 천안에 도독부를 설치하였다. 군사적 요충지였던 천안의[15] 실력자였던 임언은 태조 왕건에게 귀부한 이후, 그의 딸이 태조의 제11비 천안부원부인이 되면서 마침내 고려 왕실과 혼인관계를 맺게 되었다.[16] 임언의 사례는 경주에서 이주한 지역 세력이 새로 이주한 지역에서 관료로 임명되어 해당 지역의 새로운 실력자로 성장하게 되고, 이를 기반으로 왕실과의 혼인으로 이어져 해당 지역의 대표성을 획득한 것으로 이해할 수 있다. 관료적 성향의 가문이 해당 지역의 대표적 가문으로 성장한 것이다.

세 번째 많은 지역은 총 2차례인 정주, 명주, 광주, 동주 등이다. 정주는 제1비 신혜왕후와 제6비 정덕왕후를 배출한 지역으로 정주 유씨 세력이 거주하였다. 명주는 제8비 정목부인과 제14비 대명주원부인을 배출했는데, 제8비 정목부인의 부는 왕경이고, 제14비 대명주원부인의 부는 왕예이다. 왕경과 왕예는 모두 신라 왕족인 명주군왕 김주원의 후손으로 태조 왕건으로부터 왕씨 성을 하사받았다.[17] 태조는 제8비 정목부인, 제14비 대명주원부인과의 혼인을 통해 명주를 세거지로 하는 신라 종실과 혼인관계를 맺었다. 광주와 동주 지역은 자매가 태조와 혼인한 사례이다. 우선, 광주 지역의 세력가였던 왕규[18]는 태조에게 두 딸을 후비로 바쳤는데, 자매인 제15비 광주원부인과 제16비 소광주원부인이 그들이다. 왕규는 또한 고려 제2대왕인 혜종에게도 딸을 바쳤는데, 혜종의 제2비 후광주원부인이 그이다. 다음, 동주 지역의 세력가였던 김행파도 그의 두 딸을 태조에게 바쳤는데, 자매인 제19비 대서원부인과 제20비 소서원부인이 그들이다.[19]

이들 외에 후비를 한 명 배출한 지역은 대량, 신주, 의성, 그리고 황주이다. 대량은 합주의 별호로[20] 제13비 후대량원부인을, 신주 지역은 제22비 신주원부인을, 의성 지역은 제26비 의성부원부인을 배출하였다. 제24비 소황주원부인의 경우, '지역+원부인院夫人' 형식으로 관칭하는 다른 사례로 미루어볼 때, 황주 출신일 가능성이 있다. 그러면 태조의 제4비 신정왕태후 황보씨 일족일 가능성이 크다.[21]

태조와 지역 세력과의 혼인은 왕실과 지방 세력 간의 유대를 강화하는 역할뿐만 아니라 해당 지역을 연고지로 하는 후비 가문의 지배층화를 촉진하는 기능을 수행했다. 태조 대에 형성된 왕실의 혼인 네트워크가 후대 왕인 혜종~현종 대에 어떤 변화를 겪게 되는지 후비의 '칭성稱姓'을 통해서도 확인할 수 있다.

고려 왕실 혼인과 칭성제도의 관계에 관한 기존 연구는 주로 '칭외성稱外姓'의 현상을 대외관계, 특히 대중국 관계의 맥락 속에서 해석하거나,[22] 고려 사회 특유의 혼인 형태 및 가족 구조,[23] 성姓 계승 원리와 관련하여 설명했다.[24] 그리고 지방 호족을 포섭하기 위한 전략으로 후비后妃에게 외성을 따르게 했다는 분석도 제시되었다.[25] 그런데 《고려사》의 후비 관련 기록을 검토하면, 보다 복합적인 양상이 나타난다. 족내혼族內婚의 경우, 후비의 성씨와 부父가 함께 기록되며, 후비의 성은 고려 왕실의 성씨인 왕씨가 아니라 외성을 칭하였다. 반면, 족외혼族外婚의 경우 후비의 성씨와 함께 연고지, 부父의 직위 등이 상세하게 기록되었다. 이는 후비의 칭성이 단순한 명칭 차원을 넘어, 후비의 가족적·

지역적 배경을 파악할 수 있는 중요한 단서가 됨을 의미한다. 특히《고려사》후비조 서문의 '휘칭외성諱稱外姓' 규정에 주목할 필요가 있다.[26] 여기서 '외성'은 모母의 성에 국한되지 않고, 조모 또는 증조모의 성까지를 포함하는 개념으로 사용되었다. 이는 고려 왕실이 모계 혈족의 지역적 기반과의 정치적 연계성을 고려하여, 모·조모·증조모의 출신 지역과의 관계를 지속하거나 강화하고자 칭성제도를 활용했을 가능성을 시사한다.

이제 혜종~현종 대 혼인 양상을 칭성을 통해 살펴본다. 혜종의 후비는 총 4명으로, 의화왕후 임씨,[27] 후광주원부인 왕씨,[28] 청주원부인 김씨,[29] 궁인 애이주[30]가 그들이다. 의화왕후 임씨는 진주, 후광주원부인 왕씨는 광주, 청주원부인 김씨는 청주, 궁인 애이주는 경주가 각각 연고지이다. 이들 중 의화왕후 임씨의 연고지인 진주는 [표 1]의 태조의 제10비 숙목부인의 그것과 같다. 후광주원부인 왕씨의 경우, 태조의 제15비 광주원부인과 제16비 소광부원부인과 연고지가 광주로 같다. 부父인 왕규는 태조와 혜종 2대에 걸쳐 왕실과 혼인관계를 맺었다. 궁인 애이주의 연고지는 경주로 태조의 제5비 신성왕태후, 제7비 헌목대부인, 제11비 천안부원부인과 같다. 혜종의 후비 4명 중 청주원부인의 연고지인 청주는 태조 후비의 연고지에는 포함이 안 된 새로 등장한 지역이다. 청주는 혜종 대에 이어 정종 대에도 후비의 연고지로 등장하는데, 혜종의 청주원부인 김씨와[31] 정종의 청주남원부인 김씨가 그들이다. 두 후비의 부는 같은 김긍률이다.[32]

정종의 경우, 후비가 3명인데 이미 언급된 청주남원부인 김씨, 그리고 문공왕후 박씨와 문성왕후 박씨가 그들이다. 문공왕후 박씨와[33] 문성왕후 박씨는[34] 박영규의 두 딸로, 연고지는 승주이다. 박영규는 태조 후비 제17비 동산원부인의 부이기도 하다. 박영규도 광주의 왕규와 청주의 김긍률과 같이 두 명의 왕과 연속적으로 혼인관계를 맺었다.

이처럼 태조부터 정종 대에 이르기까지 왕실 혼인은 주로 왕실과 지역 세력 간의 결합, 즉 족외혼으로 이루어졌다. 그런데 광종 대에 이르면 왕실 혼인의 양상이 바뀐다. 즉, 광종 대 왕실 혼인은, 신성한 혈통을 보존하고 왕권의 정통성과 권위를 더욱 강화하기 위해 왕실 내 근친 사이에 이루어졌다. 왕실 내 족내혼인 경우, 혼인 대상 후비의 성씨를 부계가 아닌 모계로 칭하고 있다.

우선 광종의 경우, 2명의 후비를 맞아들이는데, 대목왕후 황보씨[35]와 경화궁부인 임씨가 그들이다.[36] 대목왕후는 태조의 딸이며, 경화궁부인은 혜종의 딸이므로, 이들 모두 성이 왕씨이며 연고지는 개성이어야 한다. 그런데, 대목왕후의 경우, 성씨는 황보씨, 연고지는 황주로 나타난다. 이는 황주를 근거지로 하는 그의 모의 성씨와 연고지를 따른 것이다. 그의 모는 황주를 연고지로 하는 태조의 제4비 신정왕태후 황보씨이다.[37] 경화궁부인의 경우, 성씨는 임씨, 연고지는 진주로 나타난다. 이는 진주를 연고지로 하는 그의 모인 혜종의 후비 의화왕후의 성과 연고지를 따른 것이다.[38]

경종의 후비는 총 5명이다. 헌숙왕후 김씨는 신라 경순왕의 딸이고,[39] 헌의왕후 유씨는 종실인 문원대왕 왕정의 딸이다.[40] 헌애왕태후 황보씨와[41] 헌정왕후 황보씨는[42] 대종의 딸이며, 대명궁부인 유씨는 종실인 원장태자의 딸이다.[43] 경종의 혼인관계의 경우, 족외혼과 족내혼의 두 가지 사례가 모두 보인다. 족외혼은 신라 경순왕의 딸인 헌숙왕후 김씨와 혼인하면서 이루어졌다. 나머지 4번의 혼인은 모두 왕실 내 족내혼이다. 헌의왕후 유씨의 아버지인 문원대왕 왕정은 태조의 제

3비 신명순성왕태후 유씨의 아들이다.[44] 헌애왕태후와 헌정왕후는 자매인데 이들의 아버지인 대종은 태조의 제4비 신정왕태후 황보씨의 아들이다.[45] 대명궁부인 유씨의 아버지인 원장태자는 태조의 제6비 정덕왕후 유씨의 아들이다.[46] 족내혼이 이루어졌을 경우, 경종의 후비는 모두 외조모의 성씨를 쓰고 있다. 이들이 외조모의 성씨를 따랐다는 것은 외조모와 밀접한 관계를 유지했음을 의미한다. 즉 헌의왕후는 충주 유씨, 헌애왕태후와 헌정왕후는 황주 황보씨, 대명궁부인은 정주 유씨 세력과 연계되어 있었다. 이들 지역 세력은 태조 대에 이어 경종 대에도 여전히 해당 지역의 유력 세력이었고, 왕실과의 혼인을 통해 지배층의 지위를 유지 내지는 확대하였음을 알 수 있다.

세 명의 후비를 둔 성종의 혼인관계 역시 경종에 이어 족내혼과 족외혼이 혼용되어 나타난다. 그중 문덕왕후 유씨는 광종의 딸로 왕실 내 족내혼 사례이다. 다른 두 혼인은 모두 족외혼인데 문화왕후 김씨는 선주 사람으로 시중에 추증된 김원숭의 딸이고,[47] 연창궁부인 최씨는 우복야 최행언의 딸이다.[48]

목종은 두 명의 후비를 두었는데 그중 선정왕후 유씨는 종실인 홍덕원군 왕규의 딸이다.[49] 선정왕후는 아버지의 성인 왕씨나 조모의 성씨인 평씨를 칭하지 않았다. 선정왕후가 유씨를 칭한 것은 모계와의 관계에서 기인한 것으로 보인다. 선정왕후의 모는 성종의 제1비 문덕왕후 유씨로, 충주 유씨이다. 한 세대 더 넓혀보면, 목종의 모는 황주 출신인 경종의 제3비 헌애왕태후 황보씨이므로 목종과 문덕왕후의 결합은 황주 황보씨와 충주 유씨의 연합으로도 볼 수 있다. 목종의 또 다른 후비는 궁인 김씨이다. 목종의 총애를 받아 요석댁궁인으로 칭해진 것으로 보아[50] 연고지가 경주이고, 신분이 미천했을 것으로 추정된다.

다음으로 현종은 총 13명의 후비를 두는데, 그의 혼인관계 중 3건은
족내혼이고, 10건은 족외혼이다. 족내혼의 사례로 우선, 성종의 딸인
원정왕후 김씨와[51] 원화왕후 최씨를[52] 들 수 있다. 원정왕후 김씨의 모
는 성종의 제2비인 문화왕후 김씨로 연고지가 선주이며, 김원숭의 딸이
다.[53] 원화왕후 최씨의 모는 성종의 제3비인 연창궁부인 최씨로 최행언
의 딸이다.[54] 현종은 성종의 후비의 두 딸을 각각 후비로 맞아들였다.
또한 경장태자[55]의 딸인 원용왕후 유씨와의 혼인도 왕실 내 족내혼 사
례이다.[56] 경장태자는 대종 왕욱의 아들이다. 원용왕후의 부계는 황주
황보씨, 모계는 정주 유씨(모는 선의왕후 유씨, 외조모는 정덕왕후 유씨)이
다.[57] 원용왕후는 부계가 아닌 모계(외조모)를 따라 유씨를 사용한 것이
다. 그러므로 원용왕후 유씨와의 족내혼은 기존의 유력 가문 중 황주 황
보씨와 충주 유씨가 아닌 정주 유씨 세력과 연합한 것으로 볼 수 있다.

현종의 족외혼 사례로 눈에 띄는 것은 안산 김은부와의 혼인관계이
다. 현종은 김은부의 3명의 딸을 후비로 맞아들였는데, 원성태후 김
씨,[58] 원혜태후 김씨,[59] 원평왕후 김씨[60]가 그들이다. 그 외 원목왕후
서씨는 이천 사람으로 내사령 서눌의 딸이고,[61] 원순숙비 김씨는 평장
사 김인위의 딸인데, 사서에 출신지[鄕]가 누락되었다.[62] 산원질귀비 왕
씨는 청주 사람으로 중서령 왕가도의 딸이다.[63] 귀비 유씨는 사서에 그
세계가 누락되었다.[64] 또한 3명의 궁인도 후비로 기록했는데, 양주 출
신인 궁인 한씨,[65] 궁인 이씨,[66] 전주 출신인 궁인 박씨가 그들이다.[67]
이상에서 살펴본 태조~현종 대 왕실 혼인의 유형을 시기별로 살펴보
면 다음과 같다.

[표 2]에서 1의 정주 유씨부터 21의 해평 선씨까지는 태조 대에 왕실
과 혼인을 한 지역 세력이다. 혼인의 횟수와 지역적 위치는 해당 지역

[표 2] 태조~현종 대 후비의 연고지 일람표

		태조	혜종	정종	광종	경종	성종	목종	현종	합계
1	정주 유씨	2				1			1	4
2	나주 오씨	1								1
3	충주 유씨	1				1	1	1		4
4	황주 황보씨	1		1	2					4
5	경주 김씨	1				1				3
6	경주 평씨	1								1
7	명주 왕씨	1								1
8	평주 유씨	1								1
9	진주 임씨	1	1		1					3
10	천안 임씨	1								1
11	홍주 홍씨	1								1
12	합주 이씨	1								1
13	명주 왕씨	1								1
14	광주 왕씨	2	1							3
15	승주 박씨	1		2						3
16	청주 왕씨	1								1
17	동주 김씨	2								2
18	신주강씨	1								1
19	평주 박씨	3								3
20	의성 홍씨	1								1
21	해평 선씨	1								1
22	청주 김씨		1	1						2
23	선주 김씨						1		1	2
24	경주 최씨						1		1	2
25	안산 김씨								3	3
26	청주 왕씨								1	1
27	이천 서씨								1	1
28	양주 한씨								1	1
29	전주 박씨								1	1
30	궁인		1					1	1	3
31	미상	3							2	5
	합계	29	4	3	2	5	3	2	13	61

세력의 대표성을 유지하고 지배력을 확대하는 주요한 지표였다. 태조 대 평주 박씨는 세 번, 정주 유씨·광주 왕씨·동주 김씨는 각각 두 번, 그리고 미상 세 번을 제외하고 나머지 지역 세력은 왕실과 한 번씩 혼인했다. 그중 일부는 이후 왕들과 거듭 혼인관계를 맺고 있다.[68] 진주 임씨·광주 왕씨는 혜종과, 승주 박씨는 정종과, 진주 임씨·황주 황보씨는 광종과, 정주 유씨·충주 유씨·황주 황보씨·경주 김씨는 경종과, 충주 유씨는 성종과, 충주 유씨·경주 김씨는 목종과, 그리고 정주 유씨·선주 김씨·경주 최씨는 현종과 혼인했다. 고려 왕실의 세력 기반인 개경의 근접 지역 세력도 그들의 세력을 유지하고 강화했다. 신주, 평주,[69] 황주는 신라의 북방 경계인 패강진이 설치되었던 개경 위쪽에 있는 지역이었으며, 동주 역시 이들 지역과 근접한 주요한 지역이었다.[70]

또한 [표 2]에서 왕실 혼인을 통해 새롭게 부상한 지역 세력도 주목된다. 혜종과 정종 대의 청주 김씨, 성종 대의 선주 김씨와 경주 최씨, 현종 대의 안산 김씨, 청주 왕씨, 이천 서씨, 양주 한씨, 전주 박씨 등이 그들이다. 이들의 등장은 왕실 혼인 네트워크의 범주를 확장하고, 지역을 기반으로 한 지배층의 확대로 이어졌다. 이처럼 고려 전기의 왕실 혼인은 고려 왕실과 지역 세력 간의 연계를 전제로 한다.[71] 혼인 네트워크는 왕실은 물론 지배층이 권력 기반을 강화하고 확대하는 수단이었다.

이상에서 살펴본 것처럼 고려 초기의 지배층은 왕실과의 외척관계, 과거제를 통한 문신 관료, 그리고 전시과에 연동된 토지 수조권이 결합되어 형성되었다. 이 다층적 지배 구조는 이후 재편을 거듭했으나, 지배층 간 혼인 네트워크를 통한 혈연적 연결과 토지를 매개로 한 경제적 기반이라는 두 축을 중심으로 지속적으로 재생산되었다. 이러한 역사적 궤적은 농장이 지배층 권력의 집중과 사회경제적 불균형을 매개하는 핵심적인 장치로 자리 잡게 된 배경을 이해하는 데 필수적이다.

이제 고려 전기 이래 지배층이 정치·사회적 지위를 계승하는 과정을, 현전하는 가장 오래된 족보인 《안동권씨성화보》(이하 《성화보》)를 통해 살펴보자.[72] 《성화보》는 고려 초부터 조선 초기 약 5세기에 걸친 안동 권씨 구성원을 기록하고 있다. 안동은 그들이 오랫동안 살아왔던 지역이며, 이 족보가 편찬된 연도가 명의 성화 연간이었기 때문에, '성화보'라고 불렸다.

《성화보》는 현존하는 가장 오래된 족보로 알려져 있다. 《성화보》의 편찬은 안동 권씨 17세 권제와 권람에 의해 시도되었으나 실패했고, 마침내 권람의 고종사촌인 서거정에 의해 1476년 편찬되었다. 안동 권씨는 본래 안동에 거주했으며, 고려 초에는 주로 지방 관직인 호장직을 맡았다. 이들이 고려 정부에 관료로 진출하기 시작하면서 정치적 세력이 커지기 시작했다. 안동 권씨는 조선시대에 그 영향력을 더 확대했다. 안동 권씨는 조선 왕조의 왕족인 전주 이씨 다음으로 많은 문과 급제자를 배출했다.[73] 안동 권씨가 정치적인 힘을 가지게 되면서, 동시에 그들의 사회적 위상이 상승하였고 혼인을 통해 친족이 확장되었다.[74] 이 족보는 시조인 권행으로부터 21세 후손까지를 수록하여 10~15세기 인물들을 담고 있다. 특히 고려에서 조선으로의 왕조 교체기 지배층의 혼인관계를 보여주고 있어, 지배층의 변화와 연속성을 살펴볼 수 있는 귀중한 사료로 평가받고 있다.[75]

《성화보》는 간행 시기 가족관계의 독특성을 잘 보여준다. 《성화보》의 기록 방식과 가족 네트워크 유형은 중국 족보와 상당히 다를 뿐 아니라 조선 후기에 편찬된 족보와도 다르다. 우선 가족 구성원들이 성별과 관계없이 출생 순서에 따라 기재되었다. 둘째, 부계뿐 아니라 딸과 사위, 그리고 그 자녀도 기록되었다. 《성화보》에 기록된 구성원들의 90 퍼센트 이상은 사위 계열이었다.[76] 《성화보》에는 혈연이나 74개 성씨 와의 혼인관계로 맺어진 안동 권씨 구성원들이 기록되어 있다. 시조인 권행에서부터 8대 권이여에 이르는 동안에는 한 사람만이 기록되다 가,[77] 9대에 이르러 8대 권이여의 아들들인 권수평, 권차평, 권성원, 그 리고 권수홍이 기록되었다. 《성화보》는 이들 중 권수평과 권수홍의 후 손들을 중심으로 작성되었다. 혼인관계의 경우, 권수홍의 1남 3녀 중 세 딸의 남편들이 가장 앞서 기록되었다. 안동 권씨는 10대 이후 이, 김, 박, 유, 정, 윤 등 당시의 대표적 가계들과 혼인관계를 맺었고, 《성 화보》에는 이들 외손 계열의 자손들이 90퍼센트 이상을 차지하였다.[78] [표 3]은 《성화보》에 기록된 세대별 안동 권씨 아들 계열과 결혼한 여성

[표 3] 《성화보》에 기록된 세대별 인원

세대구분	인원 수	백분율(%)	남성	결혼 여성[사위]	미혼인 여성
1~10세대	17	0.16	17	–	–
11세대	9	0.09	6	3	–
12세대	18	0.18	12	6	–
13세대	39	0.38	27	11	1
14세대	60	0.59	37	23	–
15세대	153	1.49	79	70	4
16세대	362	3.53	197	161	4
17세대	957	9.34	517	428	12
18세대	2,022	19.74	1,095	904	23
19세대	3,333	32.54	1,943	1,249	141
20세대	2,544	24.84	1,555	786	203
21세대	724	7.07	460	196	68
22세대	5	0.05	3	2	–
총계	10,243	100	5,948	3,839	456

[사위] 그리고 미혼인 여성의 인원수를 기록한 것이다.[79]

《성화보》에서는 개인의 성, 명, 세대, 성별, 사위 여부, 가계, 관직, 시기 등의 정보를 파악할 수 있다. 여기서 혼인한 딸은 그 남편의 이름으로 대신 기록되었으므로, 사위들의 성을 통해 안동 권씨의 혼인 네트워크를 파악할 수 있다. 구성원들의 관직 정보는 정치·사회적 위상을 확인할 수 있는 좋은 지표이다. 《성화보》에는 출생년 기록이 없고 세대만 확인할 수 있지만, 다른 역사 자료들에 기록된 일부 안동 권씨 인물들의 출생 연도와 사망 연도를 통해 각 세대를 시기적으로 구분할 수 있다.[80]

족보는 일반적으로 세대가 내려갈수록 인구가 기하급수적으로 증가하는 '피라미드형' 구조다. 그러나 1476년 편찬된 《성화보》에는, 18·19·20대에 집중적으로 많은 인원이 기록되고, 이후 21·22대로 갈수록 오히려 인원수가 감소하거나 미기재未記載되는 현상이 확인된다. 이는 편찬 시기의 상황이 반영된 결과로 해석할 수 있다. 즉,《성화보》작성을 주도한 서거정은 16대 권근의 외손이다. 그의 아버지 서미생은 권근의 1남 2녀 중 차녀와 결혼해 2남 5녀를 낳는데, 그중 막내아들이 서거정이다. 안동 권씨 18대 외손인 서거정은 1420년에 태어나므로 그의 나이 56세, 그리고 문과로 관직에 진출한 지 10년 되는 해에《성화보》를 편찬했다. 그러므로 서거정이《성화보》를 작성할 당시, 서거정의 자손 대인 19대 구성원들은 결혼 이벤트를 거의 마치기는 했지만, 출생 이벤트를 진행 중인 구성원들이 적지 않았다고 할 수 있다. 20대 구성원들의 인구수가 19대보다 적게 나타나는 것은 이 때문이라고 할 수 있다. 또한 1476년 당시 관직 획득의 이벤트가 진행 중이었던 19, 20, 21대 구성원들의 경우,《성화보》에 그들의 관직이 미기재 상태로 남아 있는 경우가 적지 않다. 이 경우, 후대의 자료를 통해 이들의 관직을 확인하여

《성화보》의 미비점을 보완할 수 있다.[81]

이제《성화보》의 혼인 네트워크를 바탕으로 고려 중기에서 조선 전기까지 지배층의 정치·사회적 지위가 어떻게 계승되는가를 살펴보자. 일반적으로 지배층은 자신들의 정치적 이익에 부합하는 혼인을 통해 사회적 관계를 재생산하고 통제하는 것을 목표로 삼았다.[82] 고려와 조선도 마찬가지로 혼인은 사회적 지위를 유지하거나 상승을 위한 중요한 도구로 활용되었다. 혼인을 통해 지배층이 재생산되는 역사적 과정을 살펴보기 위해,《성화보》에서 지배층 간 혼인 네트워크의 사례가 상대적으로 풍부한 13세기부터 15세기를 대상으로 하였다. 이 시기는 다시 세 시기로 나누었는데, 제1기(P1)는 13세기 후반부터 14세기 중반까지(안동 권씨 13~16대), 제2기(P2)는 14세기 중후반(안동 권씨 17~18세대), 그리고 제3기(P3)는 14세기 후반부터 1476년까지이다(안동 권씨 19~21세대).[83]

P1은 원의 간섭기이다. 수십 년에 걸친 전쟁(1231~1270) 끝에 원은 고려에 대한 주권을 주장했다. 그 후 고려의 세자들은 원의 수도인 연경에 거주하며 교육을 받아야 했으며, 원의 공주들과 혼인관계를 맺었다. 이러한 상황에서 고려의 지배층은 원과의 관계를 통해 그 지위를 유지하고자 했다. 안동 권씨의 사위였던 서원(파주) 염씨 가문이 대표적인 사례이다. 서원 염씨의 염제신은 연경에서 원 황제를 섬기고, 이를 기반으로 고려의 재신 자리에 올랐다. 또한 그의 4남 6녀 중 4남은 모두 최고위 관직에 올랐으며, 당시 권력 가문이었던 안동 권씨, 남양 홍씨, 장흥 임씨, 경주 이씨와 혼인관계를 맺었다. 특히 그의 4녀는 훗날 공민왕의 왕비가 되었다. 이 시기의 또 다른 영향력 있는 가문으로는 문화 류씨, 함양 박씨 등이 있었다. 안동 권씨는 이들 가문과의 혼인을 통해 정치적 영향력을 확대해갔다.

　P2는 원이 쇠퇴하고 명이 영향력을 행사하기 시작한 시기로, 고려의 공민왕과 공양왕 대이다. 중국에서 원과 명 사이의 전쟁을 이용하여, 고려는 원으로부터 주권을 회복하기 위해 노력했다. 공민왕은 원의 영향력을 제거하기 위해 원의 측근들을 숙청했다. 이러한 혼란에 대응하여 지배층들은 새로운 결혼 대상을 찾기 위해 움직였고, 이 과정에서 고려의 결혼 네트워크는 재편됐다. 안동 권씨는 문화 류씨, 함양 박씨, 경주 이씨 등 전통적인 유력 가문과의 혼인도 유지하면서, 신흥 가문인 언양 김씨, 경주 김씨, 해주 최씨 가문과 혼인관계를 맺었다. 이러한 혼인 네트워크의 다변화로 인해 안동 권씨뿐만 아니라 다른 유력 가문이 정치적 격변에서 살아남을 수 있었다.

　P3는 고려에서 조선으로 왕조가 교체되는 시기이다. 고려에서 조선으로의 권력 이동은 중국에서 일어난 정권 교체와 유사했다. 조선의 신유교 이념은 신생국 명과의 우호적 관계를 상징하는 것으로 해석되었다. 이러한 정치적 변화는 사회 계층의 변화를 수반했다. 신유교 문인인 양반은 고려의 불교 지배층을 대체하고 조선에서 정치·사회적 지배층으로 군림했다. 이러한 급변하는 시기에 엘리트 가문 사이에 혼인 네트워크도 변화했다. 이 시기에 안동 권씨를 포함한 전통적인 유력 가문은 새롭게 부상하는 가문과 혼인 네트워크를 맺는 데 성공했다. 그렇지만 일부 가문은 새로운 환경에 적응하지 못하고 도태되었다.[84]

　P1, P2, P3 시기의 역사적 상황을 염두에 두고, 해당 시기 혼인 네트워크의 구조를 살펴보자([표 4]).

　《성화보》에는 총 342개의 가문이 확인되었는데, 시기별 가문 수는 P1은 43, P2는 230, P3은 272이다. P1에서 P2로 증가한 가문 수가 P2에서 P3로보다 더 크다. 이는 [표 1]에서 본 것처럼 《성화보》의 인구 분포에

[표 4] 결혼 네트워크: P1, P2 및 P3에 대한 노드 및 관계

《성화보》	P1	P2	P3
가족 수	43	230	272
혼인 건수	56	814	1,377
네트워크 밀도	0.06	0.03	0.04
타 가문 간 혼인 건수 (퍼센트)	25(45)	645(79)	1,255(91)

기인한 것이다. 혼인 건수는 P1, P2, P3가 각각 56, 814, 1,377건으로 확인되는데, P3 기간에 타 가문 간 혼인 수가 증가해 91퍼센트를 차지한다. 이러한 지배층 간의 혼인 네트워크를 그려보면 〈그림 1〉과 같다.

P1 시기 혼인 네트워크의 중심은 안동 권씨였으며, 문화 류씨, 서원 염씨, 개성 왕씨 등이 뒤를 이었다. P2 시기에서는 결혼 네트워크가 급격히 확대되면서, 안동 권씨와 다른 가문 간 격차가 좁혀졌고, 왕실과 혼인이 가능한 재상지종 가문[85]이 혼인 네트워크의 중심으로 부각되기 시작했다. 재상지종 15가문은 경주 김씨, 언양 김씨, 정안 임씨, 경원 이씨, 안산 김씨. 철원 최씨, 해주 최씨, 공암 허씨, 평강 채씨, 청주 이씨, 당성(홍주) 홍씨, 황려(여흥) 민씨, 횡천 조씨, 파평 윤씨, 평양 조씨 등이다. 이러한 경향은 왕조가 교체되는 P3 시기에 더 두드러진다. P3 시기에는 전주 이씨가 혼인 네트워크의 중심이 되며, 더 이상 네트워크의 중심이 되지 못하는 안동 권씨를 추월했다. 또한 언양 김씨, 평강 채씨 등 일부 재상지종 가문이 지배층에서 도태되었다. 그럼에도 고려의 유력 가문은 조선이 건국된 이후에도 지배층의 혼인 네트워크에서 도태되지 않았다.

고려 후기에서 조선 전기 지배층은 사회적 지위를 유지하기 위한 전략으로 혼인을 활용했다. 물론, 정치적 혼란기에, 지배층의 혼인 네트

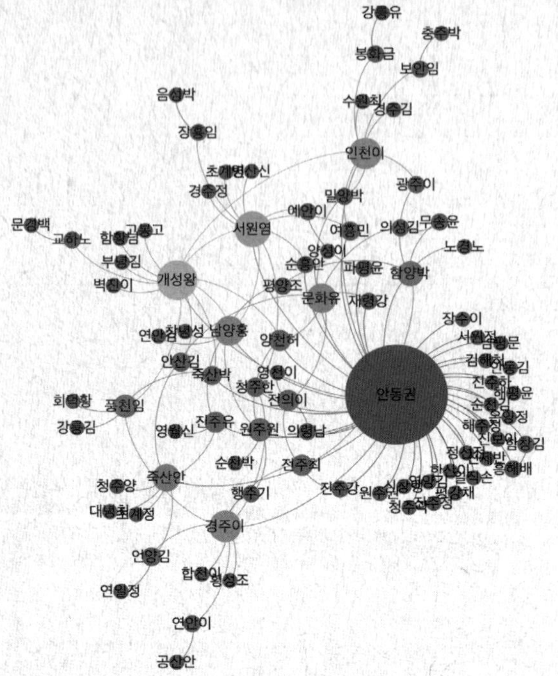

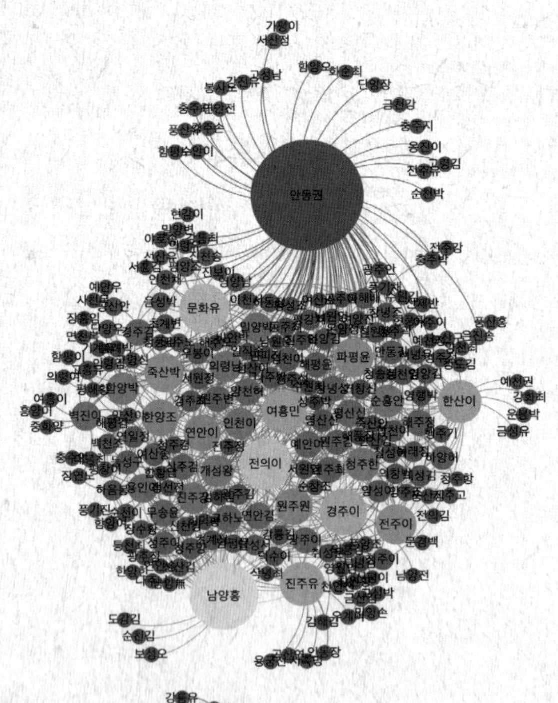

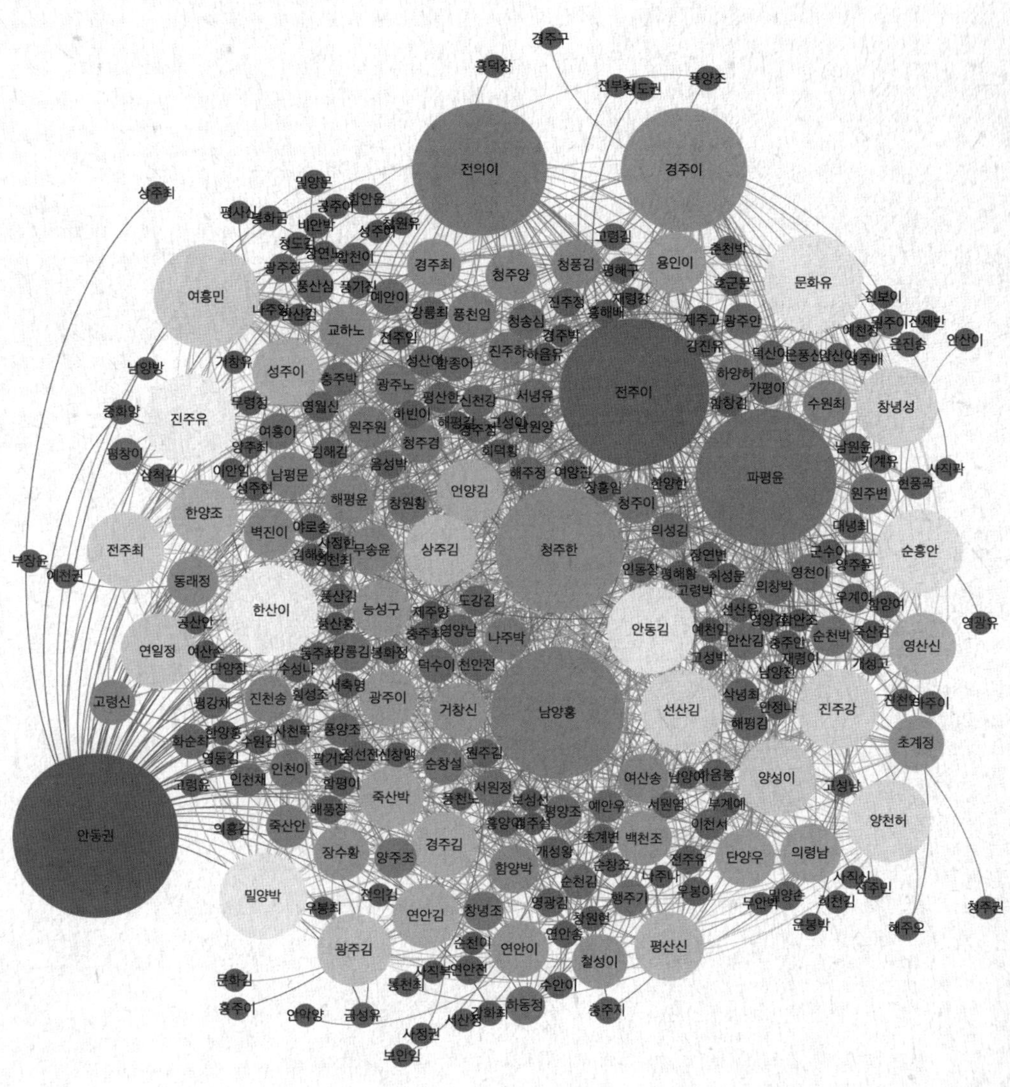

〈그림 1〉 《성화보》의 시기별 혼인 네트워크 시각화

워크에서 도태되는 가문도 나타났지만, 지배층은 기존의 혼인 네트워크를 더 강화했다. 새롭게 부상한 권력 가문은 기존 지배층의 혼인 네트워크에 포섭되었다. 조선 왕조가 건국한 이후에도 기존의 혼인 네트워크는 더 견고해지는 경향을 보인다.

이상에서 전시과라는 국가적 토지 분급 체제가 지배층의 권력·경제 구조와 결합하여 농장으로 재편되는 과정을 규명하기 위해 지배층의 혼인 네트워크를 살폈다. 고려 전기에는 왕실과 지방 호족 간의 혼인망이 형성되면서 외척·공신 가문들이 등장하였다. 이들은 관직 획득을 통해 전시과 수조권을 확보하였고, 이를 통해 초기 경제적 기반을 다졌다. 특히 왕실 혼인은 호족 세력의 관직 진출과 토지 수혜를 촉진하는 매개로 작용했다. 고려 후기에 이르면, 안동 권씨와 같은 지배층이 혼인·관직·토지망을 유기적으로 교차 활용하여 전시과 기반 특권을 세대 간에 안정적으로 계승하였다. 이 과정에서 관직의 유지 및 승진은 정치권력의 유지뿐만 아니라, 수조권 규모의 확대, 나아가 토지 지배력 강화를 의미했다.

전시과의 전시田柴는 법적으로 관직 등급에 따라 지급되었으나, 실제로는 혼인 네트워크를 통해 관직 획득과 승진이 촉진되면서 특정 가문에 집중되었다. 외척과 문벌 간 혼인은 토지·관직·혼인의 삼중 고리를 형성하여, 정치적 연대를 공고히 하고 경제적 이익을 다세대·다층적으로 재생산하는 메커니즘을 구축했다. 왕실 혼인과 안동 권씨 족보의 사례는 이러한 구조가 구체적으로 작동한 전형적 양상을 보여준다. 이러한 구조적 흐름은 13세기 후반 이후 수조권이 실질적 경작 통제와 조세 수취까지 포괄하는 농장 체제로의 재편을 가능케 했다.

[2]

지배층의 경제적 기반: 농장

고려에서 조선 초 지배층의 정치·사회적 지위는 그들의 경제적 지위와
일치하는 경향이 있었다. 관직과 직역에 따라 토지를 분급하던 전시과
의 유제가 과전법에까지 이어졌다. 관직은 지배층의 정치·사회적 지위
뿐만 아니라 경제적 지위를 유지하는 수단이었다. 그런데 고려 후기 이
래 변화된 사회경제적 상황은 혼인 전략 이외에 지배층의 정치·사회적
지위를 유지하기 위한 새로운 전략을 요구했다. 첫 번째 변화는 인구
증가에 따른 가용 토지의 부족이었다. 1000년에서 1500년 사이 동아시
아 국가들에서 인구 증가가 보편적으로 확인된다.[86] 동시대 중국과 일
본에서는 해당 시기 두 배 가까운 인구 증가가 이루어졌는데, 한국의
상황도 크게 다르지 않았을 것이다. 인구의 증가는 가용 토지의 부족을
불러왔는데, 고려 후기 이래 진전이 활발히 개간된 것은 이러한 상황에
대한 대응이었다고 할 수 있다.[87] 더 구체적인 대응은 토지의 효용가치

를 극대화하는 방식으로 이루어졌다. 연작상경이 이 시기에 본격적으로 도입되었다.[88]

두 번째 변화는 인구 증가와 집약적 토지 이용이 확산하면서, 직역과 토지를 직접 연계해 분급하던 체제는 점차 해체되고 변형되었다.[89] 토지는 단순히 직역 수행의 대가가 아니라, 지배층이 경제적 이익을 추구하는 수단으로 변모했다. 이러한 변화 속에서 직역과 토지를 결합시키던 원리는 농장 경영에도 변용되어 적용되었다. 즉, 지배층은 토지를 중심으로 농민들의 노동력과 조세를 조직적으로 통제·수취하는 체계를 구축했고, 이는 토지와 인민을 함께 예속화하는 방식으로 작동했다.

지배층은 농장 확대 전략을 다양하게 마련했다. 첫 번째 전략은 탈점이었다. 탈점형 농장은 국가 수조지에 대한 탈점에 의해 확대되었다.[90] 아래 명종 18년(1188)의 기사를 통해 구체적으로 살펴보자.

A. 명종 18년(1188) 3월에 다음과 같은 지시를 내렸다. "개경 사람[京師]이 지방[鄕邑]에 농장을 크게 벌려 놓고 폐해를 일으키는 자는 그 농장을 몰수하고, 법에 따라 그들을 개경으로 되돌려보낸다. 사찰[道門]의 승려가 (경영하는) 각지 농사農舍에서 공호양인貢戶良人들을 함부로 차지하여 그들을 부리고, 또한 품질이 낮은 종이와 피륙을 빈민에게 억지로 나누어주고 이익을 취하니 이를 다 금지할 것이다."[91]

사료 A는 농장의 폐해에 대한 국가의 조치를 담은 기사이다. 개경 사람과 사찰의 승려가 농장을 크게 벌려놓고 공호양인들을 함부로 차지하는 폐해를 일으켰다. 이보다 앞선 시기인 인종 5년(1127)에 이자겸의 난을 수습하는 과정에서 탈점한 토지와 노비를 추쇄하여 본래의 주인에게 돌려준 일이 있었다.[92] 그러나 이는 당시 최고권력층의 탈점 사례였다. 이에 비해 위 사료에서는 개경 사람과 사찰의 승려가 탈점의 주체로 나서고 있다. 이로써 당시 탈점이 이전과는 달리 광범위한 계층에 의해 자행되고 있었음을 알 수 있다. 이에 대한 국가의 조치는 단호했지만, 이러한 추세를 되돌릴 수는 없었다.

국왕뿐만 아니라 '권세지가權勢之家', '호세지가豪勢之家' 등의 권세가와 내료배內僚拜와 부원배附元拜, 사원이나 토호 등 광범위한 지배층은 권력을 이용해 탈점을 주도했다.[93] 원종은 측근들에게 전원을 나누어 주었는데, 이를 회수하라고 청한 재추宰樞를 처벌하고자 하였다.[94] 충혜왕은 노환으로 죽은 장모 김씨의 토지와 노비, 그리고 그 문권을 빼앗았다.[95] 또한 그는 말 사육 시설[內廄]을 짓기 위해 백성들의 토지를 빼앗기까지 하였다.[96] 원 간섭기에는 부원 세력의 탈점이 극심했다.[97] 부원 세력의 이러한 행위에 대해 처벌하기도 했지만,[98] 곧이어 원 기황후의 친족을 처벌한 지방관들은 옥에 갇혔다.[99] 이러한 지배층의 토지 탈점으로 인해 '전민송사'가 빈번히 일어남은[100] 당연했다. 이렇게 탈점형 농장은 당시 보편적이고 광범위하게 형성되었다.[101]

또한 그들은 합법적인 사패[102]를 활용해 토지의 탈점에 나섰다. 사패는 국가가 농사일에 힘쓰고 식량 생산을 중시하는 뜻으로[103] 국가에 공로가 있는 자에게 내려지는,[104] 일정한 토지의 합법적 소유와 점유를 인정하는 국가 발행 공문서이다.[105] 또한 사패전은 대몽 항쟁, 삼별초의 난, 일본 원정 등으로 국토 대부분이 황폐해진 땅을 개간할 목적으로 내려졌다. 개간이 활발하게 전개된 것은 원 간섭기 이후, 즉 전란이 수습되는 충렬왕 초년 이래로, 관인·왕실·사원 등에 개간을 전제로 한 사패를 액수에 제한 없이 자주 내렸기 때문이다.[106] 이 사패는 일정 정도의 성과가 있어 개간된 땅을 양전하여 세납을 늘려 국용에 충당하자는 논의가 있었는데, 권세가들의 반대로 무위에 그쳤다.[107] 이러한 사패, 사패전은 그 취지의 합법성에도 불구하고 '사칭사패'·'모수사패'의 방법으로 토지 탈점의 수단이 되었다.[108]

탈점형 농장은 집권 체제의 이완으로 직역호와 그 토지가 불법으로 탈점되는 형태였다. 이 때문에 정호와 그 구성원인 전호, 양호, 족류, 그리고 인보 등은 토지와 함께 농장의 예속민으로 흡수되었다. 이는 토지의 탈점이 보이는 사료에 농민도 함께 탈점되는 것에서 알 수 있다. 이에 따라 탈점형 농장의 경영은 이들 탈점된 농민에 의해 경리되었고, 농장주와 탈점된 농민 간에는 직접적인 수취가 이루어졌다. 즉, 탈점형 농장에서는 농민에 대한 국가의 지배가 약화되었다. 농민이 토지에서 이탈되는 모습은 권세가의 노奴들이 줄을 이어 수세를 도둑질하고, 관에서는 해를 따지지 않고 여러 번 징세하는 사료에서도 알 수 있다.[109] 권세가들은 농민과 그들의 토지를 탈점하여 사적으로 예속했다. 이러한 탈점형 농장은 이들 사민화한 피탈점인에 의해 경리되었다. 이러한 모습은 고려 후기 사전 개혁론자들의 상소에 보인다.

B. 근년에 이르러 겸병이 더욱 심해져서 간사하고 흉악한 무리가 주에 걸치고 군을 포괄하는 규모로 겸병하고, 산천으로 표식을 삼아 모두 조업전이라 지칭하며 서로 빼앗고 있습니다. 이에 따라 일무의 주인이 5, 6명을 넘고 한 해에 조세를 8, 9차례나 거두게 되었습니다.[110]

사료 B는 대토지 겸병이 심화한 고려 후기 탈점형 농장의 경리를 보여준다. 대토지의 규모는 주에 걸치고 군을 포괄하여 산천으로 표식을 삼을 만큼 광대한 것이었다. "간사하고 흉악한 무리"는 국역 체제에 편입된 농민들의 토지를 서로 강제로 **빼앗아** 조업전으로 삼았다. 이 때문에 농민들의 토지는 주인이 5, 6명을 넘는 경우도 있었다. 이들 탈점된 농민들은 "간사하고 흉악한 무리"에 사적으로 예속되었고, 한 해에 조세를 8, 9차례나 부담했을 정도로 수탈당하였다. 이처럼 탈점형 농장은 주로 양인을 강제로 천민으로 삼는, 즉 '압량위천押良爲賤'으로 사민화된 농민에 의해 경작되었고, 이는 고려 후기 일반적인 농장의 형태였다. 그렇지만 탈점형 농장은 지배 체제가 회복되는 과전법 이후 해체되었다.

지배층이 농장을 확대하는 두 번째 전략은 개간과 매득이었다. 개간은 사회 모순에 대한 저항의 형태인 농민들의 유망流亡과 관련이 있었다. 농민들의 유망에 따른 경작 포기, 이로 인한 진전 발생 등은 개간을 가능케 하는 사회적 여건을 조성하였다.[111] 유망의 주요한 원인은 국가가 법에 정해진 이상으로 부당하게 거두어 들이는 과렴科斂 등에 있었다.[112] 국가는 탈점 등으로 인한 국가 재정의 부족을 보충하기 위해 농민들에 대한 수취를 한층 강화하였다. 가혹한 수취 상황은 이규보의 시에 잘 나타나 있는데, 현의 향리가 햇곡식을 수확하기도 전에 조세를 거두고자 했을 정도로 수취가 가혹하였다.[113]

이 시기 빈번한 자연재해도 유망의 중요한 원인이었다. 실제로《고려사》천문지를 살펴보면 자연재해에 속하는 한재, 대수재와 기근에 관한 기사 등이 13세기 후반에서 14세기에 집중되었다. 또한 1250~1400년 사이에는 한랭한 기후가 이어졌다.[114] 이곡은 그의 문집에서 "봄나무에 꽃이 피는 대신 눈꽃이 필 정도로 추위가 봄까지 이어졌고,

유이민 중에 동사자가 많았다"[115]고 하였다. 이러한 빈번한 자연재해와 한랭한 기후는 농사에 심대한 타격을 주었고, 그 결과 기근이 광범위하게 진행되었다. 여기에 고리대의 폐단[116]도 유망의 촉진제가 되었다. 사회경제적 모순과 자연재해 등으로 고통받던 농민들은 고리대에 의존할 수밖에 없었고, 다시 "이자에 이자를 낳아" 이들의 고통은 이전의 곱절이 되어 유망하지 않을 수 없었다. 이러한 유망은 11세기 후반부터 전국에 걸쳐 현저하게 나타났다.[117] 예종 1년(1106)에는 우봉 등 24개 주에서 유민이 발생하였다.[118] 국가는 감무관을 파견하여 유망민을 안집시키기도 하였다.[119] 그러나 유망은 몽골과의 전쟁 이후에 더욱 심하였다.[120] 유망으로 당시 농민은 거주지에 반도 남아 있지 않았다.[121] 심지어는 "열 집 가운데 아홉이 비었다"[122]고 할 정도였다. 이에 따라 그들이 경작하던 토지는 진전陳田으로 변했다. 지배층은 진전의 개간에 적극적이었다. 이는 안목의 사례를 통해 살펴볼 수 있다.

> C. 파주 서쪽 외곽에 토지가 황폐하여 사람이 살지 않는 곳이 있었다. 안목이 처음으로 그곳을 개간하여 토지를 널리 경작하였고, 큰 집을 짓고 거기서 살았다.……그 손자인 안원에 이르러서 가장 성하여 내외에 토지를 널리 점유하였다. 그 토지는 수가 만 경을 헤아렸고, 노비는 100여 호에 이르렀다.[123]

사료 C는 안목과 그의 손자 안원이 개간을 통해서 농장을 확대하는 모습을 보여준다. 안목은 파주 서쪽 외곽의 황폐한 땅을 개간하여 많은 토지를 차지하였다. 그 손자인 안원에 이르러 내외에 많은 토지를 널리 점유하였다. 이 사료는 지배층이 개간을 활용해 농장을 확대하고 있음을 생생히 증언하고 있다.

지배층은 매득을 통해서도 합법적으로 농장을 확대했다. 이는 충선왕이 왕후에게 토지와 주택[田宅]을 매득해준 데서 확인된다.[124] 이색의 《목은집》에서도 매매 사례를 확인할 수 있다. 이색은 이사하는 자의 가사와 토지를 전권의 매매를 통해 합법적인 '세습적 소유'를 할 수 있었다.[125] 유사한 매득 사례를 임춘의 서간에서 찾아볼 수 있다.

D. 아아! 곤궁에 처한 이후에 돌아감을 아니 미리 알아 대처했다 할 수 없다. 그러나 토지 일전을 사서 농부들에게 농사짓게 하고자 하니 또한 근심 없이 늙어 죽기 족하다. 일찍이 단천에 노닐러 갔다가 산천이 아름다워 머무를 만했다. 강을 두른 석벽이 볼 만한 것이었다. 그 동쪽에 한 빈터가 있어 그곳을 찾아가니 곧 군 농민의 토지였다. (농민의 토지는) 조세[官租]와 사적 계약[私契]을 위한 저축[委積]으로 여러 차례 (처분하여) 재화로써 화를 면하고자 하나 팔리지 않았다 한다. 내가 그것을 들으니 기쁘나 살 만한 재물이 없고 또한 경영할 비용도 없다. 그런데 지금 학사 이지명은 나를 알아주는 자로, 그의 힘을 빌려 이 산곡에 거처를 마련하고자 하는 뜻을 (내가) 전하니, 허락했다. 아마 늦어도 여름이 시작되기 전에는 초가를 지어 가족을 이끌고 옮겨갈 것이며, 또 강가의 논밭 몇 경을 사서 여름과 겨울 양식을 마련하고자 하는 것이 나의 계획이다.[126]

사료 D는 임춘이 정중부의 난(1170)에서 간신히 목숨을 구하고 단천에서 살게 된 후 그곳의 토지를 사서 경작하고자 함을 보여주는 사료이다. 여기서 임춘은 조세와 사적 계약으로 토지를 팔아야 하는 처지에 처한 단천 농민의 토지를 매입하려 했다. 여기서 매득의 대상이 된 것은 몰락한 농민의 토지였다. 이러한 과정을 통해 획득한 농장은 지배층의 소유 토지로서 합법적으로 인정받았다.

개간·매득형 농장은 주로 가작家作의 형태로 경영되었다. 가작이란 농장주가 농사의 전 단계를 직접 계획하고, 주로 노비 노동을 이용하여 경영하는 것으로 이해되고 있다. 가작의 주요한 노동력인 노비는 고려 후기에 증가하고 있었다. 노비가 증가하는 일련의 상황은 당시 사회경제적 상황과 관련이 있다. 고려 후기 토지는 지속해서 증가하였다. 전국의 주현이 대부분 개간되었다.[127] 또한 농법의 발달로 인해 토지를 통해 얻을 수 있는 소출량이 이전보다 많아졌다.[128] 이렇게 개간·매득형 농장이 발달하는 상황에서 노비는 가장 이상적인 생산 도구였으며, 노동력의 집약도를 높이는 데 필요한 존재였다. 그 때문에 노비의 증가는 농장의 발달과 궤를 같이하였다.

노비는 토지의 생산성이 증대하는 고려 후기에 종래의 사환노비의 성격[129]보다는 농경노비의 성격이 강화되었다. 노비가 농경에 종사하는 모습은《목은시고》의 〈용미가〉에서 확인할 수 있다. 여기서 부가富家는 농사짓기에 좋은 토지를 가동, 즉 노비를 이용하여 경작하고 있음을 보여주고 있다.[130] 또한 안산군 부인 김씨는 부처[僧堂]의 영험함에 감동하여 상원사에 노비와 전토를 바쳤는데, 이는 상원사의 주요한 재원이 되었다.[131] 사원농장의 예이긴 하지만 일반 농장에서도 이렇게 노비가 경작에 사역되었다.[132]

이들 농경노비는 주인의 가작지에서 사역되었다. 노비 노동에 의존하는 가작 경영은 주인의 근방 토지에서 주로 행해졌다. 이에 비해 원방의 농장은 가작 이외의 방법을 통해 경리되었다. 가작 이외의 경리에는 외방노비를 통한 작개作介 경영과 비예속인으로 남의 땅을 빌려 경작하고 지대를 지급하는 용전지인傭佃之人의 사역을 통해 이루어졌다. 우선 외방노비를 통한 작개 경영을 살펴보자.

외방노비는 주인의 토지를 경작하여 잉여분을 주인에 바치고, 일정액을 자기의 소유로 하였다. 이색의 농장이 있는 적제촌 토지를 경작하는 외방노비[農奴]는 처음 수확한 보리를 이색에게 바쳤다.[133] 이색에게 바친 양이 얼마였는지에 대해 알아볼 자료는 없지만 분명한 것은 그 '농노'는 이색의 토지를 경영하는 대가로 일정액의 보리를 소유할 수 있었다는 것이다. 보리뿐만 아니라 "벼꽃이 피었다"라는 것에서 쌀에 대해서도 마찬가지였을 것으로 추정할 수 있다.

원방의 농장은 이렇게 외방노비를 이용해 경리되었다. 그 경영 형태는 작개제를 통해 이루어졌다. 이는 〈태조사급방우토지문서〉를 통해 살펴볼 수 있다.

E. 조상으로부터 물려받은 전답은 각 촌의 창고 관리원[各庫員]에 소속된 사표四標 구역 안에서, 하루 경작 기준[日耕數爻]에 따라 자손들에게 전해[傳持]주어 오랫동안 경작하여 생계를 유지하게 했다[喫持]. 이 가운데 삭방도는 별도로 조세를 부과하는 바가 없어서 노비나 예속민에게 대신 작개경작作介耕作하게 했다. 또한 사표 구역 내의 작개는 □□□경□□와 논밭이 묵어서 생긴 손실[陳損]을 고려하여, 삭방도의 관례를 따라 조세를 거두어 먹어라.[134]

사료 E에서 주목되는 것은 '작개경작'이다. 이는 다음과 같이 이해되고 있다. 작개제는 노비 보유자가 노비에게 작개와 사경私耕을 짝지

어 나눠주고, 노비는 이것을 가족 노동력에 의해 경작하는 형태로 운영
되는 토지 경영 방법이었다. 작개지 수확물은 반이 넘는 양에서 전량까
지가 주인에 의해 마음대로 수취되었으며, 반면에 사경지의 수확물은
노비들의 생계유지를 보조하기 위하여 그 전량이 노비들에게 주어졌
다.[135] 태조는 함경도의 관례에 따라 노비를 동원하여 원방의 토지를
작개경작하고 있다. 이러한 작개경작은 농장주의 가작 경영이 어려운
원방의 토지를 효과적으로 경리하는 방법이었다.

원방의 농장은 작개경작 외에 용전인[傭佃之人]의 사역[136]을 통해서도
경작되었다. 용전인을 통한 농장 경영은 농장주 소유의 노비가 부족했
을 때 이루어졌다. 이들은 농장주에 직접적·사적으로 예속되지 않고,
토지를 소유하고 있지 않았다. 이들은 자신의 경작지를 가지고 있지 못
한 몰락 농민들이었다. 이들의 처지는 다음의 사례를 통해 살펴볼 수
있다. 흘절사팔이란 중의 부모는 능히 자존하지 못하고 생계유지를 위
해 고용 노동자가 되었다. 이들은 몰락 농민들로서 노동력만을 바치는
고용인이었다.[137] 이러한 처지는 고려 후기 문사였던 최해崔瀣에게서도
보인다. 최해는 학문을 중시하고 불교를 좋아하지 아니하였다. 그는 집
안 살림에 관심이 없어 매우 가난했는데, 만년에는 그가 좋아하지 않던
불교의 절에서 밭을 빌려 생계를 유지했다.[138] 또한 정도전은 부자들이
'용전지인傭田之人'의 사역을 통해 토지를 경작하고, 그 수확물의 대부
분을 수취함을 개탄하고 있다. 부자들은 "전시과제도가 붕괴한 후 토
지를 겸병한 호강한" 농장주들이었다.[139]

개간·매득형 농장은 근방의 토지에서는 가작 경영하고, 원방의 토지
에서는 작개경영과 비예속인인 용전지인의 사역을 통해 경작되었다.
이러한 유형의 농장은 농장주가 특별히 정치 변동과 관련되지 않는 한

과전법의 시행과 관계없이 조선 초기로 이어졌다.

이 장에서는 고려 후기 농장 형성과 그 전개 양상을 분석하였다. 고려 후기 농장은 크게 두 가지 경로를 통해 형성되었다. 첫째는 지배층이 국가 수조지였던 공민의 토지를 탈점하여 전시과 규정 이상의 토지를 점유한 방식이었으며, 둘째는 개간이나 매득 등을 통해 합법적으로 토지 지배를 확대하는 방식이었다. 전자는 조선 초 과전법의 시행으로 부정되어 국가에 의해 회수·재분배되었으나, 후자는 합법적인 소유로 인정되어 조선 시기 농장으로 연속되었다.

기존 연구는 농장의 불법적 형성만을 강조하여 고려와 조선 농장 사이의 제도적 연속성을 충분히 설명하지 못했다. 또한 농장과 노비 경작인의 증가가 함께 이루어진 현상에 대한 명확한 분석 없이 병작반수제 기반의 지주전호제를 지나치게 단순하게 적용하는 한계를 보였다. 이 장에서는 농장이 단순한 불법적 토지 점유가 아니라 인구 증가와 농업 생산의 집약화라는 시대적 상황에서 필연적으로 발생한 현상임을 확인할 수 있었다. 또한 지배층이 혼인망, 관직망, 토지망을 연계해 농장이라는 사적 영역을 확장하고, 이를 자신의 사회경제적 기반을 유지·강화하는 데 활용했다는 것을 밝혔다.

결국 고려 후기 농장은 지배층의 권력과 경제적 재생산 구조 속에서 형성되고 유지된 현상이었으며, 이는 고려 후기와 조선 전기의 토지 지배 질서를 연결하는 핵심적 요소였다.

8. 정리 및 남은 과제들

고려 사회의 실제 모습을 복원하려는 이 책은, 고려를 더 이상 신라의 해체와 조선의 성립 사이에 놓인 단순한 과도기로 역사의 무대에 두지 않는다. 토지와 인구라는 가장 구체적인 삶의 기반을 단서 삼아, 국가와 지배층, 그리고 일반 백성이 얽혀 만든 동학을 복원하고자 했다. 그 과정에서 드러난 고려는 결코 수동적이거나 미완의 체제가 아니었다.

이 책은 식민사관의 논리를 반박하는 데 집중했던 기존 연구 성과를 비판적으로 계승하는 데서 출발했다. 고려시대 토지제도사 연구는 식민사학의 이론적 전제를 무력화하는 데 기여했으며, 이는 한국사 연구에서 소중한 성과로 평가되어야 한다. 그러나 동시에, 토지제도가 국가와 구성원 간의 사회경제적 관계 속에서 어떻게 운용되고 조정되었는지, 고려 사회 내부의 동학에 대한 관심 또한 필요하다. 이 연구는 기존 연구의 영역 구분을 넘어, 다양한 분야의 시각을 통해 '주어진 공간'과

'익숙한 땅에 매인 사람'이 발을 딛고 선 정치·경제·사회 체제의 구조
와 작동 원리를 복원하고자 했다. 이 책이 토지와 인구라는 고려의 주
요한 재원을 고찰하는 데서 논의를 시작한 이유가 여기에 있다.

우선 고려의 토지와 인구가 한국 역사에서 어떤 위치를 차지했는지
검토했다. 토지는 고려인의 삶을 규정하는 중요한 공간이자 국가 재정
의 핵심 원천이었다. 토지 생산성의 역사적 변동을 토대로 다양한 제
도가 형성되고, 사회 구조가 구축되었다. 특히 고려는 공적 영역을 강
조하고 사적 영역을 제한하는 정책 기조를 유지했는데, 이는 토지와
인구의 역사적 변화와 깊은 관련이 있었다. 이 연구는 토지와 인구의
기본적 개념을 바탕으로 백성의 삶과 국가 재정의 토대였던 토지 소유
관계를 살폈다. 아울러, 고려의 토지제도 연구가 식민사관 극복 과정
에서 제공한 다양한 이론적 토대를 발전적 관점에서 검토하고, '공'과
'사', '왕토사상'에 관한 기존 연구의 논점을 비판적으로 재조명하였
다. 이를 통해 고려 사회에서 공적 영역과 사적 영역이 가지는 의미를
새롭게 추적했다.

고려는 근대적·상업적 소유 개념이 아닌, 세습적 소유나 봉록적 소
유가 작동하는 사회였다. 공과 사가 명확히 구분되지 않고 상대적으로
작동하는 조건에서, 토지 매매와 소유가 이루어졌다. 토지 소유 주체
역시 단일하지 않았다. 자기 노동을 투입한 땅에 대해 사실상의 점유권
을 주장하는 경작 농민, 관직의 대가로 수조권을 부여받은 직역자, 왕
토사상을 바탕으로 토지를 분급한 국가가 동일한 토지를 두고 각기 다
른 방식으로 '소유'를 주장할 수 있었다. 이러한 다층적 소유 개념이 충
돌하는 구조 속에서, 고려는 전시과제도를 마련하였다.

전시과는 '주어진 공간'인 토지를 중심으로 국가의 분급 권한과 관료

의 수조권, 농민의 경작권을 제도적으로 조정하면서, 그 안에서 '익숙한 땅에 매여' 살아가는 이들 간의 권리와 의무, 그리고 긴장관계를 일정한 질서 속에 유지할 수 있도록 기능했다. 전시과는 태조에서 광종 대 36년간 운영된 역분전 제도를 토대로, 전지와 시지를 관직 품계에 따라 분급하는 방식으로 국가가 토지와 수익 구조를 중앙집권적 과세와 보상 체계로 제도화한 첫 사례였다. 경종 원년(976)에 제정된 시정전시과는 문종 30년(1076) 경정전시과로 정비되면서 100여 년에 걸친 제도 개편을 마무리했다. 이는 신라 말기부터 지속된 녹읍과 전장 같은 세습적 수취 구조를 폐기하고, 토지와 인민을 국가의 통제 아래 재편하려는 시도였다. 전시과는 관직 체계와 국역 체계의 정비와도 연동되며, 고려 국가 재정 운영의 핵심 제도로 자리 잡았다.

전시과는 '입호충역'이라는 운영 원리를 통해, 직역호를 단위로 전정을 분배하는 토지, 호, 직역이 결합된 고려 특유의 통치제도였다. 이 체계 속에서 양반호는 양반 관직자의 봉록과 세습 토지를 중심으로 전호를 편제하여 수조권을 행사했고, 관직 등급의 변동이나 혈연 구성원의 승진이나 도태에 따라 호의 규모와 위상이 재편되었다. 군호 역시 같은 원리에 따라 조직되었으며, 한 구성원이 군역을 담당하면 나머지는 봉족으로 지원하는 형태였다. 군호 구성원은 군역뿐 아니라 군인전의 경작과 국가 역역에도 참여하였다.

직역전의 실제 경작자는 주로 전호였다. 전호는 조·용·조 3세 가운데 조를 양반에게, 용·조를 국가에 납부했으나, 고려 후기로 갈수록 양반의 수조권이 강화되면서 3세 모두 양반에게 집중되기에 이르렀다. 이러한 변화는 고려 전기부터 왕실과의 혼인, 문벌 간 혼인을 통해 정치·사회적 위상을 공고히 해온 양반 지배층에 새로운 기회를 제공했다. 그들은 전시과라는 제도적 틀 안에서 관직과 직역전을 받아 경제적 기반을 다졌고, 제도의 허점을 활용하여 토지와 인민이 결합된 농장을 주요한 경제적 기반으로 전환했다.

지배층은 이와 같은 제도적 기반 위에서 왕실 및 지배층 사이의 혼인을 통해 정치·사회적 지위를 확보하고 경제적 기반을 유지하고 확장해 나갔다. 고려 후기 인구 증가와 토지 부족이라는 조건 속에서, 지배층은 두 가지 방식의 농장 경영 전략을 구사하였다. 하나는 예속민을 동원하여 경작하게 한 탈점형 농장이었고, 다른 하나는 개간과 매득을 통해 비예속 경작민을 활용하는 개간·매득형 농장이었다. 조선 초 공민화 정책으로 예속민 확보가 어려워지면서, 탈점형 농장은 쇠퇴하고 개간·매득형 농장이 지배층 토지 경영의 중심으로 자리 잡았다. 이 과정에서 지배층은 지방 사회에 대한 경제적 지배력을 강화하고, 새로운 사회경제적 질서를 구축해나갔다.

이번 연구를 통해 고려 사회 경제 체제의 실상을 복원하는 데 일정한 성과를 거두었지만, 여전히 여러 과제가 남아 있다. 우선, 전시과의 다양한 지목에 대한 추가적 고찰이 필요하다. 향리전을 비롯한 일반 전시뿐만 아니라 양반의 공음전시功蔭田柴, 중앙과 지방 각 관아의 공해전시公廨田柴 등에 대한 분석이 아울러 이루어졌을 때, 온전한 전시과의 형체를 살필 수 있다. 또한 전시과에 이어 녹과전祿科田, 과전법科田法으로 이어지는 국가적 토지 분급제도에 대한 전반적인 이해가 필요하다. 전제와 직역이 분리되고 국역 체제로 전환되는 과정에서 등장한 녹과전과 과전법에 관한 장기 지속적 관점의 고찰이 필요하다.

전시과의 운용 원리를 통해 고려 지배층이 그들의 '가격家格', 즉 정치·사회·경제적 위상과 그 물적 기반을 어떻게 재생산하고 유지했는지를 실증적으로 규명할 필요가 있다. 지배층은 세대별로 관직을 지속적으로 확보함으로써 전시과 토지에 대한 수조권을 안정적으로 보장받았으며, 왕실과 유력 가문과의 혼인을 매개로 정치적 연대와 지배권을 심화했다. 장기적 관점에서 보면, 이들은 신라 말기부터 조선 전기에 이르기까지 국가가 구축한 공적 질서를 능동적으로 수용하면서도, 제도의 간극을 활용하여 대규모 농장을 경영함으로써 경제적 지위를 강화했다. 이러한 농장이 고려 후기 이후에도 장기간 존속할 수 있었던 배경에는 중앙과 지방에 동시에 뿌리를 내린 지배층의 여러 세대에 걸친 정치·사회적 기반이 자리한다.

이 메커니즘을 계량적으로 해명하기 위해서는 첫째, 시정·개정·경정전시과에 제시된 품계品階별 전지와 시지 지급 기준을 표준화하여 관직과 토지 결수結數 환산 모델을 구축할 필요가 있다. 둘째, 《고려사》에 등장하는 지배층 인물을 전수 조사하여 데이터베이스화하고, 이어 《성화보》와 《가정보》 등 족보를 활용하여 지배층의 세대별 관직 총량을 산정한다. 셋째, 관직 점수를 환산한 토지 결수를 세대 단위로 합산하여 세대별 전시과 환산 토지 총량을 도출하고, 그 변동 추이를 시계열적으로 분석한다. 이를 통해 가문이 세대를 거치며 재원 총량을 어떻게 유지하고 증감시켰는지, 그리고 관직 변동과 경제적 기반 사이의 상관관계가 어떻게 구조화되었는지를 실증적으로 파악할 수 있다. 이를 통해 한국 중세 시기 지배층 재생산 구조와 권력 이동 양상을 거시적이고 연속적으로 재구성할 수 있을 것이다. 이 주제를 '가격家格 보존의 법칙'이라 명명하고, 후속 연구 과제로 삼고자 한다.

주

1. 서론

[1] 백남운, 하일식 옮김, 《朝鮮封建社會經濟史(上)》, 이론과실천, 1993.

[2] 李佑成, 〈高麗의 永業田〉, 《歷史學報》 28, 1965b: 李成茂, 〈高麗·朝鮮初期의 土地所有權에 대한 諸說의 檢討〉, 《省谷論叢》 9, 1978: 金容燮, 〈土地制度의 史的 推移〉, 《韓國中世農業史研究―土地制度와 農業開發政策》, 지식산업사, 2000.

[3] 페르낭 브로델, 주경철 옮김, 《물질문명과 자본주의 I》, 까치, 1995, 64쪽.

2. 재원: 토지와 인구론

[1] 何炳棣, 曹永祿 外 譯, 《中國科擧制度의 社會史的 研究》, 東國大出版部, 1987, 59~76쪽.

[2] 한영우, 〈총론―한국사란 무엇인가〉, 《다시 찾는 우리역사》, 경세원, 1997, 44~49쪽: James B. Palais, "A Search for Korean Uniqueness", *Harvard Journal of Asiatic Studies*, vol. 55 −2, 1995, pp. 422~425.

3) 金琪燮, 〈高麗末 私田捄弊論者의 田柴科 인식과 그 한계〉,《歷史學報》127, 1990: 朴龍雲·李宇泰·魏恩淑, 〈전시과 체제 하의 토지지배관계에 수반된 몇 가지 문제〉,《한국사》14, 국사편찬위원회, 1993.

4) 《高麗史》卷56, 志10 地理1. "惟我海東 三面阻海 一隅連陸 幅員之廣 幾於萬里."

5) 《高麗史》卷39, 世家39, 恭愍王 5年. "……四千餘里 永爲薄海之藩 億萬斯年 專祝如岡之壽."

6) 《宣和奉使高麗圖經》卷3, 城邑 封境. "舊封境 東西二千餘里 南北一千五百餘里 今旣并新羅百濟 東北稍廣."

7) 《宣和奉使高麗圖經》卷3, 城邑 封境. "高麗南隔遼海 西距遼水 北接契丹舊地 東距大金 又與日本流求聊羅黑水毛人等國 犬牙相制 唯新羅百濟 不能自固其圍 爲麗人所并 今羅州廣州道是也."

8) 《宣和奉使高麗圖經》卷3, 城邑 地形.

9) 《東文選》卷92, 序 三國圖後序. "本朝郡縣 載於圖籍者 略而不詳 無以考驗也 統合以後 始有高麗圖 未知出於誰手也 觀其山自白頭迤邐 至鐵嶺突起而爲楓岳 重複而爲大小伯 爲竹嶺 爲雞立 爲三河嶺 趨陽山而中臺 亘雲峯而地理 地軸至此 更不過海而南 淸淑之氣 於焉蘊蓄 故山極高峻 他山莫能兩大也 其脊以西之水 則曰薩水 曰浿江 曰碧瀾 曰臨津 曰漢江 曰熊津 皆達于西海 脊以東 獨伽耶津南流耳 元氣融結 山川限帶 其風氣之區域 郡縣之疆場 披圖可見已."

10) 박윤덕 외,《서양사강좌》개정증보판, 아카넷, 2022.

11) 이준갑 외,《아틀라스 중국사》개정증보판, 사계절, 2015.

12) 이상의 설명에 대해서는 정요근, 〈高麗前期 驛制의 整備와 22驛道〉,《韓國史論》45, 2001.

13) 이 그림은 정요근, 앞의 논문, [부도 3] 22驛道의 分布, 71쪽.

14) 이 그림은 李炫珠·文誠敏·李相國, 〈고려 태조~현종 대 왕실의 혼인 네트워크와 지배층의 형성〉,《대동문화연구》122, 2023, 〈그림 6〉 태조~현종 대 왕실과 후비 가문 사이의 누적된 혼인 네트워크와 시각화, 211쪽.

15) 여기까지《高麗史》卷82, 志36 兵2 站驛 참고.

16) 고려 초기 왕실의 혼인 네트워크에 관한 설명은 李炫珠·文誠敏·李相國, 앞의 논문, 〈표 2〉 태조~현종 대 후비의 연구지 일람표, 2023, 205쪽 참고.

17) 전시과의 전시가 지방에 지급되었다는 점을 상기할 필요가 있다(강진철, 《고려토지제
    도사연구》 개정판, 1980).

18) 蔡雄錫, 《高麗時代의 國家와 地方社會—'本貫制'의 施行과 地方支配秩序》, 서울대
    학교출판부, 2000.

19) 《高麗史》 卷2, 世家 景宗 李齊賢 讚. "三韓之地 非四方舟車之會 無物産之饒 貨殖之
    利 民生所仰 只在地力 而鴨綠以南 大抵皆山 肥膏不易之田 絶無而僅有也 經界之正
    若慢則其利害 比之中國相萬也."

20) Carlo M. Cipolla는 세계 제국의 멸망을 경제적 관점에서 설명하였다. 이에 따르면
    제국의 통치 체제가 완성되어갈수록 관료기구는 더 복잡하고 다방면으로 세분화되
    며, 확장된 제국의 영토를 방어하는 데 필요한 국방비는 상승하며, 생활수준은 향상
    한다. 이러한 상황에서 늘어난 지출을 충당하기 위해서 세금을 인상하는데, 그 결과
    민의 유망으로 인해 제국의 사회조직이 와해되어 결국은 멸망에 이른다(*The Economic
    Decline of Empires*, Methuen & Co LTD, 1970, pp. 1~15). 한 국가가 정치 체제를 지속하기
    위해서, 영토의 크기와 인구의 균형을 고려한 여러 제도와 정책 마련이 필요한 이유
    이다.

21) 《高麗史》 卷78, 食貨1 田制. "高麗田制 大抵倣唐制 括墾田數 分膏堉."

22) 《高麗史》 卷78, 食貨1 序文. "三國末 經界不正 賦斂無藝 高麗太祖卽位 首正田制 取
    民有度 而惓惓於農桑 可謂知所本矣."

23) 《高麗史》 卷78, 食貨1 田制 祿科田.

24) 《太宗實錄》 卷3, 太宗 2年 2月 戊午 司諫院上疏. "……我國之田 不過八十萬餘結 畿
    外則除倉庫徇祿公廨廩給寺社之田外 曰軍役 曰外役 曰津驛院館紙匠之田."

25) 姜晉哲, 〈高麗 初期의 軍人田〉, 《淑明女子大學校論文集》 3, 1963.

26) 李基白, 〈高麗 軍役考〉, 《高麗兵制史硏究》, 高麗大出版部, 1975.

27) 李榮薰, 〈韓國經濟史 時代區分 試論—戶의 歷史的 發展過程의 觀點에서〉, 《韓國史
    의 時代區分에 관한 硏究》, 韓國精神文化硏究院, 1995.

28) 李宇泰, 〈新羅의 量田制〉, 《國史館論叢》 37, 1992.

29) 呂恩暎, 〈高麗時代의 量田制〉, 《嶠南史學》 2, 1998.

30) 金容燮, 〈高麗時期의 量田制〉, 《東方學志》 16, 1975.

31) 姜晉哲, 《高麗土地制度史硏究》, 고려대출판부, 1980, 81쪽.

32) 李相國, 〈高麗時代 軍役差定과 軍人田〉, 《한국중세사연구》15, 2003, 269쪽.

33) 《高麗史》卷8, 世家8 文宗 18年 11月 壬午. "戶部奏 廣州牧 自春至秋 久旱不雨 重以 雨雹 闔境禾穀 一無所收 又鳳州 曾於庚子年大水 廬舍禾稼 漂蕩幾盡 民無定居 請停 兩官轄下發使量田 從之."

34) 盧明鎬, 앞의 논문, 1992, 32쪽.

35) 金容燮, 앞의 책, 2000.

36) 《太祖實錄》卷6, 太祖 3年 9月 19日 丙辰. "都評議使司啓曰 東北面 曾以大中小戶收 租 請依西北面例 以日耕踏驗收租 從之."

37) 《高麗史》卷77, 志31 百官2 外職 西京留守官. "恭讓王三年 都堂啓曰 平壤府土官之 數 本因公事緩急 而定也 自經紅亂 古籍散失 因此生謀 衙門員吏數多添設 窺免徭役 廣占日耕 軍粮國用 由是乏絶 其冗雜衙門及員吏 二皆沙汰 從之."

38) 《高麗史》卷78, 志32 食貨1 田制 祿科田. "恭讓王三年正月 都評議使司 請於平壤府 減土官 量墾田 革日耕 頒地祿 從之 地祿 五品十結 六品八結 七品六結 八品四結 九品 三結 餘田公收."

39) 《太宗實錄》卷26, 太宗 13年 11月 5日 辛巳. "司憲府上書曰 任土作貢 古今令典 禹別 九州 厥貢惟錯 蓋因方土所宜而取之 惟我國朝 隨土收貢 其制尙矣 惟東西二界 曩在前 朝 累經兵亂 州郡騷然 田疇荒穢 移民入鎮 以供守禦 姑爲日耕之法 寬其收租 以裕民 生 貢賦之法 未遑修擧."

40) 《太祖實錄》卷2, 太祖 1年 9月 24日 壬寅 都評議使司裴克廉趙浚等上言二十二條. "一 民丁自十六歲至六十歲當役 十丁以上爲大戶 五丁以上爲中戶 四丁以下爲小戶 計 丁籍民 如有徭役 大戶出一名 中戶并二出一名 小戶并三出一名 以均其役 若有流亡者 問其所以 尤加憐恤 務令完聚."

41) 조선 초기 강원도에서 토지를 기준으로 호등을 나누었는데, 이에 대해서는 金泰永, 앞의 책, 1983.

42) 《高麗史》卷78, 志32 食貨1 田制 經理. "凡田品 不易之地爲上 一易之地爲中 再易之 地爲下 其不易山田一結 准平田一結 一易田二結 准平田一結 再易田三結 准平田一 結."

43) 宮嶋博史, 앞의 논문, 1980.

44) 《高麗史》卷82, 志36 兵2 屯田 禑王 14年 8月 憲司上疏. "自鴨綠以南 大抵皆山 肥膏

不易之田 在於濱海 沃野數千里之稻田 陷于倭奴 蕪薉際天 倭奴之來 前無橫草 出入山郡 如蹈無人之地.”

45) 李泰鎭, 앞의 책, 1989.

46) 姜晉哲,《改訂高麗土地制度史研究》, 一潮閣, 1991, 394쪽 재인용.

47) 이상은 金建泰,〈결부제의 사적 추이〉,《大東文化研究》108, 247~250쪽.

48) 이태진,〈고려 후기의 인구증가 요인 생성과 향약의술 발달〉,《한국사론》19, 1988: 김순자,〈고려시대의 전쟁, 전염병과 인구〉,《이화사학연구》34, 2007.

49) 한영우,〈조선 전기 호구 총수에 대하여〉,《인구와 생활환경》, 1977: 서울대학교 인구 및 발전문제연구소: 김순자, 앞의 논문, 2007.

50) 徐兢,《宣和奉使高麗圖經》卷19 民庶. “臣聞 高麗 地封未廣 生齒已衆”(趙東元 외 譯, 황소자리, 2005, 249~250쪽).

51) Ester Boserup은 인구의 증가와 기술력의 상관관계를 밝히는 첫 단계로서 세계 주요 지역의 인구 밀도를 나타내었다(*Population and Technological Change*; *A Study of Long—Term Trends*, The University of Chicago Press, 1981, pp. 8~14). 그의 연구는 John Durand가 추정한 전 세계 주요 지역의 인구(“Historicla Estimates of World Population: An Evaluation,” *Population and Development Review* 3, no. 3(New York, 1977)를 바탕으로 진행된 것이다. 이하 인구 밀도과 관련된 내용은 Ester Boserup의 연구에서 참고하였다.

52) Hubert H. Lamb, “The early medieval warm epoch and its sequel”, Palaeogeography, *Palaeoclimatology and Palaeoecology 1*, Amsterdam: Elsevier, 1965: H. H. 램·김종규 역,《기후와 역사: 기후·역사·현대 세계》, 한울, 2004.

53) 竺可楨,〈中国近五千年来气候变迁的初步研究〉,《考古學報》1, 1972; 서민수,〈한국 고대 기후 연구의 동향과 과제〉,《湖西考古學》44, 2019.

54) 이태진은《조선왕조실록》을 꼼꼼히 검토하여 한국사 분야에서의 소빙기에 대한 이해를 확장했다. 그는 1501~1750년 사이 소빙기 현상으로 20개 항목 25,000여 개를 찾았다(이태진,〈소빙기(1500~1750) 천변재이 연구와《조선왕조실록》—global history의 한 章〉,《역사학보》149, 1996;〈외계충격 대재난설Neo-Catastrophism과 인류역사의 새로운 해석〉,《역사학보》164, 1999. 이태진의 연구에 대한 검토는 김연옥,《한국의 기후와 문화》, 이화여자대학교 출판부, 1985;《기후변화—한국을 중심으로》, 민음사, 1998;〈歷史속의 小氷期〉,《역사학보》149, 1996; 박성래,〈李泰鎭 교수 “소빙기(1500~1750)의 천체 현상적 원인—《조선왕

조실록》의 관련 기록 분석"〉,《역사학보》149, 1996.

55) 이상국은 고려 귀족의 기대여명을 약 34.8세로(〈고려시대 귀족층의 사망률과 기대여명의 추세; 비교사적 관점을 중심으로〉,《역사와 경계》75, 2010), 김용선은 약 39.7세 정도로 추정했다(김용선, 〈고려 귀족의 결혼·출산과 수명〉,《고려 금석문 연구; 돌에 새겨진 사회사》, 일조각, 2004).

56) Zhongwei Zhao, "Long-term Mortality Patterns in Chinese History: Evidence from a Recorded Clan Population," *Population Studies* 51-2, 1997, p. 122.

57) Hollingsworth, T., "A Demographic Study of the British Ducal Families," *Population Studies* 11-1, 1957, p. 9.

58) 이인재, 〈신라통일기 조세 수취기준과 등급연等級烟〉《역사와현실》11, 1994.

59) 김건태, 앞의 논문, 2019.

60) 호적대장 연구팀,《단성 호적대장 연구》, 성균관대 대동문화연구원, 2003.

61) 이상의 선사에서 조선까지 수혈주거지와 관련된 내용은 이형원(앞의 논문, 2019)의 연구를 바탕으로 하였다.

62) 金正基, 〈韓國竪穴住居址考(一)〉,《考古學》1, 1968; 〈韓國竪穴住居址考(二)〉,《考古學》3, 1974.

63) 이형원,《청동기시대 취락구조와 사회조직》, 서경문화사, 2009, 66쪽.

64) 이형원, 〈고고학으로 본 화성지역의 수혈주거─신석기시대에서 조선시대까지〉,《화성시 발굴 유적과 유물의 재조명》, 화성시, 2019, 53쪽 [그림 3] 인용

65) 《高麗史》卷84, 志38 刑法1 戶婚. "編戶 以人丁多寡 分爲九等 定其賦役."

66) 《高麗史》卷79, 志33 食貨2 戶口. "國制 民年十六爲丁 始服國役 六十爲老 而免役 州郡每歲計口籍民 貢于戶部 凡徵兵調役以戶籍抄定."

67) 《高麗史》卷82, 兵2 站驛. "分各驛丁戶 爲六科……一科丁七十五 二科丁六十 三科丁四十五 四科丁三十 五科丁十二 六科丁七 狻猊 雖在兩京間 比他驛 役事不緊 故仍定五十丁 林原 雖非兩京間 役事最緊 故在一科 朔安 雖爲三科 非沿路 故定爲二十五丁 桃源 雖爲三科 在東西要衝 故定爲五十丁 若有田 而丁口不足 以本驛白丁子枝自願者充立."

68) 《高麗史》卷75, 選擧3 其人 文宗 31年.

69) 《高麗史》卷75, 選擧3 事審官 成宗 15年.

70) 《高麗史》卷75, 選舉3 鄕吏職 顯宗 9年.

71) 《高麗史》卷84, 志38 刑法1 戶婚. "家長 漏口及增減年狀 免課役者 一口 徒一年 三口 一年半, 五口 二年 七口 二年半 九口 三年 若增減 非免課役 四口 爲一口 罪 止徒 一年半."

72) 《高麗史》卷27, 世家27 元宗 12年 8月. "王乃諭元帥忻都 令還脅從者 忻都不聽 王遣 印公秀如蒙古 復奏云 逆賊所脅 無罪之民 父母子女夫妻 旣蒙聖恩 聽還本國 擧國感激 咸望更生 今官軍乃謂 所脅之民 祖孫舅甥叔姪兄弟姉妹及奴婢 聖旨不錄 略不容釋. 向 件被執之民 相與號跳哭泣 而相告曰 不曾表請珍島之民 憫其無罪 皆許復舊 吾屬何罪 獨不放釋 伏望聖慈 更下明勅, 咸使復舊."

73) 《高麗史》卷27, 世家27 元宗 12年 8月. "是月 鄭子璵還自蒙古 中書省移文曰 今奉聖 旨 自江華島爲賊人驅去百姓 其父母妻子 許令相認復舊 除賊人家屬奴婢 分給戰士外 據珍島元有百姓 俱敎家屬圓聚 明白分付本國 仍將珍島百姓 起移王京附近之地 耕種 安業."

74) 이영훈, 앞의 책, 2016, 254쪽.

75) 《高麗史》卷33, 世家33 忠宣王 卽位年 正月 戊申敎. "一 三韓壁上功臣 三韓後代壁上 功臣 配享功臣 征戰沒陣而亡功臣子孫等 以賤技 落在工商匠樂者 凡以功與恩 已屬兩 班 而父母無痕咎者 宜推明許通 其功臣之田 如有孫 外人占取者 勿論年限 依孫還給 同宗中功臣田 若一戶合執者 辨其足丁半丁 均給 功臣子孫 屬南班者 改東班."

76) 박종진, 《고려시기 재정운영과 조세제도》, 서울대학교출판부, 2000, 93~96쪽.

77) 《高麗史》卷80, 食貨3 常平義倉 顯宗 14年 閏9月 判. "凡諸州縣義倉之法 用都田丁數 收斂 一科公田 一結租三斗 二科及宮寺院兩班田 租二斗 三科及軍其人戶丁 租一斗 已 有成規."

78) 에릭 R. 울프, 朴賢洙 譯, 〈農民의 經濟的 側面〉, 《농민》, 靑年社, 1983.

79) 이영훈, 앞의 책, 2016: 김건태, 앞의 논문, 2002.

3. 이념: 소유관계, 공과 사, 그리고 왕토사상

1) 《高麗史》卷2, 世家 太祖 17年 5月 乙巳. "幸禮山鎭 詔曰……王親權勢之家 安知無肆 暴陵弱 困我編民者乎 子以一身 豈能家至而日覩 小民所以末由控告 呼籲彼蒼者也 宜

爾公卿將相食祿之人 諒子愛民如子之意 矜爾祿邑編戶之氓 若以家臣無知之輩 使于祿
邑 惟務聚斂 恣爲割剝 爾亦豈能知之 雖或知之 亦不禁制 民有論訴者 官吏徇情掩護
怨讟之興 職競由此 子嘗誨之 欲使知之者增勉 不知者能誠 其違令者 別行染卷 猶以匿
人過爲賢 不曾擧奏 善惡之實 曷得聞知 如此 寧有守節改過者乎 爾等遵我訓辭 聽我賞
罰 有罪者 無論貴賤 罰及子孫 功多罪小 量行賞罰 若不改過 追其祿俸 或一年二三年
五六年 以至終身不齒 若志切奉公 終始無瑕 生享榮祿 後稱名家 至於子孫 優加旌賞
此則非但今日 傳之萬世 以爲令範 人有爲民陳訴 勾喚不赴 必令再行勾喚 先下十杖 以
治違令之罪 方論所犯 吏若故爲遷延 計日罰責 又有怙威恃力 令之不可觸者 以名聞."

2) 尹漢宅,《고려 전기 사전연구》, 고려대학교 민족문화연구원, 1995; 李榮薰,〈高麗佃
戶考〉,《歷史學報》161, 1995.

3) 李佑成,〈新羅時代의 王土思想과 公田—大崇福寺碑 및 鳳巖寺 智證碑의 一考〉,《趙
明基華甲紀念佛敎史學論叢》, 1965;〈高麗의 永業田〉,《歷史學報》28, 1965.

4) 金三守,〈歷史的 카테고리로서의 集權的 所有—韓國의 封建的 土地所有에 관한 論
爭과 그 成果〉,《淑明女大論文集》4, 1964.

5) 1960년대 이후의 강진철의 연구 성과는《高麗土地制度史研究》(高麗大出版部, 1980)로
집대성되었다.

6) 谷川道雄 編著, 鄭台燮 외 譯,〈總論〉,《日本의 中國史論爭—1945년 이후》, 신서원,
1989.

7) 1964년 와다 이치로和田一郞의 토지국유제를 비판한 이후 계속된 하타다 다카시旗田
巍의 국유의 실체를 추구한 연구 성과는《朝鮮中世社會史の研究》(法政大學出版局,
1972)에 수록되었다.

8) 深谷敏鐵,〈鮮初の土地制度一斑—いわゆる科田を中心として〉,《史學雜誌 50》5·6,
1939.

9) 金容燮,〈土地制度의 史的 推移〉,《韓國中世農業史研究—土地制度와 農業開發政
策》, 지식산업사, 2000. 이 논문의 초고는 해당 책에서 저자가 밝히고 있듯이 1979년
에 작성되었고, 1983년 대한민국학술원에서 발간한《韓國學入門》에서〈前近代의 土
地制度〉로 1차 보완되었다. 이 논문은 공간이 되기 이전부터 전근대 토지제도를 이
해하는 기본적 안내서로서 많은 연구자들에게 영향을 끼쳤다.

10) 金容燮,〈高麗時期의 量田制〉,《東方學志》16, 1975.

11) 李成茂, 〈高麗·朝鮮初期의 土地所有權에 대한 諸說의 檢討〉, 《省谷論叢》 9, 1978.

12) 姜晋哲, 〈高麗前期의 公田·私田과 그의 差率收租에 대하여—高麗 稅役制度의 一側面〉, 《歷史學報》 29, 1965.

13) 金塘澤, 〈高麗時代 私田의 槪念에 대한 再檢討〉, 《震檀學報》 53·54合, 1982.

14) 朴鍾進, 〈高麗初 公田·私田의 性格에 대한 재검토—顯宗代 〈義倉租收取規定〉의 해석을 중심으로〉, 《韓國學報》 37, 1984.

15) 濱中昇, 〈高麗の公田と私田〉, 《朝鮮古代の經濟と社會》, 法政大學出版局, 1986.

16) 洪承基, 〈高麗時代 私田에 대한 一考察〉, 《李丙燾九旬紀念 韓國史學論叢》, 知識産業社, 1987.

17) 金容燮, 앞의 논문, 1975; 李景植, 《朝鮮前期 土地制度史 研究》, 一潮閣, 1986; 盧明鎬, 〈田柴科體制下 白丁 農民層의 土地所有—토지상속제와 관련된 검토를 중심으로〉, 《韓國史論》 23, 1990.

18) 浜中昇, 《朝鮮古代の經濟と社會》, 法政大學出版局, 1986.

19) 金琪燮, 《高麗前期 田丁制 研究》, 釜山大 博士學位論文, 1993; 尹漢宅, 《高麗前期 私田研究》, 高麗大 博士學位論文, 1995.

20) 특히 '收租權說'을 지지하는 盧明鎬(앞의 논문, 1990)와 '免租權說'을 주장하는 金琪燮(〈高麗末 私田抹弊論者의 田柴科 인식과 그 한계〉, 《歷史學報》 127, 1990)의 논쟁은 토지 분급의 내용을 풍부하게 하는 계기가 되었다. 이러한 수조권설과 면조권설에 대해서 국가에서 특권을 분급 받고, 그 토지에서의 수익이 특정 기관이나 개인에게 귀속된다는 점에서 큰 차이가 없다는 견해도 제기되었다(宮嶋博士, 〈朝鮮における公·私田問題の展開〉, 《思想》 6, 1990: 李相國, 《高麗 職役田 研究》, 成均館大 博士學位論文, 2004).

21) 宮嶋博士, 앞의 논문, 1990.

22) 尹漢宅, 앞의 논문, 1995.

23) 李榮薰, 앞의 논문, 1999.

24) 魏恩淑, 〈고려시대 토지개념에 대한 재검토—私田을 중심으로〉, 《韓國史研究》 124, 2004.

25) 李相國, 앞의 논문, 2004.

26) 宮嶋博士, 〈朝鮮農業史上における5世紀〉, 《朝鮮史叢》 3, 1980; 金泰永, 1983, 《朝鮮前期土地制度史研究》, 知識産業社, 1983; 李泰鎭, 《한국사회사연구—농업기술 발

달과 사회변동》, 知識産業社, 1989; 미야지마 히로시, 〈양전사量田史의 재검토: 양안 연구의 새로운 방향을 찾아서〉,《성균관대 동아시아학술원 19세기의 동아시아 연구반—한국 전근대의 양전과 부세제도 발표회의 발표문》, 2019.

27) 김건태, 〈결부제의 사적추이〉,《대동문화연구》108, 2019.

28) 이민우, 〈중세 경제사 연구에서 토지 소유권과 수조권에 대한 재검토〉,《한국중세사연구》61, 2020.

29) 이상국, 〈고려시대 생산과 납세의 대상〉,《한국중세사연구》61, 2020.

30) 오치훈,《고려 전시과의 분급체계와 운영》, 고려대 박사학위논문, 2018.

31) 송기원, 〈고려 전시과 수취의 성격〉《韓國史論》67, 2022.

32) 윤한택은 사전의 실체를 탐구하면서 고려시대 공과 사는 상호 전화할 수 있다고 하였다. 즉 공의 기초 범주는 군신君臣, 사의 기초 범주는 부자父子로, 이를 묶는 포괄적이면서도 구체적인 범주는 국國과 가家이다. 그중 가는 공·사 대립 범주가 통일된 세포체라고 하였다(앞의 논문, 1996).

33)《高麗史》卷78, 食貨1 田制 租稅 光宗 24年 12月 判. "陳田墾耕人 私田 則初年 所收 全給 二年 始與田主分半 公田 限三年全給 四年 始依法收租."

34) 이 사료에 관한 일반적인 연구 경향은 다음과 같다. 사전은 사적 소유지를 의미하고, 진전 개간자는 예종 6년 私田租率 규정에서 보이는 佃戶(《高麗史》卷78, 食貨1 田制 租稅 睿宗 六年八月 判. "三年以上陳田 墾耕所收 兩年 全給佃戶 第三年 則與田主分半 二年陳田 四分爲率 一分田主 三分佃戶 一年陳田 三分爲率 一分田主 二分佃戶)로, 이들은 소작인이었다. 이들을 바탕으로 사전은 소작제의 형태로 경영되었다는 것이다(대표적으로는 李成茂, 〈高麗·朝鮮初期의 土地所有權에 대한 諸說의 檢討〉,《省谷論叢》19, 1978).

35) 浜中昇, 〈高麗의 公田과 私田〉,《朝鮮古代의 經濟와 社會》, 法政大學出版局, 1986, 224~228쪽.

36) 李榮薰, 〈高麗佃戶考〉,《歷史學報》161, 1999, 59~61쪽.

37) 고려시대 관련 사료를 통해 공과 사 관련 용어의 빈도를 살펴보면, 공과 관련된 용어가 전 시기에 걸쳐 평균 80퍼센트에 육박한다. 특히 고려 초에는 90퍼센트에 육박하는 비율을 보이고 있다. 이에 반해 사와 관련된 용어는 전 시기에 걸쳐 큰 폭의 변화 없이 약 20퍼센트 정도를 차지한다.

38)《高麗史》卷2, 世家 卷2 太祖 26年. "其三日 傳國以嫡 雖日常禮 然丹朱不肖 堯禪於

舜 實爲公心 若元子不肖 與其次子 又不肖 與其兄弟之衆所推戴者 俾承大統."

39) 《高麗史節要》卷2, 成宗 5年 9月 下敎. "申誡牧民之官 無滯獄訟 懋實倉廩 賑恤窮民
勸課農桑 輕徭薄賦 處事公平."

40) 《高麗史》卷100, 列傳 13 諸臣 白任至. "[李]允平聞而告曰 子實無罪 國人皆指子爲言
勢不可逭 請納家貲贖之 公議久未決."

41) 《高麗史節要》卷23 忠烈王 32年 8月. "遣知都僉議金台鉉 如元賀聖節 時 嗜利之徒
分朋作黨 離間王父子 情不相通 台鉉 周旋其間 一以至公 人無間言."

42) 이러한 의미로 쓰인 공심公心의 사례를 더 소개하면 다음과 같다. 《高麗史節要》卷
30, 禑王 2年 三月. "流金續命于文義縣 續命以太后近戚 專摠宮中之事 淸直敢言 人皆
畏憚 嘗移病在第 慶復興 李仁任 池奫 問疾續命曰 古制兩府省五樞七而已 今一日所除
宰樞至五十人 如物議何 復興曰 不得已爾 續命曰 今之宰樞 竊祿尸位 而心不正無我若
也 仁任曰 公心不正 誰爲正乎."

43) 그 외에 《高麗史節要》卷3, 顯宗 22年 史臣崔冲 曰. "傳稱天將興之 誰能廢之 千秋太
后 自縱淫荒 潛圖傾奪 穆宗 知百姓之屬望 排千秋之惡黨 遠馳使命 以授神器 俾固本
支 所謂天之將興 誰能廢之者 詎不信歟 然 以姨母貽孼 戎臣構逆 强隣伺釁 京闕俱燼
乘輿播遷 艱否極矣 反正之後 和戎結好 偃革修文 薄賦輕徭 登崇俊良 修政公平 內外
底寧 農桑屢稔 可謂中興之主矣";《高麗史節要》卷10, 仁宗 18年 8月. "中書侍郎平章
事 崔濡 卒 濡 少敏悟 善屬文 以淸白公平 備歷淸顯 晚有疾 步履甚難 猶不乞退 時 人
譏之";《高麗史節要》卷10, 仁宗 24年 11月. "平章事王冲 乞致仕 詔 冲 淸儉公平 身
尙康强 其賜几杖 令視事."

44) 《東國李相國全集》卷34, 故寶鏡寺住持大禪師贈諡圓眞國師敎書官誥. "但追贈於懃稱
是豈私恩 實惟公議." 그 외에 《高麗史》卷17, 世家17 仁宗 20年 5月 王受詔于宣慶殿
册. "乃增裕于前烈 朕甚嘉之 越玆旣累年 而典册未稱 大懼怫鬱公議."

45) 그 외에 《高麗史節要》卷24, 忠肅王 冬10月 宥 敎. "賞罰至公 曲直自辨";《高麗史節
要》卷26, 恭愍王 5年 冬10月 元復遣撒迪罕等詔. "然 裁以至公 若爾初獲首事 具罪以
聞 善善惡惡 朕與天下共之 奚肯徇私 以紊大法";《高麗史節要》卷33, 禑王 14年 5月
大司憲趙浚等上書. "以祖宗至公分授之田 爲一家父子之所私……願遵聖祖至公分授
之法 革後人私授兼幷之弊";《高麗史節要》卷34, 恭讓王 元年 簽書密直司事權近 上
書. "論救崇仁曰 大司憲趙浚 時起復故 以父母俱歿 三年內 踐華要坐府司等語 爲已發

也 深銜之 崇仁 信有才 然行已則所失亦多 近之論救 亦不可謂至公之言"; 《高麗史節要》卷35, 恭讓王 3年 鄭夢周與宰相等上疏曰. "賞罰國之大典 蓋賞一人 而千萬人勸 罰一人 而千萬人懼 非至公至明 不足以得其中."

46) 《高麗史節要》卷1, 太祖 元年 夏6月 詔. "奉公無怠"; 《高麗史節要》卷10, 仁宗 11年 5月 詔. "其有清白奉公"; 《高麗史節要》卷13, 明宗 18年 11月. "畏法奉公"; 《高麗史節要》卷22, 忠烈王 27年 夏4月. "奉公以正."

47) 《高麗史節要》卷2, 成宗 1年 上柱國崔承老 上書 略. "今竊見鄉豪 每假公務 侵暴百姓 民不堪命"; 高宗 14年 12月. "御史臺 禁閭里養鶩鴿 鷹鷼 以廢公務起爭訟故也"; 《高麗史節要》卷31, 禑王 5年 8月. "會議公務"; 《高麗史節要》34卷, 恭讓王 1년 12月 大司憲趙浚等 上疏. "凡仕於朝者 未嘗涉意於營私 專心乎公務."

48) 《高麗史節要》卷4, 靖宗 3年 11月. "將兩條之公事 專奏宸聰"; 《高麗史節要》卷4, 文宗 10年 9月. "且無懲革 不勤公事 但謀私利"; 《高麗史節要》卷8, 睿宗 17年. "居家 不言公事"; 《高麗史節要》卷18, 明宗 18年 3月 制. "因公事不急之務 侵漁勞擾"; 《高麗史節要》卷22, 忠烈王 24年 5月 教. "自今百僚 凡大小公事 竝除狀甲 從宰樞商議處決"; 《高麗史節要》卷22, 忠烈王 27年 8月. "以公事歷詣諸相家署案"; 《高麗史節要》34卷, 恭讓王 1년 12月 大司憲趙浚等 上疏. "累日不卽上官赴任, 以致公事稽緩."

49) 《高麗史》卷96, 列傳 9, 諸臣, 吳延寵. "十一年卒, 謚文襄, 年六十二. 飭躬謹行怐怐然, 以忠儉自許, 不干譽. 當官持論務袪時弊, 未嘗以私害公故, 王重之."

50) 《高麗史節要》卷23, 忠烈王 34年 冬10月. "凡民 匿于豪强之家者 日益富逸 子遺殘民 困於賦斂 此專是奉使者 徇私背公之致也."

51) 《高麗史節要》卷2, 世家2 太祖 26年 夏4月 訓要十條. "其九曰且古典云 以庸制祿 官不以私."

52) 《高麗史節要》卷93, 列傳6 崔承老 時務二十八條. "聖人所以感動天人者 以其有純一之德 無私之心也."

53) 《高麗史節要》卷12, 明宗 8年 春正月. "全羅道宋君秀 陞黜徇私 然以權門子 人無議者"; 《高麗史節要》卷, 明宗 25年 3月 詔. "比年旱灾, 禾稼不稔, 民不足食, 吏猶徇私, 戶斂尤暴."

54) 《高麗史節要》卷4, 文宗 10年 9月. "近來 紀綱也紊 且無懲革 不勤公事 但謀私利."

55) 《高麗史節要》卷2, 成宗 1年 6月 崔承老 時務二十八條. "聖人所以感動天人者, 以其

有純一之德, 無私之心也";《高麗史》卷3, 成宗 4年 5월. "日月運行宛放無私之照";
《高麗史》卷3, 成宗 9年 10月. "日月運行宛放無私之照";《高麗史》卷7, 文宗 8年 2月.
"匪由私愛."

56) 《高麗史》卷85, 刑法 2 奴婢 文宗 3年 判. "公私奴婢 三度逃亡者 鈒面還主."

57) 《高麗史》卷85, 刑法 2 11年 3月 下旨. "外方人吏等 以所耕田 賂諸權勢 干請別常 謀
避其役者 有之 今後 窮推還定 又公私處久遠接居人內 人吏之避役者 勿論久近 皆還本
役."

58) 《高麗史》卷79, 食貨2 借貸. "凡公私借貸 以米十五斗 取息五斗 布十五匹 取息五尺
以爲恒式."

59) 그 외에 대표적으로《高麗史》卷85, 刑法2 奴婢. "凡公私奴婢 引誘逃亡 放賣他人者
一度 歸鄕 再度 充常戶."

60) 그 외에 대표적인 사례로는《高麗史》卷54, 五行2 仁宗 8年 4月. "戊子 詔再雩祈雨
太史奏 必先祈川上松岳東神諸神廟栗浦朴淵而後 再雩 可也 宜當兩京內外公私 罷土
木興作之役 從之";《高麗史》卷81, 兵1 明宗 18年 3月 制, "恤戰軍 不奪其時 公私營
造 一切禁止 無令服勞."

61) 그 외《高麗史》卷98, 列傳11 鄭克永. "獻計者 以徒法擾民心 當官者 以苛政傷國體
公私耗竭 姦軌熾興 上縱也於王綱 下鬱伊於物議";《高麗史》卷20, 世家20 明宗 11年
春正月 辛亥. "寫經院火 先是 命寫成銀字藏經 公私競納錢財 而助之 無賴輩 欲盜其物
因火之."

62) 공과 사의 이러한 특징에 대해 윤한택은 공과 사 통일성 혹은 전화로 이해하고, 전정
연립田丁連立의 작동과 궤를 같이 하는 것으로 설명하고 있다(앞의 논문, 1995).

63) 溝口雄三,〈中國의 公과 日本의 公[おほやけ]〉,《大東文化硏究》28, 1993.

64) Peter K. Bol, "Government, Society, and State: On the Political Visions of Ssu—ma
Kuang and Wang An—Shih," *Ordering the World*, University of California Press, 1993,
pp. 142~146. 이러한 논지에서 공과 사의 분리를 주장한 연구로는 다음과 같은 것이
있다. 이승환,〈한국 및 동양 전통에서 본 공公과 공익公益〉,《철학과현실》50, 철학문
화연구소, 2001, 27~29쪽: 민병희,〈朱熹의 "大學"과 士大夫의 사회정치적 권력〉,
《중국사연구》55, 2008, 81~84쪽: 윤인숙,〈朝鮮前期 內需司 폐지 논쟁과 君主의 위
상〉,《대동문화연구》84, 2013.

65) 이상의 논의는 溝口雄三, 정태섭·김용천 譯,《중국의 공과 사》, 신서원, 2004 참고.

66) 허남결, 〈동서양의 윤리적 전통에서 본 불교의 '공(公)'과 '사(私)'—'공'과 '사'의 실천윤리적 의미〉,《동서사상》14, 2013.

67)《世宗實錄》卷23, 世宗 6年 3月 23日 己亥. "京畿監司啓 凡田地放賣人 或因父母喪葬 或因宿債收贖 或因家貧不能自存 皆緣不得已之事 而其價餞並皆沒官 冤抑不小 且京中造家基地菜田 猶許放賣 獨外方田地 禁其買賣未便 請毋禁買賣 其不稅契不過割者 依律施行 命依律文施行 其限年放賣田宅 從明文決給."

68)《經國大典》戶典 賣買限. "田地家舍賣買 限十五日 勿改 並於百日內 告官受立案 奴婢同 牛馬則限五日 勿改."

69)《西河集》卷4, 書簡 寄山人悟生書. "嗚呼 旣困而後知歸 不可謂見幾而作也 然欲買土一廛 爲耕農氓 亦足以老死而無戚戚者 嘗遊湍川 山川信美 可以卜居 環江石壁奇絶 其東有一遺墟 訪之乃郡氓之田也 以官租私契之委積 屢欲貨財以緩禍而不售 僕聞而樂之 無貨可買 且無經營之費 今學士李公知命 於僕爲知已 欲借其力而具材於山谷 因有啓獻之已見從矣 當不出夏首 結搆草堂 携家便去 且買江田數頃 以供伏獵 此吾計也."

70)《高麗史》卷85, 刑法3 禁令. "妄認公私田井 盜貿賣者 一畝 笞五十 五畝 杖六十 十畝 七十 十五畝 八十 二十畝 九十 二十五畝 一百 三十畝 徒一年 三十五畝 一年半 四十畝 二年 五十畝 二年半 妄認未得 准妄認財物未得論."

71)《唐律疏議》卷13, 戶婚. "諸妄認公私田 若盜貿賣者 一畝以下笞五十 五畝加一等 過杖一百 十畝加一等 罪止徒二年."

72)《高麗史》卷78, 食貨1 田制 租稅 睿宗 3年 2月 制. "諸州縣公私田 川河漂損 樹木叢生 不得耕種 如有官吏 當其佃戶及諸族類隣保人 徵斂稅粮 侵害作弊者 內外所司 察訪禁除."

73)《宋史》卷487,〈高麗傳〉. '百官以米爲奉 皆給田 納祿半給 死乃拘之 國無私田 民計口授業 十六以上則充軍 六軍三衛 常留官府 三歲以選戍西北 半歲而更 有警則執兵 任事則服勞 事已復歸農畝';《高麗圖經》卷23, 雜俗2 種藝.

74) 마크 엘빈, 李春植 외 共譯, 〈封建制가 결여된 장원제〉,《中國歷史의 發展形態》, 신서원, 1989.

75)《高麗圖經》卷16, 官府 倉廩. "外見任受祿官 三千餘員 散官同正無祿給田者 又一萬四千餘員 其田皆在外州 佃軍耕蒔 及時輸納 而均給之."

76) 《高麗史》 卷129, 列傳 叛逆3 崔忠獻傳. "忠獻與忠粹 上封事曰……先王制土田 除公
田外 其賜臣民各有差 在位者貪鄙 奪公私田 兼有之 一家膏沃 彌州跨郡 使邦賦削 而
軍士缺 惟陛下 勅有司 會驗公文 凡所見奪 悉以還本 公私租賦 皆由民出 民苟困竭 顧
安所取足";《高麗史節要》卷13 明宗 26年.

77) 《高麗史》 卷78, 食貨1 田制 序文. "高麗田制 大抵倣唐制 括墾田數 分膏堉 自文武百
官 至府兵閑人 莫不科授 又隨科 給樵採地 謂之田柴科";《高麗史》 卷78 食貨1 田制
經理 忠烈王 24年 正月 忠宣王卽位 下敎. "一 先王 制定內外田丁 各隨職役 平均分給
以資民生 又支國用……宜令諸道按廉及守令 窮詰還主 如無主者 其給內外軍閑人 立
戶充役." 이 점과 관련해서 필자는 고려의 토지제도는 직역에 따른 토지의 분급으로
보고, 그 구체적인 운영 원리는 立戶充役이라는 견해를 제기했다(이상국,《高麗 職役田
研究》, 성균관대 박사학위논문, 2004).

78) 위은숙도 이러한 견해를 나타냈다(앞의 논문, 2004).

79) "其成九原 則雖云王土 且非公田 於是括以邇封 求之善價 益丘隴餘二百結 酬稻穀合
二千苫"(崔致遠, 〈大崇福寺碑〉(번역은 李佑成, 〈新羅時代의 王土思想과 公田〉,《趙明基博士華
甲紀念佛敎私學論叢》, 1965a에서 따랐다).

80) 李佑成, 앞의 논문, 1965a; 〈高麗의 永業田〉,《歷史學報》28, 1965b; 朴時亨, 〈통일신
라시대의 봉건적토지제도의 발전〉,《朝鮮土地制度史(上)》, 1960.

81) 尹漢宅, 앞의 논문, 1995.

82) 콘도 고이치近藤浩一는 관념일지라도 신라에 왕토가 존재하였다고 한다면 그 의미가
무엇인지 추구할 필요가 있다고 역설하면서, 이전 연구는 토지소유관계에 논의를 집
중하여 왕토 그 자체에 대한 의미를 추구하는 데 소홀했다고 하였다(앞의 논문, 2006).

83) 旗田巍, 〈高麗의 公田〉,《史學雜誌》77－4, 1968; 姜晉哲, 〈公田의 經營形態〉,《高麗
土地制度史研究》, 고려대출판부, 1980. 관련 사료는 다음과 같다.《高麗史》 卷34, 食
貨3 常平義倉 顯宗 14年 閏九月 判. "凡諸州縣義倉之法 用都田丁數 收斂 一科公田一
結 租三斗 二科及宮寺院兩班田 租二斗 三科及軍其人戶丁 租一斗 已有成規 脫遇歲歉
百姓阻飢 以此救急 至秋還納 毋得濫費." 현종 14년은 1023년이므로 본문의 사료 E
와 138년 정도의 시차가 있다. 그렇지만 최치원의 〈진감선사비眞鑑禪師碑〉(889)와 〈지
증대사비智證大師碑〉(924) 내용 중에도 왕토와 관련된 언급이 있다. "每有王人 乘馹傳
命 遙祈法力 則曰凡居王土而載佛日者 孰不傾心護念 爲君貯福"(崔致遠, 〈眞鑑禪師碑〉);

"雖曰我田 且居王土 始資疑於王孫韓粲繼宗執事侍郎金八元金咸熙及正法大統釋玄亮 聲九皐 應千里 贈太傅獻康大王 恕而允之 其年九月 教南川郡統僧訓弼 標別墅畫正場"（崔致遠, 〈智證大師碑〉）. 이 점을 고려해보면 현종 13년과는 100년 정도의 시차가 있으며, 최치원의 〈사산비문〉 작성 시에도 이러한 1과, 2과, 3과 공전에 대한 구분이 있었을 가능성이 있다.

84) 《李相國集》卷18, 古律詩. "人皆新有田 得雨扑不止 我無一畝地 爲國誠自喜 國廩如有餘 吾食何詩寘 願天賜澤周 先自公田始."

85) 《太宗實錄》26卷, 太宗 13年 7月 12日. "量濟州田 全羅道都觀察使報 濟州雖海島 莫非王土 不立田制 故土豪妄稱父祖田 廣占膏腴 自家所耕外餘田 許貧民耕種 任意收租 非惟聚斂無極 爭奪不已 至於骨肉相殘 詞訟擾亂 其弊不小."

86) 《成宗實錄》卷129, 成宗 12年 5月 22日. "上曰 普天之下 莫非王土 率土之濱 莫非王臣 何地非朝廷之地 何民非朝廷之民."

87) 《成宗實錄》卷220, 成宗 19年 9月 27日. "景禧啓曰 爲大妃之事 臣等煩啓 不勝惶恐 然大妃暫御其第 是亦王土也 何必賞其家主乎 爵賞不可僭用也 請改正."

88) 에릭 R. 울프, 朴賢洙 譯, 〈農民의 經濟的 側面〉, 《농민》, 靑年社, 1983.

4. 제도: 전시과 설치

1) 《高麗史》卷78, 食貨1 田制 祿科田 辛禑 4年 7月 大司憲趙浚等上書. "國祚之長短 出於民生之苦樂 而民生之苦樂 在於田制之均否……新羅之末 田不均 而賦稅重 盜賊群起."

2) 기존의 연구에서 '호족' 내지 '호족연합정권'과 같은 용어의 개념이 충분한 검토를 거치지 않았다는 문제 제기가 있었다(朴菖熙, 앞의 논문, 1984; 李純根, 〈羅末麗初 〈豪族〉 용어에 대한 연구사적 검토〉, 《聖心女大論文集》 19, 1987; 김갑동, 앞의 책, 1990: 〈나말여초 호족의 연구동향—1960년대 연구를 중심으로〉, 《역사와현실》 5, 1991; 신호철, 〈後三國時代 豪族聯合政治〉, 《韓國史上의 政治形態》, 翰林科學院 叢書 18, 一潮閣, 1987). 이 논문에서는 지역 유력 세력을 지칭하는 용어로 임의 상 '호족'을 사용하였는데, 이 논문에서의 호족은 '지역'을 지지 기반으로 정치·경제적 영향력을 가진 유력 세력을 일컫는 것으로 한정적으로 사용하고자 한다.

3) 河炫綱, 〈高麗王朝의 成立과 豪族聯合政權〉, 《한국사》 4, 국사편찬위원회, 1974.

4) 《高麗史》 卷78, 食貨1 田制 序文. "三國末 經界不正 賦斂無藝 高麗太祖卽位 首正田 制 取民有度 而惓惓於農桑 可謂知所本矣."

5) 《高麗史》 卷78, 食貨1 田制 田柴科 太祖 23年. "初定役分田 統合時 朝臣軍士 勿論官 階 視人性行善惡 功勞大小 給之有差."

6) 姜晋哲, 〈建國 직후의 상태와 役分田의 設置〉, 《高麗土地制度史研究》, 高麗大出版 部, 1980.

7) 정용숙, 〈고려 초기 왕실혼인과 異性后妃〉, 《고려시대의 后妃》, 민음사, 1992.

8) 河炫綱, 앞의 논문, 1974; 黃善榮, 《高麗初期王權研究》, 東亞大出版部, 1988.

9) 《高麗史》 卷2, 世家 太祖 17年 5月 乙巳 幸禮山鎭 詔.

10) 姜晋哲, 앞의 논문, 1980. 고려 초 호족들의 경제 기반이었던 녹읍은 신라 이래의 유 지된 사유지의 확대보다는 지배권이 미치는 지역의 민호들에 대한 수취권을 그 내용 으로 삼고 있었다(盧明鎬, 〈羅末麗初 豪族勢力의 經濟的 基盤과 田柴科體制의 成立〉, 《震檀學 報》 74, 1992)는 견해가 제시되었다. 위의 사료에서 보이는 녹읍은 이러한 성격을 갖 는 것으로 이해된다.

11) 《高麗史》 卷56, 地理1 序文. "太祖至二十三年 始改諸州府郡縣名." 태조는 신라의 '郡邑之號'를 기본으로 하면서, 태조 23년에 이르기까지 200여 군현의 개편을 단행 했다(朴宗基, 〈高麗 太祖 23년 郡縣改編에 관한 研究〉, 《韓國史論》 19, 서울대 국사학과, 1988, 114쪽).

12) 李基白 編, 《高麗光宗研究》, 一潮閣, 1981.

13) 尹京鎭, 《고려 지방제도 성립사》, 서울대학교출판문화원, 2022.

14) 《高麗史》 卷78, 食貨1 田制 貢賦. "定宗 四年 光宗卽位 命元甫式會元尹信康等 定州 縣歲貢之額."

15) 《高麗史》 卷92, 列傳 諸臣 朴守卿. "後定役分田 視人性行善惡 功勞大小 給之有差 特 賜守卿田二百結."

16) 《高麗史》 卷2, 世家 光宗 卽位年 八月. "命大匡朴守卿等 攷定國初有功役者 賜四役者 米二十五碩 三役者 二十碩 二役者十五碩 一役者 十二碩 以爲例食."

17) 《高麗史》 卷9, 3 列傳 諸臣 崔承老. "慶州人 父殷含 仕新羅至元甫 久無嗣 禱而生承 老 性聰敏好學 善屬文 年十二 太祖 召見 使讀論語 甚嘉之 賜塩盆 命隷元鳳省學生 賜"

鞍馬 例食二十碩 自是 委以文柄.”崔貞煥은 이를 주된 근거로 고려의 후삼국 통합시 朝臣과 軍士들에게는 役分田을 지급하고, 국초의 功役者들에게는 例食을 지급했다는 연구를 제출하였다(《高麗·朝鮮時代 祿俸制研究》, 慶北大出版部, 1991, 17~22쪽).

18) 李基白 編,《高麗光宗研究》, 一潮閣, 1981.

19) 《高麗史》卷92, 列傳 諸臣 王順式 附 李忩言.“李忩言 史失世系 新羅季 保碧珍郡時 群盜充斥 忩言堅城固守 民賴以安 太祖遣人 諭以共戮力定禍亂 忩言奉書甚喜 遣其子 永 率兵從太祖征討 永時年十八 太祖以大匡思道貴女妻之 拜忩言本邑將軍 加賜傍邑 丁戶二百二十九 又與忠原廣竹堤州倉穀二千二百石 塩一千七百八十五石.”

20) 이 점과 관련해서는 이 책의 5장 참고.

21) 《南唐書》卷18, 浮屠契丹高麗列傳15 高麗;《十國春秋》卷28, 南唐14 列傳 章僚.“高 麗 有二京六府九節度百二十郡 內列十省四部 官朝服紫丹緋綠靑碧 靑碧以年序遷 綠 以上選才能 賜之俸祿 賦以田租.”

22) 章僚의《海外使程廣記》에 대한 자료 소개와 위 사료를 통한 고려 초기 중앙관제의 고찰은 金大植,《고려 전기 중앙관제의 성립》(경인문화사, 2010) 참조.

23) 《新增東國輿地勝覽》卷41, 平山都護府 人物條 申崇謙.“本全羅縣人 太祖賜姓于此 諺傳 崇謙嘗從太祖 獵至三灘 晝膳 適三鴈盤廻 太祖曰 誰射之 崇謙曰 臣試射之…… 崇謙應命 而射果中如命 太祖嘉嘆 仍命賜平州爲鄕 並賜射鴈傍近田三百結 世食其租.”

24) 《新增東國輿地勝覽》卷19, 沔川郡 人物條 卜智謙.“與裵玄慶 推戴太祖 爲開國功臣 賜本州田三百頃 子孫世食之.”

25) 《高麗史》卷78, 食貨1 田制 田柴科 景宗 元年 11月.“始定職散官各品田柴科 勿論官 品高低 但以人品定之.”

26) 《高麗史》卷78, 食貨1 田制 田柴科 穆宗 元年 3月.“賜郡縣安逸戶長 職田之半”; 穆宗 元年 12月.“改定文武兩班 及軍人田柴科……不及此限者 皆給田十七結 以爲常式.”

27) 《高麗史》卷78, 食貨1 田制 田柴科 顯宗 5年 12月.“文武兩班雜色員吏 加給田柴.”

28) 《高麗史》卷78, 食貨1 田制 田柴科 德宗 3年 4月.“改定兩班 及軍閑人田柴科.”

29) 《高麗史》卷78, 食貨1 田制 田柴科 文宗 30年.“更定兩班田柴科.”

30) 盧明鎬, 1992, 앞의 논문.

31) 末松保和,〈高麗初期の兩班ついて〉,《東洋學報》36-2, 1953.

32) 武田幸男,〈高麗初期の官階〉,《朝鮮學報》41, 1966.

33) 《高麗史》卷72, 輿服1 冠服 公服. "光宗十一年三月 定百官公服 元尹以上 紫衫 中壇
　　卿以上 丹衫 都航卿以上 緋衫 小主簿以上 綠衫."

34) 末松保和, 〈高麗初期の兩班ついて〉,《東洋學報》36−2, 1953; 金塘澤, 〈崔承老의 上
　　書文에 보이는 光宗代의 '後生'과 景宗 元年 田柴科〉,《高麗光宗研究》, 一潮閣, 1981.

35) 金塘澤, 앞의 논문, 1981.

36) 《高麗史》卷3, 世家 成宗 3年 5月. "是歲 始定軍人服色."

37) 양반兩班의 성립 시기는 대체로 문무산계가 분립되어 제정되는 성종 14년(995)으로
　　이해되고 있다(邊太燮, 〈高麗朝의 文班과 武班〉,《史學研究》11, 1961《高麗政治制度史研究》
　　(一潮閣, 1971에 재수록)). 그런데, 성종 14년 이전에도 문무 관련 사례가 나타나고 있어
　　양반은 고려 초부터 성립되었을 가능성도 있다(윤한택, 〈고려 전기의 양반과 양반전〉,《역
　　사연구》5, 1997).

38) 姜晉哲, 앞의 책, 1980, 37~38쪽.

39) 盧明鎬, 앞의 논문, 1992.

40) 尹京鎮, 앞의 논문, 2000.

41) 姜晉哲, 앞의 논문, 1980.

42) 《高麗史》卷81, 兵1 兵制 恭愍王 5年 6月 下敎. "一國家以田十七結爲一足丁 給軍一
　　丁 古者田賦之遺法也 凡軍戶素所連立 爲人所奪者 許陳告還給."

43) 千寬宇, 〈閑人考〉,《社會科學》2, 1958;《近世朝鮮史研究》, 一潮閣, 1979.

44) 文喆永, 〈高麗時代의 閑人과 閑人田〉,《韓國史論》18, 서울대 국사학과, 1988.

45) 홍순권은 전시과 지급 규정에서 시지의 급격한 감소를 지적한 후, 그 의미를 개간에
　　서 찾고 있다(〈高麗時代 柴地에 관한 고찰〉,《震檀學報》64, 1987, 121~129쪽).

46) 《高麗史》卷78, 食貨1 田制 序文. "高麗田制 大抵倣唐制 括墾田數 分膏堉 自文武百
　　官 至府兵閑人 莫不科授 又隨科 給樵採地 謂之田柴科."

47) 홍순권은 고려시대 경제생활에 있어서 땔감이 국가의 토지제도에 의한 분급이 필요
　　할 만한 중요한 의미를 지니고 있었는가, 그렇다면 개정전시과와 경정전시과 단계에
　　서 모든 과에 시지가 분급이 있어야 한다는 점을 지적했다(앞의 논문, 1987).

5. 지목: 양반전, 군인전

1) 강진철은 '田柴科身沒並納之於公'라는 전시과 규정을 통해 양반전은 영대상속永代相續이 허용된 공음전이나 공신전과 성격이 다른 토지로 이해하였다《高麗土地制度史研究》, 高麗大出版部, 1980). 이는 양반과전을 국가에 의해 관리되는 토지로, 양반공음전시를 무기영대적無期永代的 전체토지로 사적 지배력이 강한 토지로 이해한 견해를 (李佑成, 〈高麗의 永業田〉, 《歷史學報》 28, 1965) 수용한 것이다. 이러한 연구 경향에 대해 윤한택은 고려시대 토지 소유론의 사유론적 이해의 편향으로 인해 양반전을 양반과전과 양반공음전으로 분절하여 이해한 것이라 비판하였다《고려 전기의 양반과 양반전〉, 《역사연구》 5, 1997, 327쪽). 이 점에 대한 총체적인 검토와 대안은 다음 기회로 미뤘지만, 이러한 윤한택의 주장은 시사하는 바 크다.

2) 邊太燮, 〈高麗朝의 文班과 武班〉, 《史學研究》 11, 1961《高麗政治制度史研究》, 1971에 재수록).

3) 末松保和, 〈高麗初期の兩班について〉, 《東洋學報》 36−2, 1953.

4) 《高麗史》卷72, 興服 儀衛 凡法駕衛仗. "毅宗朝 詳定……駕後中道 太子公侯伯宰臣 左文班 右武班."

5) 《高麗史》卷73, 選舉1 科目 設科舉 仁宗 18年 閏6月 中書門下奏. "明法業 但讀律令 其登科甚易 且於外敍 必六經 州牧 實爲出身捷俓 緣此 兩班子弟 及貢士 求屬者漸多 製述明經兩大業 及醫卜地理業 國家所不可廢 而今赴舉者少 今後 明法業出身者 淸白 爲公 政譽著聞 方許擢用 仍禁貢士求屬是業."

6) 《高麗史》卷73. 選舉志 序文에 나타난 관리 등용 방식은 다음과 같다. 과거와 음서, 유일遺逸의 천거薦舉, 성중애마成衆愛馬의 선보選補, 남반南班, 잡로雜路 등이 그것이다. 이 중 과거와 음서는 관로官路에 오르는 일반적인 방법이었다.

7) 朴龍雲, 〈高麗時代 蔭敍制의 實際와 그 機能(上)〉, 《韓國史研究》 36, 1982.

8) 《高麗史》卷78, 食貨1 田制 田柴科 文宗 元年 二月 判. "六品以下七品以上 無連立子孫者之妻 給口分田八結 八品以下 戰亡軍人 通給妻口分田五結 五品以上戶 夫妻皆死 無男而有未嫁女子者 給口分田八結 女子嫁後 還官."

9) 《高麗史》卷75, 選舉3 銓注 蔭敍 肅宗卽位 詔. "職事四品以上及致仕員戶 爵一子."

10) 《高麗史》卷75, 選舉3 銓注 蔭敍 忠烈王 8年 5月. "文武致顯三品以上 許蔭一子 無子

者 甥姪婿 若過房付籍者 許一名初職 先代宰臣密直內外孫無名者 亦戶許一名初職 文武職事四品中事典書侍丞諸曹正郎以上 勿論解官試攝 許蔭一子 外敍員 用前所任朝官降等許蔭."

11) 《高麗史》卷21, 世家 熙宗 四年 七月 丁未. "改營大市左右長廊 自廣化門 至十字街 凡一千八楹 又於廣化門內 構大倉南廊迎休門等七十三楹 凡五部坊里兩班戶 斂米粟 就賃供役 兩班坊里之役 始此."

12) 李景植, 〈高麗時期 兩班口分田과 柴地〉, 《歷史敎育》44, 1988.

13) 朴菖熙, 〈高麗의 '兩班功蔭田柴法'의 解釋에 대한 再檢討〉, 《韓國文化硏究員論叢》 22, 1973.

14) 《宋名臣言行錄前集》卷5, 王曾沂國文正公. "曾無子 欲令弟子過房."

15) 《高麗史》卷18, 世家 毅宗 22年 3月 戊子. "御觀風殿 下敎曰……一 遵尙仙風 昔新羅 仙風大行 由是 龍天歡悅 民物安寧 故祖宗以來 崇尙其風 久矣 近來 兩京八關之會 日 減舊格 遺風漸衰 自今 八關會 預擇兩班家産饒足者 定爲仙家 依行古風 致使人天咸 悅."

16) 《高麗史》卷27, 世家 元宗 12年 8月. "又上陳情表 略曰 切以小邦 元來倉廩所蓄 旣薄 自年前出來 上朝軍馬 至今留屯 初以百官俸粟 供給而不足 繼斂兩班百姓之戶者 至于 四五度."

17) 李相國, 〈高麗時代 軍役差定과 軍人田〉, 《한국중세사연구》15, 2003.

18) 《高麗史》卷81, 兵1 兵制 五軍 靖宗 11年 5月 揭榜云. "拘交造飾求請者 宮院則所掌 員 兩班則勿論職之有無 依例科罪."

19) 《高麗史》卷81, 兵1 兵制 五軍 靖宗 11年 5月 揭榜云. "若有國家力役 乃以秋役軍·品 從·五部坊里 各戶刷出 以致搔擾 今國家大平 人物如古 宜令一領 各補一二百名 京中 五部坊里 除各司從公令史·主事·記官 有蔭品官子 有役賤口外 其餘兩班 及內外白丁 人子 十五歲以上 五十歲以下 選出充補."

20) 《高麗史》卷33, 世家33 忠宣王 卽位年 正月 戊申敎. "一 三韓壁上功臣 三韓後代壁上 功臣 配享功臣 征戰沒陣而亡功臣子孫等 以賤技 落在工商匠樂者 凡以功與恩 已屬兩 班 而父母無痕咎者 宜推明許通 其功臣之田 如有孫 外人占取者 勿論年限 依孫還給 同宗中功臣田 若一戶合執者 辨其足丁半丁 均給 功臣子孫 屬南班者 改東班."

21) 《高麗史》卷83, 兵3 州縣軍 北界. "西京 精勇一領內 都領別將一人 左右府別將各二

人 校尉十人 隊正二十人 旗頭行軍 并九百七十人 保昌雜軍十九隊內 行首行軍 并
九百三十一人 海軍一隊內 行首一人 行軍四十九人 元定兩班軍閑人雜類 都計
九千五百七十二丁."

22) 《高麗史》卷81, 兵1 兵制 五軍. "肅宗九年十二月 尹瓘奏 始置別武班 自文武散官吏
胥 至于商賈僕隷 及州府郡縣 凡有馬者 爲神騎 無馬者 爲神步跳盪梗弓精弩發火等軍
年二十以上者 非擧子 皆屬神步 兩班 與諸鎭府軍人 四時訓鍊 又選僧徒 爲降魔軍 國
初 內外寺院 皆有隨院僧徒 常執勞役 如郡縣之居民 有恒産者 多至千百 每國家興師
亦發內外諸寺隨院僧徒 分屬諸軍 集保勝軍 閱兵陣."

23) 《高麗史》卷18, 世家 毅宗 7年 4月 己卯. "册子泓 爲王太子 赦 加內外文武兩班散職
兼賜田柴."

24) 《高麗史》卷78, 食貨1 田制 經理 元宗 元年 正月. "給田都監 議請文武兩班 前受之田
肥墝不均 隨職改給 權勢之家 皆占良田 惡其不便於己 沮其議."

25) 金光洙, 〈高麗時代의 同正職〉,《韓國史研究》4, 1969.

26) 《高麗史》卷74, 選擧2 科目 崇獎之典 文宗 30年 12月 判. "凡州縣闕榜 至三十年 或
四五十年 登製述明經科者 給田十七結 百年後登者 給田二十結奴婢各一口. 是月 判
國制 製述明經明法明書算業出身 初年 給田甲科二十結 其餘十七結 何論業出身 義理
通曉者 第二年給田 其他手品雜事出身者 亦於四年後給田 唯醫卜地理業 未有定法 亦
依明法書算例 給田."

27) 姜晋哲, 앞의 책, 1980; 李景植, 〈고려시기의 兩班口分田과 柴地〉,《歷史敎育》44,
1988.

28) 최연식, 〈高麗前期의 職田과 그 支給形態〉,《韓國史研究》70, 1990.

29) 金泰永,《朝鮮前期 土地制度史研究》, 知識産業社, 1983; 李景植, 〈朝鮮前期 土地制
度研究〉, 一潮閣, 1986.

30) 윤한택, 앞의 논문, 1997, 377쪽.

31) 향리나 군인에게 직전이 분급된 사례는 다음과 같다.《高麗史》卷78, 食貨1 田制 田
柴科 穆宗 元年 3月. "賜郡縣安逸戶長 職田之半"; 文宗 34年 3月 判. "諸畏死降敵軍
將田 勿許親子連立 擇給親戚堪役者 諸衛軍充補. 閏九月 選軍別監 奏定 凡臨戰陷敵
逃還人職田 勿奪仍給."

32) 《高麗史》卷84, 刑法1 職制. "官吏 臨監自盜 及臨監內 受財枉法者 徒杖勿論 收職田

歸鄕."

33) 《高麗史》卷127, 列傳 叛逆 拓俊京. "仁宗八年 詔曰 俊京 犯闕之罪雖重 然其功亦不細 令妻子完聚 給還其子職田."

34) 직전이 환급되는 사례는 다음에서도 보인다. 《高麗史》卷19, 世家 明宗 卽位年 10月 庚戌. "大赦 以鄭仲夫李義方李高 爲壁上功臣 圖形閣上 梁淑·蔡元 次之 加朝臣爵一級 召還金貽永李綽升鄭敍等 皆復職田 以晝雉流矢之事 流竄者 皆令赴京.";《高麗史》卷33, 世家 忠宣王 卽位年 正月 戊申敎. "一 前所配者 除謀亂國家不忠不孝殺人强盜 謀故劫殺 鈒面 充常戶外 其餘入島者 出陸餘鄕 餘鄕者 通朝見 朝見者 量用 公私雜罪者 還其職田 終身不敍 停職屬散者 量用."

35) 《高麗史》卷102, 列傳 權守平傳. "權守平安東人……嘗爲隊正貧居 有郎中卜章漢 以非罪見竄 守平遞食其田 有年及章漢遇赦還 守平素不相識 且其田租 已漕于江 守平袖租簿 就與之 章漢曰嘗吾竄謫 君雖不食 豈無他人 君今哀我 還其田足矣 何用租爲 守平曰乘人之災 食其田 猶恐不義 今旣還 尙忍食耶 遂投簿章漢不受閉門而入 守平竟以簿繫石 擲之而去."

36) 姜晋哲, 앞의 논문, 1980. 《高麗史》卷81, 兵1 兵制 恭愍王 5年 6月 下敎. "一國家以田十七結爲一足丁 給軍一丁 古者田賦之遺法也 凡軍戶素所連立 爲人所奪者 許陳告還給."

37) 李基白, 〈高麗 軍役考〉, 《高麗兵制史研究》, 一潮閣, 1975, 132~141쪽.

38) 직역의 개념과 범주는 연구자에 따라 다르지만, 군역이 직역이라는 데에는 연구자 간에 이견이 없다(權寧國, 〈신분구조와 직역〉, 《한국역사입문②》, 한국역사연구회, 1995).

39) 《高麗史》卷81, 兵1 兵制 仁宗 22年 判. "西京東西州鎭入居軍人 蠲本貫雜役 若有侵擾者 罪其色典記官."

40) 《高麗史》卷81, 兵1 兵制 恭愍王 12年 5月 下敎. "陣亡軍戶 蠲雜役 優加存恤 州縣之吏 發兵防戍 免富差貧以逞其欲 所在官司 痛行禁理 七十以上 與免戍役 庚寅以來 防戍有功者存撫按廉體察 申聞錄用."

41) 《高麗史》卷2, 世家2 太祖 26年 4月. "其九日……又以强惡之國爲隣 安不可忘危 兵卒宜加護恤 量除徭役 每年秋閱勇銳出衆者 隨宜加授'.

42) 《高麗史》卷81, 兵1 兵制 穆宗 5年 5月. "作六衛軍營 備置職員將帥 令其軍士 蠲除雜役."

43) 《高麗史》卷79, 食貨2 戶口 序文. "國制 民年十六爲丁 始服國役 六十爲老 而免役 州郡 每歲計口籍民 貢于戶部 凡徵兵調役 以戶籍抄定."

44) 《고려사》 식화지 호구 서문의 기사는 고려 후기 사전개혁론자인 조준의 상서문과 내용적으로 흡사하다. 《高麗史》 卷118, 趙浚傳. "古者 民年十六爲丁 始服國役 六十爲老而免役 州郡每歲 計口籍民 貢于按廉 按廉貢于戶部 朝廷之徵兵調役 如指諸掌." 조준의 고려시대 국역 체제에 대한 인식이 《고려사》 서술에 반영되었다 해도 과언이 아니다. 그렇다고 하여 이 내용이 고려 후기 국역 체제에 한정된다고 할 수는 없을 것이다. 이와 관련하여 변태섭의 연구를 참고할 수 있다. 그는 두 기사에 반영되어 있는 지방 행정 체계가 서로 다르게 나타나고 있음에 주목하여, 이 기사는 고려 전기의 사실을 반영하고 있음을 밝혔다. 즉, 호구조 서문 기사에서는 지방 행정 체계가 주군州郡－호부戶部로 연결되는 체제였는데, 조준의 기사에서는 고려 후기의 제도인 수령守令－안렴按廉－판도版圖의 순서로 연결되는 체제를 보인다는 것이다(《高麗前期의 外官制》, 《高麗政治制度史研究》, 一潮閣, 1971). 즉, 두 기사는 행정 체계에 있어서 차이를 보이고 있지만, 그 전체 내용은 고려 전 시기를 관통하는 국역 체제였다. 이 기사에 이어서 조준은 향리의 호구 파악이 제대로 이루어지지 않아 주군州郡이 비었다고 하여, 호구 파악이 향리에 의해 이루어졌음을 알리고 있다.

45) 이 점은 다음의 사료를 통해 알 수 있다. 《高麗史》 卷84, 刑法1 戶婚. "編戶 以人丁多寡 分爲九等 定其賦役."

46) '호'의 편제 형태에 대해서 자연호의 인위적 편제라는 견해(김용섭, 이성무 등)와 이에 반대하면서 고려의 백정호·정호의 구분을 토대로 하여 요역 수취를 위한 호등戶等의 구분으로 보는 견해(김기섭, 《高麗前期 田丁制 研究》, 釜山大 博士學位論文, 1993)로 나뉜다. 또한 김기섭이 이미 지적하고 있듯이 편호編戶는 과호課戶, 즉 과세課稅를 위한 호戶 편제를 의미한다.

47) 《高麗史》 卷78, 食貨1 田制 經理 24年 正月 忠宣王卽位 下敎. "一 先王 制定內外田丁 各隨職役 平均分給 以資民生 又支國用 邇來 豪猾之徒 托稱遠陳 標以山川 冒受賜牌 爲己之有 不納公租 田野雖闢 國貢歲減 又其甚者 托以房庫宗室之田 其於租稅 一分納公 二分歸己 或有全不納者 玆弊莫大 宜令諸道按廉及守令 窮詰還主 如無主者 其給內外軍閑人 立戶充役."

48) 이 글에서 사용하는 전정田丁은 토지 분급의 원칙인 직역에 따른 토지 분급의 대상

토지단위, 즉 직역자가 국가에 의해 지급받는 일정 단위의 토지를 의미한다.

49) 이에 관한 자세한 설명은 6. 운용: '입호충역'과 직역전 참고.

50) 이상국, 〈고려 후기 '본주本主'의 의미와 입호충역立戶充役〉, 《역사와현실》 46, 2002.

51) 《高麗史》 卷29, 忠烈王 6年 10月. "是月 元行中書省 移牒征東軍事 牒曰……一 軍人 對陣相殺 就陣亡沒者 仰本管頭目 從實供報 保結呈復 依例給賞 本戶軍役 擬依舊例 存恤一年 若病死者 亦以存恤半年 限外 句起戶下其次人丁補役."

52) 李基白, 〈高麗 軍役考〉, 《高麗兵制史研究》, 一潮閣, 1975.

53) 《高麗史》 卷81, 兵1 兵制 五軍 文宗 27年 3月. "命州鎭入居軍人 例給本貫養戶二人."

54) 蔡雄錫, 〈高麗時代의 歸鄕形과 充常戶形〉, 《韓國史論》 9, 1983.

55) 《高麗史》 卷79, 食貨2 農桑 睿宗 3年 2月 制. "近來州縣官 祇以宮院朝家田 令人耕種 其軍人田 雖膏腴之壤 不用心勸稼 亦不令養戶輸粮 因此 軍人飢寒逃散 自今 先以軍人 田 各定佃戶 勸稼輸粮之事 所司 委曲奏裁."

56) 《高麗史》 卷78, 食貨1 田制 租稅 睿宗 3年 2月 制. "諸州縣公私田 川河漂損 樹木叢 生 不得耕種 如有官吏 當其佃戶及諸族類隣保人 徵斂稅粮 侵害作弊者 內外所司 察訪 禁除."

57) 양호를 군인전을 경작하는 존재로 보는 것이 일반적이다(李基白, 〈高麗軍人考〉, 《진단 학보》 21, 1960; 姜晋哲, 〈軍人田〉, 《高麗土地制度史研究》, 1980, 109~134쪽). 이에 반해 양호 를 전조수납田租輸納의 책임자로, 전조를 총괄하여 이를 수조권자에게 수납하는 책임 을 진 존재로 파악한 견해도 있다(李景植, 《朝鮮前期土地制度研究》, 一潮閣, 1986, 118~119 쪽).

58) 대표적으로는 李成茂, 〈高麗·朝鮮初期의 土地所有權에 대한 諸說의 檢討〉, 《省谷論 叢》 19, 1978.

59) 李基白, 앞의 논문, 1975, 148~152쪽.

60) 浜中昇, 〈高麗의 公田과 私田〉, 《朝鮮古代의 經濟와 社會》, 法政大學出版局, 1986; 李 榮薰, 〈高麗佃戶考〉, 《歷史學報》 161, 1999; 이상국, 앞의 논문, 2002.

61) 《高麗史》 卷81, 兵志1 兵制 文宗 23年 10月 判. "軍人 年老身病者 許令子孫親族代之 無子孫親族者 年滿七十 閒屬監門衛 至於海軍亦依此例."

62) 조선 세종 22년(1440) 사례이지만, 함길도 도절제사 김종서의 비변책 가운데 도망한 북방의 정군正軍을 보충하는 기사는 이와 관련하여 시사적이다. 즉, 도망한 정군의

보충은 "족친族親이나 인리隣里 중에서 가풍家風이 유실有實한 자를 택하여" 이루어
졌다. 이를 통해 원군액元軍額을 보충할 수 있게 했다(《世宗實錄》卷88, 世宗 22년 3월 5
日 丁未).

63) 이상국, 앞의 논문, 2002.

64) 《高麗史》卷94, 列傳 7 諸臣 姜邯贊. "(顯宗)二年 遷國子祭酒 再轉翰林學士承旨左散
騎常侍 進中樞使 請修社稷壇 令禮官 議定儀注 改吏部尙書 邯贊有田十二結 在開寧縣
白王給軍戶."

65) 《高麗史》卷81, 兵1 兵制 恭愍王 5年 6月 下敎. "一國家以田十七結爲一足丁 給軍一
丁 古者田賦之遺法也 凡軍戶素所連立 爲人所奪者 許陳告還給."

66) 《高麗史》卷81, 兵1 兵制 靖宗 2年 7月 制. "諸衛軍人 家貧而名田不足者 頗衆 今邊
境征守未息 不可不恤 其令戶部 分公田加給."

67) 《高麗史》卷94, 列傳 7 諸臣 姜邯贊. "(顯宗)二年 遷國子祭酒 再轉翰林學士承旨左散
騎常侍 進中樞使 請修社稷壇 令禮官 議定儀注 改吏部尙書 邯贊有田十二結 在開寧縣
白王給軍戶."

68) 이기백은 전시과 지급 규정에 보이는 마군馬軍, 역보군役步軍, 감문군監門軍 등을 경
군京軍을 구성하는 일반 병사, 즉 군반씨족軍班氏族으로 이해하였다(〈高麗 軍人考〉, 《高
麗兵制史研究》, 一潮閣, 1975. 강진철도 이기백의 의견에 동조하기는 했으나(〈軍人田〉, 《高麗土
地制度史研究》, 高麗大出版部, 1980, 110쪽), 이전에는 부병府兵 중의 특수층[準士官級]이
었을 것이라는 의견도 제시하였다(〈高麗 初期의 軍人田〉, 《淑明女子大學校論文集》, 1963).
이에 비해 마종락은 군인전을 향리 자신이거나 그의 족속이면서 향역에 임하지 않고
있었던 예비무관인 한인閑人이 군인이 되었을 때 주어진 토지로 설정하고, 마군, 역
보군, 감문군 등에게 주어진 것으로 이해하였다(〈高麗時代의 軍人과 軍人田〉, 《白山學報》
36, 1989).

69) 《高麗史》卷81, 兵1 序文.

70) 《高麗史》卷2, 太祖 19年 9月.

71) 李基白, 《高麗兵制史研究》, 一潮閣, 1975.

72) 《高麗史》卷81, 兵1 兵制 靖宗 11年 5月 揭榜. "國家之制 近仗及諸衛每領 設護軍一
中郎將二 郎將五 別將五 散員五 伍尉二十 隊正四十 正軍訪丁人一千 望軍丁人六百
凡扈駕內外力役 無不爲之."

73) 《高麗史》卷77 百官2 百官 西班. "鷹揚軍 一領……鷹揚龍虎二軍 上大將軍 稱近仗上
大將軍 將軍 稱親從將軍 中郞將以下 亦稱近仗 又鷹揚軍上將軍 兼軍簿典書者 稱班
主."

74) 李基白, 앞의 논문, 1975.

75) 6위衛에 대한 2군軍의 우위성은 '이원적 구성론'을 주장하는 연구에서 핵심적인 내
용이다(張東翼, 〈高麗前期의 選軍—京軍構成의 이해를 위한 一試論〉, 《高麗史의 諸問題》,
1986; 洪元基, 〈高麗 二軍六衛制의 性格〉, 《韓國史研究》 68, 1990; 鄭景鉉, 《高麗前期 二軍六衛
制 研究》, 서울대 博士學位論文, 1992).

76) 이기백은 정군방정인正軍訪丁人을 '정군으로 채용된 정인'으로, 망군정인望軍丁人을
'장차 6위 군인이 될 것으로 예정된 혹은 될 것을 희망하는 정인'으로 간주하고 있다.
그리고 정군방정인 1,000은 태조 대 매 령每領 1,000명과 같은 것으로, 망군정인 600
은 편제상으로는 존재하더라도 현실적인 구성원은 아니라고 했다(〈高麗 軍人考〉, 《高麗
兵制史研究》, 一潮閣, 1975). 이에 비해 정경현은 '망군정인'을 특정 군인으로 보았다(鄭
景鉉, 앞의 논문, 1992). 이후 이기백의 견해를 지지하는 연구가 이루어져(洪承基, 〈高麗
初期 京軍의 二元的構成論에 대하여〉, 《李基白先生古稀紀念韓國私學論叢》(上), 一潮閣, 1994)
이에 대한 합의가 이루어지지 않은 실정이다.

77) 본서의 2장 〈재원: 토지와 인구〉 1. 토지 참고.

78) 이기백은 6위는 성종 14년에, 2군은 현종 대 형성되는 것으로 이해하였다(앞의 논문,
1975). 그렇다면 2군과 6위에 대한 군인전의 차등 지급은 현종 대 이후로 보인다.

79) 《高麗史》卷78, 食貨1 田制 功蔭田柴 忠烈王二十四年 正月 忠宣王卽位 下敎. "功臣
之田 子孫微劣 孫外人占取者 勿論年限 依孫還給 同宗中 若一戶合執者 辨其足丁半丁
均給."

80) 《高麗史》卷75, 選擧3 其人 文宗 31年 判. "凡其人 千丁以上州則足丁 年四十以下
三十以上者 許選上 以下州則半足丁 勿論兵倉正以下副兵倉正以上 富强正直者 選上
其足丁 限十五年 半丁 限十年立役 半丁至七年 足丁至十年 許同正職 役滿加職."

81) 문철영은 기인과 군인이 신분 경제적으로 유사성을 갖는다는 점을 지적하였다(〈高麗
時代의 閑人과 閑人田〉, 《韓國史論》 18, 1988).

82) 張東翼, 앞의 논문, 1986; 洪元基, 〈高麗 二軍六衛制의 性格〉, 《韓國史研究》 68,
1990; 鄭景鉉, 《高麗前期 二軍六衛制 研究》, 서울대 博士學位論文, 1992.

83) 李基白, 앞의 책, 1975.

84) 深谷敏鐵, 〈高麗 足丁半丁再考〉, 《朝鮮學報》 102, 1982.

85) 《高麗史》 卷78, 食貨1 田制 祿科田 忠穆王 元年 八月 都評議使司奏. "罷畿縣兩班祖
業田外半丁 置祿科田."

86) 李榮薰, 〈韓國經濟史 時代區分 試論戶의 歷史的 發展過程의 觀點에서〉, 《韓國史의
時代區分에 관한 研究》, 韓國精神文化研究院, 1995, 374~375쪽. 深谷敏鐵도 반정의
규모를 7~8결 정도로 추산하고 있다(앞의 논문, 1982). 또한 윤한택은 공민왕 11년 백
문보의 차자箚子를 바탕으로 견해를 나타냈다. 즉, 백문보는 경상도의 조운 비용이
다른 도에 비해 과도하자, 국가에서 이를 보충해줄 것을 요청하였다. 이때 족정에게
는 7결, 반정에게는 3결을 가급하였다(《高麗史》 卷78, 食貨1 田制 租稅 恭愍王 11年 密直提
學白文寶 上箚子. "國田之制 取法於漢之限田 十分稅一耳 慶尙之田 則稅與他道 雖一而漕輓之費
亦倍其稅 故田夫之所食 十入其一 元定足丁則七結 半丁則三結加給 以充稅價"). 국가에서 세가
稅價로 충당하도록 가급하는 토지는 원래의 토지 비율에 따라 지급되었을 것이다. 족
정 17결에 7결을 가급하였으므로, 같은 비율에 따라 3결이 지급된 반정의 규모는 대
략 7.3결이 된다(〈고려 전시과 체제하에서의 농민신분—그 제도적 기초로서의 足丁制의 성격
과 성립〉, 《泰東古典研究》 5, 1989). 이에 이 글에서는 선행연구에 따라 이에 반정의 규모
를 8결로 이해하고자 한다.

87) 강진철은 문종 30년(1076) 경정전시과의 규정을 기준으로 문무양반의 관료에게 지급
된 토지의 총 액수를 대략 9만 5,000결로 추산하였다. 또한 양반공음전시의 지급 총
액을 5,000결 정도로 보았다. 자세한 사항은 姜晉哲, 앞의 책, 1980, 78~90쪽 참고.

88) 李佑成, 앞의 논문, 1962.

89) 5도, 경기의 군액 편제의 작성 시점은 정확히 알 수 없다. 다만, 신종 7년(1204)에서
고종 2년(1215)으로 보거나(千寬宇, 〈閑人考〉, 《社會科學》 2, 1958), 인종 14년(1136) 이후
(末松保和, 〈高麗式目形止案について〉, 《朝鮮學報》 25, 1962)로 보기도 한다. 이 글에서는 2
군6위의 형성이 마무리되는 것으로 여겨지는 현종 대 이후로 그 시점을 이해하고자
한다. 그것은 현종 대 이후 지방제도 개편이 일단락되는데, 군역제도도 지방제도 개
편의 일환으로 정비되었다고 여겨지기 때문이다.

90) 이 글에서는 정용군精勇軍, 보승군保勝軍, 일품군一品軍 등을 군종軍種에 따른 구분으
로 2군6위와 관련이 있는 것으로 이해하고자 한다.

91) 《高麗史》 卷75, 選擧3 事審官 成宗 15年;《高麗史》 卷75, 選擧3 鄕吏職 顯宗 9年;
《高麗史》 卷75, 選擧3 其人 文宗 31年;《高麗史》 卷82, 兵2 站驛.

92) 이에 대해서는 이상국, 앞의 논문, 2002 참고.

93) '이원적 구성론'을 주장하는 정경현은 보승保勝·정용군精勇軍과 중앙군의 농민번상
병을 동일한 군인으로 보는 입장이다(앞의 논문, 1992). 반면 이기백(앞의 책, 1975)과 홍
승기(앞의 논문, 1994)는 동일하지 않다는 주장을 펴고 있다.

94) 末松保和는 5도, 경기의 군액을 주둔駐屯·주재駐在의 병원 수兵員數가 아니라, 그들
구역에 할당된 병원 수로 볼 수 있다는 견해를 제시했다. 즉, 6위가 각기 등질等質·등
량等量의 것이 아니라 대소로 구성되었는데, 이 중 감문위監門衛·천우위千牛衛를 제
외한 4위 소속 정용·보승군 38령은 5도, 경기에서 출신 지방별로 뭉쳐진 병들로 구
성되었을 가능성을 언급하였다(〈高麗四十二道府考略〉,《朝鮮學報》 14, 1959). 이에 대해
이기백은 5도, 경기에 속해있는 정용·보승군의 수와 6위의 그것과의 불일치 등을 지
적하며, 末松保和의 설을 반박하였다(〈高麗軍人考〉,《高麗兵制史研究》, 1975, 126~130쪽).
권영국은 末松保和의 견해를 지지하고, 이기백이 지적한 문제에 대해서 다음과 같은
가능성을 제기하였다. 즉, 번상 체제 후 5도, 경기의 군액 수가 달라졌거나 이중 시위
군侍衛軍으로의 번상番上에서 제외되었거나, 1령에 2개 이상의 군목도軍目道들이 배
정되었을 가능성이 있다고 하였다(《高麗後期 軍事制度 研究》, 서울대 博士學位論文, 13쪽,
1995, 주 6) 참고).

95) 《高麗史》 卷83, 兵3 州縣軍 序文. "高麗兵制 大抵 皆倣唐之府衛 則兵之散在州縣者
意亦皆屬乎六衛 非六衛外 別有州縣軍也 然無可考 姑以此目之."

6. 운용: '입호충역'과 직역전

1) 《高麗史》 卷78, 食貨1 田制 序文. "高麗田制 大抵倣唐制 括墾田數 分膏塉 自文武百
官 至府兵閑人 莫不科授 又隨科 給樵採地 謂之田柴科."

2) 《高麗史》 卷78, 食貨1 田制 經理 24年 正月. "忠宣王卽位 下敎 一 先王 制定內外田
丁 各隨職役 平均分給 以資民生 又支國用 邇來 豪猾之徒 托稱遠陳 標以山川 冒受賜
牌 爲己之有 不納公租 田野雖闢 國貢歲減 又其甚者 托以房庫宗室之田 其於租稅 一
分納公 二分歸己 或有全不納者 玆弊莫大 宜令諸道按廉及守令 窮詰還主 如無主者 其

給內外軍閑人 立戶充役."

3) 이에 대해서는 채웅석, 〈고려 중기의 사회 변화와 정치동향〉,《한국사》5, 한길사, 1994;〈고려사회의 변화와 고려중기론〉,《역사와현실》32, 1999; 이익주, 〈고려 후기 정치체제의 변동과 정치세력의 추이〉,《한국사》5, 한길사, 1994 등 참고.

4) 《高麗史》卷15, 世家 仁宗 5年 10月 冬十月 丁卯. "命有司 刷諸李所奪土田臧獲 悉還本主."

5) 《高麗史》卷78, 食貨2 借貸. "明宗十八年 三月 下制 各處富强兩班 以貧弱百姓 賒貸未還 劫奪古來丁田 因此 失業益貧 勿使富戶兼并侵割 其丁田 各還本主."

6) 에릭 R. 울프, 朴賢洙 譯, 〈農民의 經濟的 側面〉,《농민》, 靑年社, 1983.

7) 《高麗史》卷7, 世家 文宗 10年 9月 甲申 制. "諸州牧刺史通判縣令尉及長吏 政績勤慢 淸濁 百姓貧富苦樂 可遣使按驗 所司乃以程驛民吏 勞於迎送 請停之 王曰 朕惟先代 頻遣使臣 採訪民瘼 故諸道宰民者 悉務淸廉 以安民庶 近來 綱紀弛紊 且無懲革 不勤公事 但謀私利 要結權豪 里巷多囊橐之收 田原罕桑麻之勸 或地有魚鹽梓漆 或家有畜産貨財 皆被侵奪 若有怨之者 卽假事 嚴加枷杖 傷其性命. 懷寃抱痛 無所告陳 閒有欲正之者 又因貴要之囑 卒莫能行 蠹民之害 日益月滋 官吏旣已如此 小民安得聊生 朕晨夕孜孜 庶幾釋其煩弊 而當軸秉鈞者 不以爲可 論說紛紛 何哉 今以兼侍御史刑部員外郎李攸績爲山東南忠慶尙州三道撫問使 兼御史雜端兵部郎中金若珍 禮部郎中崔尙並爲山南晉羅全淸廣公洪州七道撫問使 兼監察御史試殿中內給事安民甫爲關西北關內三道撫問使 監察御史閔昌壽爲關內東道撫問使 分道發遣 毋或阻滯."

8) 《高麗史》卷78, 食貨1 田制 田柴科 文宗 34年 閏9月. "選軍別監奏定 凡臨戰陷敵逃還人職田 勿奪仍給."

9) 《高麗史》卷11, 世家 肅宗 7年 3月. "中書門下省奏 新作南京 度地必廣 多奪民田 請據經緯令所說 或依山取勢 或約水表形 先以內從山水形勢 東至大峯 南至沙里 西至歧峯 北至面嶽 爲界 制可."

10) 《高麗史》卷129, 列傳42 叛逆3 崔忠獻傳. "忠獻與忠粹 上封事曰……先王制土田 除公田外 其賜臣民各有差 在位者貪鄙 奪公私田 兼有之 一家膏沃 彌州跨郡 使邦賦削而軍士缺 惟陛下 勅有司 會驗公文 凡所見奪 悉以還本 公私租賦 皆由民出 民苟困竭顧安所取足";《高麗史節要》卷13 明宗 26年.

11) 《高麗史節要》卷15, 世家 高宗 庚辰 7年 春正月. "樞密院副使崔瑀 以其父忠獻占奪

公私田民 各還其主."

12) 《高麗史》卷78, 食貨1 田制 祿科田 元宗 12年 12月. "都兵馬使言 近因兵興 倉庫虛竭 百官祿俸不給 無以勸士 請於京畿八縣 隨品給祿科田 時諸王及左右嬖寵 廣占膄田 多方沮毀 王頗惑之 右承宣許珙等 累言之 王勉從之."

13) 《高麗史》卷78, 食貨1 田制 經理 忠烈王 24年 正月 忠宣王卽位 下敎; 刑法1 職制 忠烈王 34年 正月 忠宣王復位 下敎.

14) 《高麗史》卷85, 刑法2 禁令 忠穆王 元年 5月 整理都監狀.

15) 《高麗史節要》卷28, 恭愍王 15年 5月.

16) 《高麗史節要》卷20, 忠烈王 4年 4月. "嘉林縣人告達魯花赤曰 縣之村落分屬元成殿及 貞和院將軍房忽赤巡軍 唯金所一村在耳 今鷹坊迷剌里又奪而有之 我等何以獨供賦役."

17) 《高麗史》卷79, 食貨2 科斂 忠惠王 4年 3月.

18) 《高麗史》卷78, 食貨1 田制 祿科田 趙浚, 趙仁沃, 李行等 上疏文.

19) 姜晋哲,〈田柴科體制의 崩壞〉,《高麗土地制度史研究》, 高麗大學校出版部, 1980; 이상국,〈고려 후기 농장의 경영형태 연구─농장경작인의 존재양상을 중심으로〉,《역사와현실》36, 2000.

20) 《高麗史》卷32, 世家 忠烈王 27年 5月 庚戌. "又請以忽剌歹等奪占田民 悉還本主 以伸冤枉 表曰……本國亂臣之首 忽剌歹等所作姦計 旣以明白 徒欲亂其國家而欺天 亦多……今所有資財 皆出侵漁賄賂 所有田民 多是强呑勢奪 其中 亦有臣所給者 亦因妄告 以無主 故與之耳."

21) 《高麗史》卷78, 食貨1 田制 功蔭田柴 忠肅王 12年 10月 下敎. "權勢之家 奪人土田 田屬勢家 稅仍本主 甚爲民害 自今受賜田 雖功臣 毋得過百結 式目都監 考覈賜牌 削其贏數." 이 사료는 조세를 내지 않아 국가의 공조가 날로 줄어들자 이에 대한 대책을 강구하는 충숙왕 5년 하교(《高麗史》卷78, 食貨1 田制 功蔭田柴 忠肅王 5年 5月 下敎. "功臣賜田 山川爲標 所受日廣 而不納稅 貢賦之田 日益減縮 其數外剩占者 窮推還本") 이후에 나오는 것인 만큼, 사전 규모의 제한이 조세 확보 대책의 현실적인 방안이었다.

22) 《高麗史》卷84 刑法1 職制. "判 鎭人犯歸鄕罪者 仍流配本處 若受田丁者 收其田與他犯遊罪者 東界鎭人則移配北界 北界則移東界 勿令配南界."

23) 전정田丁의 사례와 의미에 관해서는 金琪燮,《高麗前期 田丁制 研究》, 釜山大 博士學

位論文, 1993; 尹漢宅, 《高麗前期 私田研究》, 高麗大 博士學位論文, 1995, 19~48쪽
참고.

24) 앞서 양반전 사례에서 소개한 권수평의 사례가 대표적이다(《高麗史》 卷102, 列傳 權守
平傳). 이 기사는 "무릇 범죄로 직전을 회수당한 자에게도 사면의 은전을 입게 하
되……직전을 돌려주게 하라"(《高麗史節要》 卷3, 顯宗 16年 12月 下敎;《高麗史》 卷5, 顯宗
16年 12月 敎)고 한 것과 관련이 있다. 복장한의 토지는 직역의 대가로 분급 받은 것으
로 국가에 의해 회수와 분급이 이루어졌다.

25) 《高麗史》 卷78, 食貨1 貢賦. "定宗 四年 光宗卽位 命元甫式會元尹信康等 定州縣歲
貢之額."

26) 《高麗史》 卷80, 食貨3 常平義倉 顯宗 14年 閏9月 判. "凡諸州縣義倉之法 用都田丁數
收斂 一科公田 一結租三斗 二科及宮寺院兩班田 租二斗 三科及軍其人戶丁 租一斗 已
有成規 脫遇歲歉 百姓阻飢 以此救急 至秋還納 毋得濫費."

27) 의창조義倉租 수취 대상 토지의 성격에 대해서는 여러 가지 견해가 제기되었다. 이
에 대해서는 朴鍾進, 〈高麗初 公田·私田의 性格에 대한 再檢討—顯宗代 〈義倉租收
取規定〉의 해석을 중심으로〉,《韓國學報》 37, 1984에 자세히 언급되어 있다.

28) 도전정의 의미에 대해서는 전적田籍·전안田案 등의 토지대장이라는 견해(姜晉哲, 〈公
田의 經營形態〉《高麗土地制度史研究》, 高麗大出版部, 1980), 군현별로 모든 전정의 수조권
귀속처를 기록한 장부라는 견해(朴鍾進, 《고려시기 재정운영과 조세제도》, 서울대출판부,
2000), 국유지든지, 사유지든지 국가의 토지대장에 파악되고 있는 모든 토지를 총칭
한 용어라는 견해(金琪燮, 앞의 논문, 1993) 등의 견해가 제출되었다.

29) 사심관事審官(《高麗史》 卷75, 選擧3 事審官 成宗 15年), 諸州府郡縣의 戶長(《高麗史》 卷75,
選擧3 鄕職 顯宗 9年), 여러 주의 其人選上(《高麗史》 卷75, 選擧3 其人 文宗 31年), 각역各驛
의 정호丁戶 수(《高麗史》 卷82, 兵2 站驛) 등을 정하는 사료를 참고할 수 있다.

30) 손병규, 2001, 〈호적대장 職役記載 양상과 의미〉,《역사와현실》 41.

31) 《高麗史》 卷82, 兵2 站驛. "分各驛丁戶 爲六科……一科丁七十五 二科丁六十 三科丁
四十五 四科丁三十 五科丁十二 六科丁七 狄峴 雖在兩京間 比他驛 役事不緊 故仍定
五十丁 林原 雖非兩京間 役事最緊 故在一科 朔安 雖爲三科 非沿路 故定爲二十五丁
桃源 雖爲三科 在東西要衝 故定爲五十丁 若有田 而丁口不足 以本驛白丁子枝自願者
充立."

32) 《高麗史》卷84, 刑法1 戶婚. "編戶 以人丁多寡 分爲九等 定其賦役."

33) 김기섭은 고려에서 주현 및 역驛의 격格을 구분하는 기준이었던 정丁의 수가 조선 초기 《세종실록지리지世宗實錄地理志》의 호의 수와 거의 일치한다고 하여 정=호라고 주장했다(앞의 논문, 1993). 이보다 앞서 윤한택은 경원 이씨가의 과전 지배를 연구하는 과정에서 같은 논지를 폈다(《高麗前期 慶源 李氏 家의 科田支配》,《역사연구》창간호, 1992). 이영훈은 이러한 견해를 수용하면서 정호를 8가의 결합으로서 8결의 토지를 보유하는 국가 수취의 단위로 보았다(《韓國經濟史 時代區分 試論—戶의 歷史的 發展過程의 觀點에서〉,《韓國史의 時代區分에 관한 研究》, 精神文化研究院, 1995).

34) 《高麗史》卷3, 世家 穆宗元年 冬 10月;《高麗史》卷4, 世家4 顯宗 11年 6月;《高麗史》卷6, 世家 靖宗 3年 11月;《高麗史》卷84, 刑法1 戶婚;《高麗史》卷84, 刑法1 職制.

35) '호'의 편제 형태에 대해서 자연호의 인위적 편제라는 견해(김용섭, 이성무 등)와 이에 반대하면서 고려의 백정호·정호의 구분을 토대로 하여 요역 수취를 위한 호등戶等의 구분으로 보는 견해(金琪燮, 앞의 논문, 1993)로 나뉜다. 또한 편호는 과호로도 나타나고 있는 것을 통해, 김기섭이 이미 지적하고 있듯이 과세를 위한 호 편제를 의미한다.

36) 《高麗史》卷4, 世家 顯宗 10年 11月 庚申. "徙江南州縣丁戶 以實象山伊川遂安新恩峽溪半峯等縣."

37) 《高麗史》卷58, 地理3 東界 咸州大都督府. "咸州大都督府 久爲女眞所據 睿宗二年 命元帥尹瓘等 率兵擊逐 三年 置州爲大都督府 號鎭東軍 築大城 徙南界丁戶 一千九百四十八 以實之."

38) 《高麗史》卷9, 諸臣 尹瓘傳. "於是 新置六城 一曰鎭東軍咸州大都督府 兵民一千九百四十八丁戶."

39) 李佑成, 앞의 논문, 1962.

40) 《高麗史》卷81, 兵1 五軍 毅宗 3年 8月 西北面兵馬使曹晉若奏 定烽燧式. "平時 夜火晝烟各一 二急二 三急三 四急四 每所防丁二白丁二十人 各例給平田一結."

41) 《高麗史》卷78, 食貨1 田制 祿科田 辛禑 14年 7月 大司憲趙浚等上書. "一 白丁代田 百姓付籍 當差役者 戶給田一結 不許納租 其在公私賤人 當差役者 亦許給之 明白書籍."

42) 《高麗史》卷81, 兵1 五軍 靖宗 11年 5月 揭榜.

43) 《高麗史》卷81, 兵1 五軍 仁宗 23 判. "兵馬員吏 衛身從卒 以閑人白丁公私奴子奉行 仍給公料 元帥副元帥各十人 都知兵馬六人 各軍使十五人 各軍知兵馬使十二人 各軍 副使十人 各軍判官八人 各軍軍候使用藥員五人 各軍諸色員各四人 各軍兵馬人吏諸色 人吏各二人."

44) 《高麗史》卷82, 兵2 屯田 忠烈王 9年 2月. "令諸王百官及工商奴隷僧徒 出軍糧有差 諸王宰樞僕射承旨米二十石 致仕宰樞顯官三品十五石 致仕三品顯官文武四五品十石 文武六品侍衛護軍八石 文武七八品·衆上解官六石 東班九品衆外副使校尉南班九品四 石 正雜權務隊正三石 東西散職業中僧一石 白丁抄奴所由丁吏諸司下典獨女官寺奴婢 十斗 賈人大戶七石 中戶五石 小戶三石 唯年七十以上男女 勿歛."

45) 《高麗史》卷83, 兵3 州縣軍 北界 安北府.

46) 李佑成, 앞의 논문, 1962.

47) 김기섭은 백정을 요역을 담당하는 '백정호'로 설정하고 있다(앞의 논문, 1993). 그러나 백정을 보여주는 어떠한 사료에도 '백정호'의 용례가 보이지 않는다. 이는 백정이 '입 호'의 주체가 되지 못함을 보여주는 것으로 판단된다.

48) 朝鮮總督府, 〈大覺國師碑〉, 《朝鮮金石總覽》, 1919. "又造家墓 下引白丁四人居之 給 衣食 使守墓…白丁四十人 并用牛三十三首 輸石到濟危寶."

49) 《高麗史節要》卷2, 成宗 9年 敎. "凡理國之本 莫過於孝……其咸富等男女七人 並令 旌表門閭 免其徭役 白丁給公田爲丁戶 車達三人咸富等四人 免出驛島 隨其所願 編籍 州縣."

50) 안병우는 정호와 백정의 직역 부담 여부가 개별 호의 전지 보유의 차이에 의해 정해 진다는 견해를 나타냈다(〈高麗의 屯田에 대한 一考察〉, 《韓國史學》10, 1984). 김기섭은 여 기에 정호는 족정호와 반정호를 포괄하는 용어로 보고 이들을 농업 경영규모의 차이 에 기초한 호등제하의 호별 편제로 파악하는 견해를 추가했다(앞의 논문, 1993). 정호 와 백정의 이러한 경제적 차이는 누에치기[蠶事]에 이바지하는 뽕나무 묘목[桑苗]의 지급 규모에도 반영되었다(《高麗史》卷78, 食貨2 田制 農桑 顯宗 19年(1028) 正月 判. "今諸 道州縣 每年桑苗 丁戶二十根 白丁十五根 田頭種植 以供蠶事").

51) 盧明鎬, 〈田柴科體制下 白丁農民層의 土地所有〉, 《韓國史論》23, 1990.

52) 《高麗史》卷103, 列傳 諸臣 金允侯傳. "高宗時人……以功 拜監門衛上將軍 其餘有軍 功者 至官奴白丁 亦賜爵有差."

53) 《高麗史》卷111, 列傳 諸臣 金續命傳. "又因軍功 白丁驟拜卿相 皂隷濫處朝班 臣道 淆亂 以致地震."

54) 국보로 지정된 〈이태조호적李太祖戶籍〉(1391 혹은 1392년)에서 백정은 3명이 나타나고 있다. 첫째 폭과 셋째 폭에서 나타나는 백정은 노의 처로 이들 소산所産은 노비 신분이 되고 있다. 그런데 다섯째 폭에서는 주호主戶인 한우가 백정으로 나타난다. 한우의 처와 소산들의 신분이 적시되지 않고 있다. 조선 초기 법전인 《경제육전》과 《속육전》에서는 재인才人과 화척禾尺을 백정으로 부르고 있었으며, 세종 6년(1424)에는 백정을 신백정新白丁으로 고쳐 불렀다. 이들의 사회적 지위는 매우 낮아 평민과 구별되는 이류異類집단으로 취급되었다(李榮薰·安承俊, 〈1528年 安東府 府北 周村 戶籍斷片〉, 《古文書研究》8, 韓國古文書學會, 1996). 이상과 같이 일반 민이던 백정은 고려 후기 이후 조선 전기 사이에 일천즉천一賤則賤의 원리에 의해 그 신분적 지위가 노비와 비슷한 처지로 떨어지기도 하였다.

55) 장획臧獲은 노비로 이해되고 있다. 그러나 앞서 살펴보았듯이 장획은 권세가의 탈점과 관련이 있는데, 탈점된 후 공민의 지위를 잃고 권세가에게 불법적으로 예속된 상태를 이르는 용어로도 이해된다. 따라서 이 글에서는 장획을 탈점에 의한 불법적인 존재를 나타내는, 달리 말해 탈점되기 이전 경작농민 일반을 가리키는 용어로 사용하기로 한다.

56) 《高麗史》卷79, 食貨2 農桑 睿宗 3年 2月 制. "近來州縣官 祇以宮院朝家田 令人耕種 其軍人田 雖膏腴之壤 不用心勸稼 亦不令養戶輸粮 因此 軍人飢寒逃散 自今 先以軍人田 各定佃戶 勸稼輸粮之事 所司 委曲奏裁."

57) 《高麗史》卷78, 食貨1 田制 租稅 睿宗 3年 2月 制. "諸州縣公私田 川河漂損 樹木叢生 不得耕種 如有官吏 當其佃戶及諸族類隣保人 徵斂稅粮 侵害作弊者 內外所司 察訪禁除."

58) 앞의 5장 2. 군역의 차정과 군인전 참고.

59) 《高麗圖經》卷16, 官府 倉廩. "內外見任受祿官 三千餘員 散官同正無祿給田者 又一萬四千餘員 其田皆在外州 佃軍耕時 及時輸納而均給之."

60) 강진철은 문종조 경정전시과 규정을 바탕으로 양반의 규모를 위와 같이 추론하였다 (〈兩班田〉, 《高麗土地制度史研究》, 高麗大出版部, 1980).

61) 박용운은 《고려사》 백관지 편제를 통하여 위와 같은 양반의 규모를 추론하였다(〈高麗

時代 蔭敍制와 科擧制에 대한 比較檢討〉,《高麗時代 蔭敍制와 科擧制 研究》, 一志社, 1990).

62) 姜晉哲, 앞의 책, 1980.

63) 《宋史》卷487, 〈高麗傳〉. "百官以米爲奉 皆給田 納祿半給 死乃拘之 國無私田 民計口 授業 十六以上則充軍 六軍三衛 常留官府 三歲以選戍西北 半歲而更 有警則執兵 任事 則服勞 事已復歸農畝."

64) 위의 사료 B의 내용은 《高麗圖經》卷23, 雜俗2 種藝 부분과 《高麗圖經》卷11, 仗衛 序論 부분과 거의 유사하다. 이 사료들에서 나오는 군사 관련 사료는 이기백과 강진 철의 고려 군제 논쟁의 중요한 근거로 이용되었다.

65) 《高麗圖經》卷23, 雜俗2 種藝. "國官以下 兵吏驅使進士工技 無事則服田 唯戍邊則給 米."

66) 姜晉哲, 〈軍人田〉, 《高麗土地制度史研究》, 高麗大出版部, 1980.

67) 마크 엘빈, 李春植 외 共譯, 〈封建制가 결여된 장원제〉, 《中國歷史의 發展形態》, 신서 원, 1989.

68) 李榮薰, 〈高麗佃戶考〉, 《歷史學報》 161, 1999.

69) 《高麗史》卷28, 世家 忠烈王 4年 秋7月 乙酉. "王在元哈伯平章謂康守衡趙仁規曰 昨 有勑 其議可以安集百姓者 來奏 王遂命宰樞與三品以上議之 皆曰 上下皆撤處干 委以 賦役可也 處干 耕人之田 歸租其主 庸調於官 卽佃戶也 時權貴多聚民 謂之處干 以逋 三稅 其弊尤重 守衡曰 必以點戶奏."

70) 李景植, 《朝鮮前期 土地制度研究》, 一潮閣, 1986.

71) 吳仁正墓誌銘(毅宗 9年, 1150). "仁宗朝 甲辰年春 中第 初任元興鎭判官 有能名 政滿還 京 守志慷慨 不與世俗浮沈 故十年不調 乃卜居于城東鵲洞之北 或躬耕以食妻子 然門 多車轍 學士皆師尊之"(金龍善, 《高麗墓誌銘集成》, 翰林大出版部, 1993, 147~148쪽).

72) 《高麗史》卷109, 列傳 崔瀣傳. "晚從獅子岬寺僧借田而耕 開園曰取足 自號猊箏農隱 其銘座右曰 爾田爾園三寶重恩 取足奚自 愼勿可謗 隱者素不樂浮屠 而卒爲其佃戶 盖 訟夙志之爽 以自戲耳."

73) 《高麗史》卷79, 食貨2 農桑 睿宗 3年 2月 制. "近來州縣官 祇以宮院朝家田 令人耕種 其軍人田 雖膏腴之壤 不用心勸稼 亦不令養戶輸粮 因此 軍人飢寒逃散 自今 先以軍人 田 各定佃戶 勸稼輸粮之事 所司 委曲奏裁."

7. 재편: 지배층의 재생산 전략과 농장

1) 본문의 내용은 이현주, 문성민 교수와의 공동연구인 다음 논문의 일부를 게재한 것이다. 이현주·문성민·이상국, 〈고려 태조~현종 대 왕실의 혼인 네트워크와 지배층의 형성〉, 《대동문화연구》 122, 2023.

2) 李基白, 〈王建〉, 《韓國의 人間像》 2, 新丘文化社, 1965; 《高麗貴族社會의 形成》, 一潮閣, 1990; 江原正昭, 〈高麗王族の成立──特に太祖の婚姻を中心として〉, 《朝鮮史研究會論文集》 2, 朝鮮史研究會, 1966; 李熙永, 〈高麗朝歷代妃嬪の姓の繼承に關する一試論──同姓不婚制の形成過程における一現狀の究明〉, 《民族學研究》 31, 日本民族學會, 1966; 河炫綱, 〈高麗前期의 王室婚姻에 對하여〉, 《梨大史苑》 7, 梨大史學會, 1968; 앞의 책, 1988 재수록: 尹庚子, 〈高麗王室의 婚姻形態〉, 《淑大史論》 3, 숙명여자대학교 사학과, 1968; 鄭容淑, 〈高麗初期 婚姻政策의 추이와 王室族內婚의 성립〉, 《韓國學報》 37, 韓國研究學會, 1984; 〈公主의 婚姻關係를 통해 본 高麗王室婚의 一斷面〉, 《高麗史의 諸問題》, 삼영사, 1986; 《高麗王室族內婚研究》, 새문社, 1988 재수록; 《고려시대의 后妃》, 民音社, 1992.

3) 權眞徹, 〈高麗太祖의 后妃策에 關한 再考〉, 《白山學報》 47, 1996, 166~169쪽.

4) 엄성용은 '호족연합정권설'에 대한 문제를 제기하는 근거 중 하나로 태조의 혼인 정책을 살펴보았다. 즉 후비의 연고지를 알 수 있는 26명을 조사한 결과 고려의 11개 지역에서 18명, 후백제의 2개 지역에서 2명, 신라의 4개 지역에서 6명이 나타나는 것으로 보아 고려 출신 호족이 다른 지역 출신 호족보다 태조와 혼인관계를 맺는 데 유리했기 때문이라고 보았다. 또한 한 가문에서 2, 3명의 비가 나오고 있는데, 이는 태조의 필요에 의한 것이 아니었을 것으로 보았다. 마지막으로 태조의 비부妃父 등 대부분이 중앙에서 태조의 측근으로 활동하고 있다고 하면서, 이는 태조의 의도에 의한 정략결혼이 아니라 중앙으로 진출한 호족이 중앙에서의 기반을 다지기 위해 왕실과의 통혼을 원했다고 보았다(앞의 논문, 1986, 48~51쪽).

5) 《고려사》 후비전, 종실전에 수록된 많은 칭호가 당대의 호칭이 아니라 시호일 가능성이 있다. 이에 대해서는 김아네스, 《고려의 국가제사와 왕실의례》, 경인문화사, 2019, 255~265쪽 참고. 이 글에서 후비의 칭호는 《고려사》 후비전을 따른다.

6) 정용숙, 앞의 책, 1992, 32~41쪽.

7) 태조의 혼인 Ⅲ시기는 특정하기가 어렵다. 다만, 정용숙은 Ⅲ시기의 혼인이 모두 신라 왕족과의 결합이라는 특색을 지녔을 것으로 추정하였다(앞의 책, 1992, 39~41쪽).

8) 이정란, 〈太祖妃 天安府院夫人과 天安府〉, 《충청학과 충청문화》 12, 충청남도 역사문화연구원, 2011, 42~46쪽.

9) 기존 연구에서는 후비의 관칭에 지역을 사용한 것에 대해서 1) 해당 지역에서 호족의 세력이 강성하였음을 보여주는 것이며(旗田巍, 〈高麗王朝成立期の〈府〉と豪族〉, 《法制史研究》 10, 法制史学会, 1960; 《朝鮮中世社會史の研究》, 法政大學出版部, 1972; 김갑동, 앞의 책, 1990, 113~116쪽; 李義權, 〈高麗의 郡縣制度와 地方統治政策〉, 《高麗史의 諸問題》, 三英社, 1986, 233~234쪽), 2) 출신지 및 연고지의 지명에서 '원호'를 삼았던 것(이정란, 앞의 논문, 2011, 42~46쪽)이라는 견해가 제출되었다.

10) 《高麗史》 卷58, 地理志3, 西海道, 平州, "平州本高句麗大谷郡【一云多知忽】, 新羅景德王, 改爲永豐郡, 高麗初, 更今名, 成宗十四年, 置防禦使, 顯宗九年, 定爲知州事, 元宗十年, 併于復興郡, 忠烈王時, 復舊, 別號延德, 又號東陽, 有猪淺【一云浿江】, 有溫泉, 屬縣一."

11) 《高麗史》 卷58, 地理志3, 西海道, 平州.

12) 《高麗史》 卷92, 列傳5, 諸臣, 朴守卿.

13) 《三國史記》 卷12, 新羅本紀12, 景哀王 4年; 《高麗史》 卷1, 世家1, 太祖 10年.

14) 이정란은 임언을 강주를 기반으로 한 호족으로 보았다(앞의 논문, 2011, 48쪽).

15) 金甲童, 〈나말여초 天安府의 성립과 그 동향〉, 《韓國史研究》 117, 韓國史研究會, 2002, 41쪽.

16) 김갑동, 앞의 논문, 2002, 49~50쪽.

17) 왕순식의 원래 이름은 김순식으로, 명주의 호족이었는데, 태조에게 귀부한 이후 왕성을 하사받았다. 정목부인의 父인 왕경, 대명주원부인의 父인 왕예도 명주를 기반으로 활동한 호족으로, 왕순식 휘하에서 활약하였을 것으로 추정된다. 왕경과 왕예도 왕씨 성을 하사받은 인물들로, 왕순식과 후비의 父인 왕경·왕예의 관계가 밀접했음을 알 수 있다(김갑동, 《나말여초의 호족과 사회변동연구》, 고려대학교 민족문화연구소, 1990). 다만 왕순식과는 달리 왕예는 신라 왕족인 김주원의 후손이었을 것으로 추정된다(金貞淑, 〈金周元世系의 成立과 그 變遷〉, 《白山學報》 28, 백산학회, 1984, 187~191쪽). 즉 왕예와 왕경이 태조와 혼인을 할 수 있었던 배경으로 명주의 지역적 기반과 고려 건

국 과정의 활약 외에 신라 왕실 출신이었다는 점 역시 결정적으로 작용하였을 것으로 여겨진다.

18) 왕규는 경기도 광주의 속현인 양근현 출신으로 원래 이름은 함규였는데 왕씨 성을 하사받았다(《高麗史》卷2, 世家2, 定宗 卽位年, 9월).

19) 《高麗史》卷58, 地理志3, 西海道, 平州, 洞州.

20) 《世宗實錄》卷150, 地理志, 慶尙道 尙州牧 陜川郡.

21) 정용숙, 앞의 책, 1988, 34쪽; 李貞蘭, 〈고려 后妃의 號稱에 관한 고찰〉, 《典農史學》 2, 서울市立大學校 國史學科, 1996, 167쪽.

22) 今村鞆, 〈朝鮮婚姻制の一面觀察〉, 《朝鮮》190, 朝鮮總督府, 1931, 116~117쪽; 李熙永, 앞의 논문, 1966, 30~35쪽.

23) 江原正昭, 앞의 논문, 1966: 李光奎, 《韓國家族의 史的研究》, 一志社, 1977; 盧明鎬, 〈高麗初期 王室出身의 '鄕里'勢力—麗初 親屬들의 政治勢力化 樣態〉, 앞의 책, 1986.

24) 盧明鎬, 앞의 논문, 1988; 정용숙, 앞의 책, 1988.

25) 河炫綱, 앞의 논문, 1968: 김갑동, 앞의 논문, 2009.

26) 《高麗史》卷88, 列傳1 后妃. "高麗之制王母稱王太后嫡稱王后妾稱夫人, 貴妃淑妃德妃賢妃是爲夫人秩並正一品自餘尙宮尙寢尙食尙針皆有員次靖宗以後或稱宮主或稱院主或稱翁主改復不常未可詳也太祖法古有志化俗然狃於土習以子聘女諱稱外姓其子孫視爲家法而不之怪惜哉, 盖夫婦人倫之本也, 國家理亂, 罔不由之, 可不愼歟, 故作后妃傳, 而嬪嬙夫人, 并各附于其次."

27) 《高麗史》卷88, 列傳1, 后妃. "惠宗, 義和王后林氏, 鎭州人.

28) 《高麗史》卷88, 列傳1, 后妃. "惠宗, 後廣州院夫人王氏, 廣州人, 大匡規之女."

29) 《高麗史》卷88, 列傳1, 后妃. "惠宗, 淸州院夫人金氏, 淸州人, 元甫兢律之女."

30) 《高麗史》卷88, 列傳1, 后妃. "惠宗, 宮人哀伊主, 慶州人, 大干連乂之女, 生太子濟明惠夫人."

31) 《高麗史》卷88, 列傳1, 后妃. "惠宗, 淸州院夫人金氏, 淸州人, 元甫兢律之女."

32) 《高麗史》卷88, 列傳1, 后妃. "定宗, 淸州南院夫人金氏, 元甫兢律之女."

33) 《高麗史》卷88, 列傳1, 后妃. "定宗, 文恭王后朴氏, 昇州人, 三重大匡英規之女"

34) 《高麗史》卷88, 列傳1, 后妃. "定宗, 文成王后朴氏, 亦英規之女, 生慶春院君公主一."

35) 《高麗史》卷88, 列傳1, 后妃. "光宗, 大穆王后皇甫氏, 太祖之女."

36) 《高麗史》卷88, 列傳1, 后妃. "光宗, 慶和宮夫人林氏, 惠宗之女."

37) 《高麗史》卷88, 列傳1, 后妃. "神靜王太后皇甫氏, 黃州人, 太尉三重大匡忠義公悌恭之女, 生戴宗及大穆王后."

38) 《高麗史》卷88, 列傳1, 后妃. "惠宗, 義和王后林氏, 鎭州人, 大匡曦之女, 太祖四年十二月, 册惠宗爲正胤, 以后爲妃, 生興化君慶化宮夫人貞憲公主."

39) 《高麗史》卷88, 列傳1, 后妃. "景宗, 獻肅王后金氏, 新羅敬順王之女也."

40) 《高麗史》卷88, 列傳1, 后妃. "景宗, 獻懿王后劉氏, 宗室文元大王貞之女."

41) 《高麗史》卷88, 列傳1, 后妃. "景宗, 獻哀王太后皇甫氏, 戴宗之女, 生穆宗."

42) 《高麗史》卷88, 列傳1, 后妃. "景宗, 獻貞王后皇甫氏, 亦戴宗之女."

43) 《高麗史》卷88, 列傳1, 后妃. "景宗, 大明宮夫人柳氏, 宗室元莊太子之女."

44) 《高麗史》卷88, 列傳1, 后妃. "神明順成王太后劉氏, 忠州人, 贈太師內史令兢達之女, 生太子泰定宗光宗文元大王貞證通國師, 樂浪興芳二公主."

45) 《高麗史》卷88, 列傳1, 后妃. "神靜王太后皇甫氏, 黃州人, 太尉三重大匡忠義公悌恭之女, 生戴宗及大穆王后."

46) 《高麗史》卷88, 列傳1, 后妃. "貞德王后柳氏, 貞州人, 侍中德英之女. 生王位君仁愛君元莊太子助伊君, 文惠宣義二王后."

47) 《高麗史》卷88, 列傳1, 后妃. "成宗, 文和王后金氏, 善州人. 贈侍中元崇之女."

48) 《高麗史》卷88, 列傳1, 后妃. "成宗, 延昌宮夫人崔氏, 右僕射行言之女, 生元和王后."

49) 《高麗史》卷88, 列傳1, 后妃. "穆宗, 宣正王后劉氏, 宗室弘德院君圭之女."

50) 《高麗史》卷88, 列傳1, 后妃. "穆宗, 宮人金氏有寵, 號邀石宅宮人."

51) 《高麗史》卷88, 列傳1, 后妃. "顯宗, 元貞王后金氏, 成宗之女."

52) 《高麗史》卷88, 列傳1, 后妃. "顯宗, 元和王后崔氏, 亦成宗之女."

53) 《高麗史》卷88, 列傳1, 后妃. "文和王后金氏, 善州人, 贈侍中元崇之女, 初稱延興宮主, 或稱玄德宮主, 生元貞王后."

54) 《高麗史》卷88, 列傳1, 后妃. "延昌宮夫人崔氏, 右僕射行言之女, 生元和王后."

55) 《高麗史》卷88, 列傳1, 后妃. "戴宗旭, 光宗二十年卒, 子孝德太子成宗敬章太子."

56) 《高麗史》卷88, 列傳1, 后妃. "顯宗, 元容王后柳氏, 宗室敬章太子之女."

57) 《高麗史》卷4, 世家4, 顯宗 4年, "癸卯, 納敬章太子女, 爲妃."

58) 《高麗史》卷88, 列傳1, 后妃. "顯宗, 元城太后金氏, 安山人, 侍中殷傅之女."

59)《高麗史》卷88, 列傳1, 后妃. "顯宗, 元惠太后金氏, 亦殷傅之女."

60)《高麗史》卷88, 列傳1, 后妃. "顯宗, 元平王后金氏, 亦殷傅之女."

61)《高麗史》卷88, 列傳1, 后妃. "顯宗, 元穆王后徐氏, 利川人, 內史令訥之女."

62)《高麗史》卷88, 列傳1, 后妃. "顯宗, 元順淑妃金氏, 史失其鄕, 平章事因渭之女."

63)《高麗史》卷88, 列傳1, 后妃. "顯宗, 元質貴妃王氏, 淸州人, 中書令可道之女."

64)《高麗史》卷88, 列傳1, 后妃. "貴妃庾氏, 史失世系."

65)《高麗史》卷88, 列傳1, 后妃. "宮人韓氏, 名萱英, 楊州人, 平章事藺卿之女."

66)《高麗史》卷88, 列傳1, 后妃. "宮人李氏, 給事中彦述之女."

67)《高麗史》卷88, 列傳1, 后妃. "宮人朴氏, 全州人, 內給事同正溫其之女."

68) 황향주는 태조 자녀들의 출생 연도 및 혼인 시기를 추정하여 태조 자녀세대의 혼인을 크게 두 단계로 나누었다. Ⅰ기는 혜종, 태자 태(왕태), 정종, 안정숙의공주(낙랑공주)의 혼인으로, 태조 재위기에 태조의 개입으로 혼인이 이루어졌고, Ⅱ기는 태조의 사후에 추진된 혼인으로, 왕실 내의 근친혼에 대한 선호도가 뚜렷하게 나타난다고 보았다. Ⅰ기에서 태조는 생전에 자녀들의 혼인을 추진하면서 외혼과 내혼의 두 가지 왕실혼의 유형을 제시하였고, 이는 왕실과 외척을 제한된 규모로 재생산하면서 동시에 자신의 인척관계망을 온전히 후대로 계승시켜 고려 최상층의 구심력을 강화하고자 하는 목적이었다고 보았다. Ⅱ기에 왕실 내 근친혼이 적극적으로 이루어졌는데, 그 근본적인 이유는 고려 건국 후 납비된 태조의 후비들이 비슷한 시기에 수많은 왕자와 공주를 생산한 데 있다고 보았다. 결국 고려 초 왕실은 왕녀 혹은 종녀宗女의 수가 확보되는 범위 내에서 최대한 왕자들이 근친혼을 추진하였던 것이라고 이해하였다(《10~13세기 고려 왕실의 구조와 편제》, 서울대학교 박사학위논문, 2022, 29~41쪽).

69)《高麗史》卷58, 地理3, 西海道, 平州. "平州本高句麗大谷郡【一云多知忽】, 新羅景德王, 改爲永豐郡, 高麗初, 更今名, 成宗十四年, 置防禦使. 顯宗九年, 定爲知州事, 元宗十年, 倂于復興郡, 忠烈王時, 復舊. 別號延德, 又號東陽, 有猪淺【一云湨江】, 有溫泉, 屬縣一."

70) 태조 왕건의 휘하에서 공로가 컸던 인물들 중 패강진 소속이 다수이다. 평주의 유긍필과 박수경, 중화현의 김락, 황주의 최응, 동주의 김행파, 염주의 윤선 등은 모두 패강진 소속이다. 이로 보아 태조의 세력은 일차적으로는 송악에서 형성된 것이었으나 어느 정도 패강진 지역과 연결되어 있었음을 알 수 있다(이기백,《高麗兵制史硏究》, 일조

각, 1990, 47쪽 주5; 이기동, 〈新羅 下代의 浿江鎭〉, 《한국학보》 4, 일지사, 1976; 《新羅骨品制社會와 花郎徒》, 一潮閣, 1984 재수록, 229쪽).

71) 고려에서는 인물의 출신지 또는 연고지가 주요한 지지 기반이었다. 이는 특정 인물의 연고지, 특히 내향 또는 외향이기 때문에 해당 지역이 승격되는 사례를 통해 확인할 수 있다. 고관과 공신들에 대한 우대조치로 내·외향에 대한 읍호를 승격시켜주는 조치는 목종 4년(1001) 이후, 무신집권기에 빈번하게 나타난다. 특정 인물을 계기로 읍격이 높아지는 경우, 그에 따른 혜택을 받을 뿐만 아니라 출신 지역 사회에서 명망이 높아지는 계기가 되었을 것이다(蔡雄錫, 앞의 책, 2000, 58~59쪽).

72) 본문의 내용은 이원재 교수와의 공동연구인 다음 논문의 일부를 게재한 것이다. Lee, Sangkuk & Wonjae Lee, "Strategizing marriage: A genealogical analysis of Korean marriage networks, *Journal of Interdisciplinary History* 48−1, 2017.

73) 안동 권씨와 《성화보》에 대한 더 자세한 정보는 다음 논문들을 참고하라. 權寧大, 〈成化譜攷〉, 《大韓民國 學術院論文集》 20, 1981; Edward W. Wagner, 〈1476년 安東權氏族譜와 1565년 文化柳氏族譜─그 性格과 意味에 관한 考察〉, 《石堂論叢》 15, 1989; 盧明鎬, 〈解題; 安東權氏 成化譜에 대하여〉, 《安東權氏成化譜》, 1992; 崔在錫, 〈朝鮮時代 族譜와 同族組織〉, 《歷史學報》 81, 1979; 宋俊浩, 〈韓國에 있어서의 家系 記錄의 歷史와 그 解釋〉, 《歷史學報》 87, 1980; 閔賢九, 〈高麗後期 安東權氏 家門의 展開〉, 《道山學報》 5, 1996; 朴永鎭, 〈安東權氏 《成化譜》 研究〉, 《동양예학》 12, 2004; 朴龍雲, 〈安東權氏 사례를 통해 본 高麗社會의 一斷面─'成化譜'를 참고로 하여〉, 《歷史敎育》 94, 2005; 권기석, 〈15~17세기 族譜의 編制 방식과 성격─序跋文의 내용 분석을 중심으로〉, 《奎章閣》 30, 2007; 이정란, 〈족보의 자녀 수록방식을 통해서 본 여말선초 족보의 편찬 배경─《안동권씨성화보》·《文化柳氏嘉靖譜》를 중심으로〉, 《한국중세사연구》 25, 2008; 미야지마 히로시, 〈《안동권씨성화보》를 통해 본 한국 족보의 구조적 특성〉, 《大東文化研究》 62, 2008; Lee, Sangkuk and Hyunjoon Park, "Marriage, Social Status, and Family Succession in Medieval Korea (Thirteenth−Fifteenth Centuries)," *Journal of Family Histor* 33−2, 2008; Lee, Sangkuk, "The Impacts of Birth Order and Social Status on the Genealogy Register in Thirteenth−to Fifteenth−Century Korea," *Journal of Family History* 35−2, 2010; 이상국, 〈《안동권씨성화보》에 기록된 이제현 가계 사람들〉, 《사림》 35, 2010; 이상국, 〈《安東權氏成化譜》에 나타난

13~15세기 관료 재생산과 혈연관계〉,《대동문화연구》, 2013.

74) Sangkuk Lee and Hyunjoon Park, *Ibid.*, 2008

75) 최재석, 앞의 논문, 1980; 송준호, 앞의 논문, 1980; 와그너, 앞의 논문, 1989; 박용운, 앞의 논문, 2005.

76) Wagner, W. Edward, 앞의 논문, 1989.

77) 미야지마 히로시(앞의 논문, 2008)는《성화보》작성 당시 안동 권씨 구성원들이 소장하고 있던 각각의 가승家乘과 (동고조팔촌지보同高祖八寸之譜)를 기반으로 족보를 작성했기 때문에, 8대 이전에 한 사람만 등장하고 9대 이후 복수의 인물이 등장했다는 견해를 표명하였다.

78) 權寧大, 앞의 논문, 1981; Edward W. Wagner, 앞의 논문, 1989.

79) [표 1]과 〈그림 1〉은 Lee, Sangkuk and Hyunjoon Park, ibid., 2008에서 활용한 데이터를 수정·보완한 것이다. Lee, Sangkuk and Hyunjoon Park은 총 인원을 10,254명으로 파악하였는데, 이후 수정·보완하는 과정에서 12명의 기록이《성화보》를 자료화하는 과정에서 중복·추가되었음을 확인했다. 이 글에서는 수정된 데이터를 바탕으로 분석하였다. 이후에도 지속적으로 수정·보완하고자 한다.

80) 시대 상황을 이해하기 위해《고려사》,《고려사절요》,《조선왕조실록》등의 사료들을 활용하였다.

81) 《성화보》의 자료적 결함은 고려대학교 한국학연구소 중세사연구실에서 제공하는 인적정보열람시스템(http://khistory.korea.ac.kr/korea/genealogy.php)과 한국학중앙연구원에서 제공하는 한국역대인물종합정보시스템(http://people.aks.ac.kr/index.aks), 그리고《성화보》관직을 엄밀히 분석한 연구(朴龍雲, 앞의 논문, 2005)를 활용하여 보완하였다. 이를 통해《성화보》에 기록되지 않은 많은 구성원들의 관직을 찾을 수 있었다.

82) John F. Padgett and Christopher K. Ansell, 1993, "Robust Action and the Rise of the Medici, 1400~1434," *American Journal of Sociology XCVII*, pp. 1259~1319.

83) 이러한 시기 구분은 Thomas H. Hollingsworth의 코호트 그룹 개념에 따랐다(1957, "A Demographic Study of the British Ducal Families", *Population Studies XI*, 4~26 pp.). 그에 따르면 코호트 그룹은 a) 각 코호트에서 비슷한 수의 개인으로 그룹화되고, b) 각 코호트에서 유사한 시간 범위로 그룹화되며, c) 세속적 경향을 보여주기에 충분한 그룹을 포함한다.

84) Duncan, John, *The Origins of the Choson Dynasty*, University of Washington Press; Seatle and London, 2014.

85) 박용운, 앞의 책, 1987.

86) Ester Boserup은 인구의 증가와 기술력의 상관관계를 밝히는 첫 단계로서 세계 주요 지역의 인구 밀도를 나타내었다(Population and Technological Change; A Study of Long-Term Trends(The University of Chicago Press, 1981), PP. 8~14). 그의 연구는 John Durand가 추정한 전 세계 주요 지역의 인구("Historicla Estimates of World Population: An Evaluation," *Population and Development Review* 3-3, 1977)를 바탕으로 진행된 것이다.

87) 이정호,《고려시대의 농업생산과 권농정책》, 景仁文化史, 2009.

88) 魏恩淑,〈12세기 농업기술의 발전〉,《釜大史學》12, 1988; 李泰鎭,〈15, 6세기 韓國 사회경제의 새로운 동향: 低地 개간과 인구증가〉,《東方學志》64, 1989.

89) 閔賢九,〈高麗의祿科田〉,《歷史學報》53·54, 1972.

90) 무인집권기 토지의 확대는 곧 토지분급제의 붕괴를 의미하는 것은 아니었다. 전면적인 토지 분급을 다시 실시할 정도로 정치적 안정을 이루지 못한 무인 집권자들은, 전시과 체제를 그대로 유지한 채 권력을 통한 토지 탈점으로 자신들의 경제 기반을 구축하였다(박종진,〈고려무인집권기의 토지지배와 경제시책〉,《역사와현실》17, 한국역사연구회, 1995, 133~141쪽). 또한 원 간섭기에도 무인 집권기보다 광범위한 토지의 탈점이 이루어졌지만, 국가 분전제라는 원칙마저 붕괴된 것은 아니었던 것으로 보인다.

91)《高麗史》卷85, 刑法志2 禁令 明宗 18年 3月 制. 농장의 폐해에 대한 기사는 다음에도 보인다.《高麗史》卷85, 刑法志2 禁令 忠穆王 元年 5月.

92)《高麗史》卷15, 世家15 仁宗 5年 冬10月 丁卯. "命有司 刷諸李所奪土田臧獲 悉還本主."

93) 宋炳基,〈고려시대의 農莊—12세기 이후를 중심으로〉,《韓國史研究》3, 1969;〈農莊의 발달〉,《한국사》8, 국사편찬위원회, 1975.

94)《高麗史》卷27, 世家27 元宗 12年 2月 乙未朔.

95)《高麗史》卷36, 世家36 忠惠王 2年 秋7月 庚申.

96)《高麗史》卷36, 世家36 忠惠王 後4年 3月 乙亥.

97)《高麗史》卷37, 世家37 忠穆王 2年 秋7月 丙;《高麗史》卷39, 世家39 恭愍王 5年 6月 乙亥.

98) 《高麗史》卷37, 世家37 忠穆王 3年 3月 戊辰.

99) 《高麗史》卷37, 世家37 忠穆王 3年 冬10月 甲午.

100) 《高麗史》卷38, 世家38 恭愍王 1年 2月 丙子.

101) 농장이 개인에게 주어진 경우가 있으나, 이는 아첨이나 공훈에 의한 것이었다. 《高麗史》卷104, 列傳17 羅裕傳; 《高麗史》卷90, 列傳3 宗室1 孝隱太子傳.

102) 사패전에 대해서는 다음 연구가 있다. 朴京安, 〈高麗後期의 陳田開墾과 賜田〉, 《學林》7, 1985; 李淑京, 〈高麗後期 賜牌田의 分給과 그 변화〉, 《國史館論叢》49, 1993; 오일순, 〈고려 후기 토지분급제의 변동과 祿科田〉, 《14세기 고려의 정치와 사회》, 민음사, 1994; 신은제, 〈원간섭기 토지분급제도의 양상과 특징〉, 《역사와경계》125.

103) 《高麗史》卷78, 食貨1 經理 忠烈王 11年 3月 下旨.

104) 《高麗史》卷78, 食貨1 功蔭田柴 辛禑 6年 6月.

105) 宋炳基, 〈고려시대의 農莊—12세기 이후를 중심으로〉, 《韓國史研究》3, 1969, 12쪽.

106) 姜晋哲, 〈高麗의 農莊에 대한 一研究—民田의 奪占에 의하여 형성된 權力型農莊의 實體追求〉, 《史叢》24, 1980; 朴京安, 앞의 논문, 1985; 李淑京, 〈高麗後期 賜牌田의 분급과 그 변화〉, 《國史館論叢》49, 1993; 오일순, 〈고려후기 토지분급제의 변동과 祿科田〉, 《14세기 고려의 정치와 사회》, 민음사, 1994.

107) 《高麗史》卷78, 食貨1 田制 租稅 忠烈王 2年 11月.

108) 《高麗史》卷123, 列傳 康允紹傳; 《高麗史》卷29 世家29 忠烈王 5년 11月 壬申; 《高麗史》卷78, 食貨1 功蔭田柴 辛禑 6年 6月; 《高麗史》卷78, 食貨1 經理 忠烈王 24年 正月.

109) 《益齋亂藁》卷4, 送田祿生司詠按全羅道. "小將汗馬輪弓戈 豪奴聯騎攘公田 官徵連租不計年 嗚呼民生至此極."

110) 《高麗史》卷78, 食貨1 田制祿科田 辛禑 14年 大司憲趙浚等 上書. 이러한 상황은 다음에도 보인다. 《高麗史》卷78, 食貨1 田制 祿科田 辛禑 十四年 七月 典法判書趙仁沃等 亦上疏; 《高麗史》卷78, 食貨1 租稅 辛禑 9年 2月 左司議權近等上書.

111) 채웅석, 〈12, 13세기 향촌사회의 변동과 '민'의 대응〉, 《역사와현실》3, 1990, 60쪽.

112) 蔡雄錫, 《高麗時代의 國家와 地方社會 —'本貫制'의 施行과 地方支配秩序》, 서울대출판부, 2000, 222~226쪽. 수취 체제의 모순에 대해서는 다음 장에서 서술하겠다.

113) 《李相國集》後1, 古律詩 代農夫吟二首. "帶雨鋤禾伏畝中 形容醜黑豈人容 王孫公子 休輕侮 富貴豪者出自儂 新穀靑靑猶在畝 縣胥官吏已徵租 力耕富國關吾輩 何苦相侵 刻及膚."

114) 金蓮玉, 〈高麗時代의 氣候環境〉,《한국문화연구원논총》44, 이화여대 한국문화연 구원, 1984.

115) 《稼亭集》卷18, 律詩 淸明雪. "春樹無花雪有花 淸明天氣未應和 侯家醉耳寧聞此 凍 死流民骨又多."

116) 《高麗史》卷79, 食貨2 借貸 忠肅王 5年 5月 下敎; 恭愍王 5年 6月 敎.

117) 蔡雄錫, 앞의 책, 2000, 223쪽.

118) 《高麗史》卷12, 世家12 睿宗1 夏4月 庚寅 詔.

119) 오원경은 명종 11년(1181) 영광군에 출사하여 1,000명의 유민들을 안집시키는 등 국가 차원의 대책을 수행했다. 金龍善, 吳元卿墓誌銘,《高麗墓誌銘集成》, 翰林大出版 部, 1993. "公稟性剛明 銳于吏理 兼該文字 其補靈光倅 寬以濟猛 猛以濟寬 造戶郡內 勸引流亡 幾至一千 人民復蘇 防築堤堰 田壞肥沃 伐木□□ 創新公館 至於鋪設之具 飮食之器 無不備嘉." 그러나 유망의 추세를 막기에는 역부족이었다.

120) 《高麗史》卷25, 世家25 元宗 4年 4月 甲寅條.

121) 《謹齋集》卷1, 詩 過桃源驛. "小亭臨大道 遙望是桃源 風雪滿深巷 草萊埋壞垣 誰將 此山驛 輕比古仙村 百歲興亡裏 居民半不存."

122) 《高麗史節要》卷7, 顯宗 10年 12月 敎.

123) 《慵齋叢話》卷3, 坡州西郊. "坡州西郊 荒廢無人 安政堂牧始墾之 廣作田畝 大搆第 而居之……至其孫嫒極盛 內外占田 無慮數萬頃 奴婢百餘戶."

124) 金龍善, 〈王煦墓誌銘〉,《高麗墓誌銘集成》, 1993. "癸丑夏(충선왕 5년, 1313) 從王還國 常同車 由司僕副正 轉司憲執義 明年 陞爲三重大匡鷄林府院君 書之王族譜 王還朝 奏 以爲皇太子束古赤爵鷄林郡公 階資德大夫 卽都下買田宅以賜."

125) 《牧隱詩藁》卷34, 田庄自笑. "予於至正庚戌 得移徙者家舍土田 兩肯立券而買 命一 力耕種 其中足支數月粮."

126) 《西河集》卷4, 書簡 寄山人悟生書. "嗚呼 旣困而後知歸 不可謂見幾而作也 然欲買 土一塵 爲耕農氓 亦足以老死而無戚戚者 嘗遊湍川 山川信美 可以卜居 環江石壁奇絕 其東有一遺墟 訪之乃郡氓之田也 以官租私契之委積 屢欲貨財以緩禍而不售 僕聞而樂

之 無貨可買 且無經營之費 今學士李公知命 於僕爲知已 欲借其力而具材於山谷 因有
啓獻之已見從矣 當不出夏首 結搆草堂 携家便去 且買江田數頃 以供伏獵 此吾計也."

127) 《高麗史》卷78, 食貨1 租稅 忠宣王 二年 十一月.

128) 안병우, 〈고려 후기 농업생산력의 발달과 농장〉,《14세기 고려의 정치와 사회》, 민
음사, 1994.

129) 이러한 사환노비使喚奴婢의 성격은 고려 후기에도 농사뿐만 아니라 땔나무를 취하
거나 주가主家의 부모 무덤을 지키는 등의 역할을 수행하였다. 金龍善, 〈尹侅墓誌
銘〉,《高麗墓誌銘集成》, 翰林大出版部, 1993, 606~608쪽, 562~565쪽. "歲壬午(충혜
왕3, 1342) 監試主司閔思平家奴 取柴城外 而析生松 班主印安適出郊 法當禁故禁之 家
奴不知其爲班主也 聚擊之 傷其脚.";〈金光載墓誌銘〉,《高麗墓誌銘集成》, 翰林大出版
部, 1993. "(恭愍王12, 1363) 國俗守父母墳 多以奴代私爲復其身."

130) 《牧隱詩藁》卷30, 春米歌. "富家積如京 野外連園中 貧家負以來 手春汗交融 救朝不
謀夕 那知相因紅富家得上田 力作多僕僮."

131) 《牧隱文藁》卷6, 記 五臺上院寺僧堂記. "金氏目觀其事 益感益信益崇其敎 捨奴婢田
土 以爲常住資."

132) 임영정은 고려 말 사원에서 소유한 노비의 수가 10여만에 달하였고, 권세가·궁원
이 소유한 노비의 수는 사사노비寺社奴婢보다 더 많았다고 하였다(앞의 논문, 1976).

133) 《牧隱詩藁》卷24, 赤提村農奴來. "赤提村裏麥初收 白糰香湯滑欲流 又說稻花開已
遍."

134) "父祖傳來田沓等乙良 各村各庫員伏四標內日耕數爻乙用良 子孫傳持鎭長喫持是乎
矣 此亦中 朔方道叱段 田出收齊爲臥乎所 無去有等以 奴屬以作介耕作爲旀 標內作介
□等乙良 □□□耕□□ 及陣損乙用良 其界例以稅捧上喫持是內敎"(李榮薰, 1991, 〈太祖
賜給芳雨土地文書考〉《古文書硏究》1에서 재인용).

135) 김건태, 〈16세기 양반가의 '작개제'〉,《역사와현실》9, 1993, 231쪽.

136) 용전인의 사역은 기존에 병작으로 이해되기도 하는데, 실제 16세기 중반 이후 17
세기 이후에 보이는 조선 시기 병작과 다르다. 조선 시기 병작제는 지주와 작인 사이
에 맺어진 계약에 의거해, 신분적 예속관계가 설정되어 있지 않은 상황에서 형성되
는 농업 경영 형태로 이해되고 있다(김건태,《16~18世紀 兩班地主層의 農業經營과 農民層
의 動向》, 성균관대 박사학위논문, 1997, 57~65쪽). 이러한 조선 시기 병작제와 고려 후기

에 보이는 용전인의 사역을 통한 농장 경영은 일치하지 않는다. 때문에 고려 후기 농
장의 경영 형태에서 병작을 고려하지 않았다. 병작은 아니고, 가작이나 작개도 아니
어서 당시의 '용전지인'이라는 용어를 사용하여 구분하였다.

137) 《高麗史》卷31, 忠烈王 20年 7月 乙亥.

138) 《高麗史》卷109, 列傳22 崔瀣傳.

139) 《三峰集》卷7, 〈朝鮮經國典〉上 賦典 經理. "自田制之壞 豪强得以兼倂 而富者田連阡
陌 貧者無立錐之地 借耕富人之田 終歲勤苦 而食反不足 富者安坐不耕 役使傭田之人
而食其太半之入."

고려시대 사회경제사

2026년 2월 20일 초판 1쇄 인쇄
2026년 2월 28일 초판 1쇄 발행

지은이　　　　　　이상국
펴낸이　　　　　　박혜숙
디자인　　　　　　이보용　김진
펴낸곳　　　　　　도서출판 푸른역사
　우) 03044 서울시 종로구 자하문로8길 13
　전화: 02)720－8921(편집부) 02)720－8920(영업부)
　팩스: 02)720－9887
　전자우편: 2013history@naver.com
　등록: 1997년 2월 14일 제13－483호
ⓒ 이상국, 2026

ISBN 979－11－5612－322－4　93900